KB261422

중국의 기업을 해부한다

중국의 기업을 해부한다

김광수경제연구소 경제시평 02

중국의 기업을 해부한다

—중화경제동향

김광수경제연구소 지음

1판 1쇄 발행 ┊ 2008. 3. 27

발행처 ┊ Human & Books
발행인 ┊ 하응백
출판등록 ┊ 2002년 6월 5일 제2002-113호

서울특별시 종로구 경운동 88 수운회관 1009호
기획 홍보부 02-6327-3537, 편집부 02-6327-3535, 팩시밀리 02-6327-5353
이메일 ┊ hbooks@empal.com

값은 뒤표지에 있습니다.

ISBN 978-89-6078-032-3 13320

김광수경제연구소 경제시평 02

중화경제동향

중국의 기업을 해부한다

김광수경제연구소 지음

Human & Books

CONTENTS

중국의 기업을 해부한다 : 중화경제동향

C O N T E N T S

중국의 기업을 해부한다: 중화경제동향

김광수경제연구소의 중국기업 해부

이미 오래 전부터 여러 차례 중국 열풍이 일었습니다. 그래서 많은 사람들이 중국어를 배우고 중국에 유학을 갔습니다. 그런가 하면 많은 기업들이 중국에 진출했습니다. 이처럼 이미 많은 사람들이 중국어에 능통하고 또한 중국을 알고 있습니다. 지금도 중국에 대한 관심은 날로 높아가고 있습니다.

이처럼, 많은 사람들과 많은 기업들이 중국에 관심을 갖고 있는 까닭은 중국이 지금의 고도성장을 지속하여 머지않아 세계 경제를 이끌어갈 경제대국이 될 것이라고 믿고 있기 때문입니다. 그래서 미리 중국어를 배워두고 중국과의 거래를 통해서 기반을 쌓아두게 되면, 세계 최대의 경제대국이 될 중국에 대해 선점하게 될 것이라고 생각하기 때문일 것입니다.

분명, 중국은 많은 사람들과 많은 기업들이 생각하는 것처럼 세계경제의 한 축으로 급속히 성장해가고 있습니다. 그러나, 과연 많은 사람들과 많은 기업들이 보고 듣고 알고 있는 중국경제가, 또는 각종 언론매체가 보도하는 중국경제 뉴스나 중국정부가 발표하는 경제지표들이 정말 진짜 중국경제의 본 모습일까요? 그 동안 저희 연구소는 국내 기업들로부터 중국경제와 중국시장 진출과 관련해 많은 컨설팅 상담 요청을 받았습니다. 그러나 놀랍게도 중국경제의 고도성장을 믿어 의심치 않는 많은 사람들과 기업들조차도 중국경제에 대해 올바로 이해하고 있는 경우를 거의 보지 못했으며, 자신들이 알고 있는 중국경제를 진짜 본 모습으로 생각하는 사람은 거의 없었습니다.

주지하는 바와 같이, 중국은 개혁개방 정책을 통해 시장경제 체제를 도입한 경제이지만, 공산당 1당 중심의 계획경제적 경제정책과 국영기업 중심의 산업정책, 그리고 인권 및 언론통제와 같은 비민주적 요소들이 혼재 되어 있는 과도기적 경제권이라고 할 수 있습니다. 특히, 중국경제는 중국경제의 실체를 제대로 파악할 수 있는 통계가 거의 정비되어 있지 않습니다. 현재 국제기관의 협조를 받아 통계정비 작업을 진행 중에 있으나, 기존의 중국정부가 발표하는 통계만으로는 '장님 코끼리 만지기'보다도 더 심하게 중국경제에 대한 착시에 빠지기 쉽습니다.

저희 연구소는 이미 이러한 문제점을 오래 전부터 통감하고서 중국경제의 진짜 실체를 파악하기 위해 많은 노력을 기울여 왔습니다. 저희 연구소는 지난 2002년부터 〈중화경제동향〉을 발간하여 중화경제권을 중심으로 광범위하고 심층적인 분석을 통해 중국경제의 실체를 올바로 파악하는데 노력해왔습니다. 저희 연구소가 발간한 〈중화경제동향〉은 중국시장 진출을 염두에 둔 국내 기업들에게 많은 도움과 영향을 미쳤습니다.

이 책과 함께 출간된 『한국경제의 도전—위기의 한국경제에 대한 진단과 처방』 서문에서도 소개된 바와 같이, 저희 연구소는 2007년 7월 말부터 〈경제시평〉을 연간 20만원의 저렴한 가격에 일반인들에게 제공하기 시작했습니다. 〈경제시평〉은 현재 '경제시평'과 '특집' 그리고 '중화경제동향'의 크게 3가지 자료로 이루어져 있으며, 매주마다 국내외 경제, 산업, 기업에 관한 다양한 분석자료들을 유료회원들에게 제공하고 있습니다. 이 책에 실린 내용은 2007년 여름부터 2008년 초에 걸쳐 〈경제시평〉 유료회원들에게 제공된 '중화경제동향' 가운데 일부를 선별하여 모아 놓은 것입니다.

이 책은 여러분이 중국경제와 중국기업을 올바로 이해하시는 데 더없이 좋은 자료가 될 것입니다. 중국의 대표적인 기업과 관련산업들에 대한 자세한 분석을 통해 중국경제의 한 단면을 올바로 파악할 수 있도록 정리했습니다. 중국의 은행, 증권, 보험 등 금융산업과 인터넷, 철강, 조선, 항공, 전력, 통신, 식품가공, 의약, 방직 등 주요 산업들을 대표하는 기업들의 경영현황을 체계적으로 분석 정리했기 때문에, 이 책을 통해 중국경제의 실체를 보다 쉽게 파악하실 수 있을 것입니다.

이 책과 동시에 출간된 『한국경제의 도전―위기의 한국경제에 대한 진단과 처방』도 함께 참고해 보신다면 여러분께서는 저희 연구소의 통찰력 있는 분석능력을 다시 한번 확인해보실 수 있을 것입니다. 아울러, 가능하시다면 국내 최고급 경제정보 자료인 〈경제시평〉을 꼭 한번 접해 보시기 바랍니다. 이 책들에서 느끼시는 것 이상으로 새로운 세계를 만나실 수 있을 것입니다.

마지막으로, 언제나 따듯한 마음으로 지켜봐 주신 부모님과 지도편달을 아끼지 않으신 소장님께 이 자리를 빌어 감사의 말씀을 올립니다.

감사합니다.

2008년 3월

金光洙經濟硏究所

중화경제팀장 인 장일

1. 평안(平安)보험그룹

미국발 서브프라임론 사태로 세계증시가 급락세를 지속하고 있다. 사태 진압을 위해 근원지인 미국이 종합구제대책과 감세 등의 경기부양책을 연이어 발표하고, FRB도 FF금리를 0.75%나 대폭 인하하였음에도 불구하고 세계 증시가 불안한 모습을 나타내고 있다.

이와 관련해 그 동안 베일에 싸여 알려지지 않던 중국 주요 금융기관들의 서브프라임론 관련 투자손실이 조금씩 드러나기 시작하고 있다. 대형 국유 상업은행 중 중국은행(BOC)의 투자손실이 당초 예상했던 3.22억 달러를 훨씬 상회하는 20억 달러에 달할 것으로 추측되고 있다. 공상은행과 건설은행 역시 서브프라임론 관련 증권화 상품을 상당액 보유하고 있는 것으로 드러났다. 다만 이들 금융기관들의 정확한 손실규모는 2007년 사업실적이 공표되는 2008년 4월 이후에나 확실해질 것으로 보여 중국 금융산업에 대한 투명성 문제가 또다시 제기되고 있다.

이를 반영하여 중국 상하이증시 역시 급락세를 보이고 있다. 월요일인 2008년 1월 21일에는 전일대비 5.14% 하락한 4,914 포인트로 마감하더니 다음날인 1월 22일에는 무려 7.22%나 급락한 4,559 포인트를 기록하였다. 불과 5일만에 1천 포인트 가까이 빠지면서, 2007년 6월 이후 1일 최대 낙폭을 기록하였다. 22일과 23일에는 3.14%와 0.31%씩 소폭 반등하면서 4,700선을 겨우 회복하였다.

그런가 하면, 차이나라이프와 함께 중국의 보험사를 대표하는 평안보험그룹(平安保险集团)의 대규모 추가자금조달 계획이 중국 증권가에 퍼지면서 자금수급 불균형에 대한 우려도 중국 증시하락이 가속화되기도 하였다. 핑안보험그룹이 이번에 추가조달할 자금 규모는 중국 국내주식(A주식)시장 사상 최대 규모인 1,600억 위안에 달할 것으로 중국 언론들은 보도하고 있다. 이에 이번 중화경제동향에서는 중국의 대표적 금융그룹인 핑안보험그룹주식회사(平安保险集团股份有限公司, Ping An Insurance Group)에 대해 정리해보고자 한다.

중국 언론에 보도된 바와 같이, 핑안보험은 상하이증시에서 일반인과 기관투자자를 대상으로 최대 12억 주의 신주를 발행하는 동시에, 412억 위안에 달하는 전환사채(CB)도 발행할 것으로 알려지고 있다. 2008년 1월 25일 현재, 1주당 80위안 전후로 거래되고 있는 것을 감안하면 960억 위안에 달하는 자금을 조달할 것으로 예상된다. 따라서 핑안보험은 총 1,372억 위안(약 190억 달러) 가량을 조달할 것으로 추론된다.

아래의 <도표 1>은 중국 상장회사들이 중국 상하이증시를 통해 조달한 자금규모 추이를 나타내고 있다. 이 도표에서 중국 상장기업들은 2006년 하반기 이후 활발한 자금조달을 하고 있는 것으로 나타내고 있다. 특히, 2007년 상하이거래소에 상장한 기업 수는 총 23개사로 전년대비 10개사가 증가하였고, 이를 통해 조달한 자금규모는 총 4,379.92억 위안으로 전년대비 3,260.53억 위안이나 증가한 것으로 나타났다. 또, 증자 등을 통한 재조달 현황을 보면, 2007년 12월 현재 115개사가 상하이증시를 통해 자금을 재조달한 것으로 나타나 2006년에 비해 83개사가 증가하였고, 자금조달액 역시 2,236.42억 위안으로 1,702.24억 위안이 증가하였다.

앞서 설명한 바와 같이 핑안보험이 조달할 것으로 예상되는 1,372억 위안은 2007년 전체 재조달 규모의 61%에 해당하며, IPO를 포함한 전체 조달규모의 21%에 해당하는 엄청난 규모이다. 물론 단일 기업 자금조달규모

<도표 1> 상하이거래소 자금조달 추이

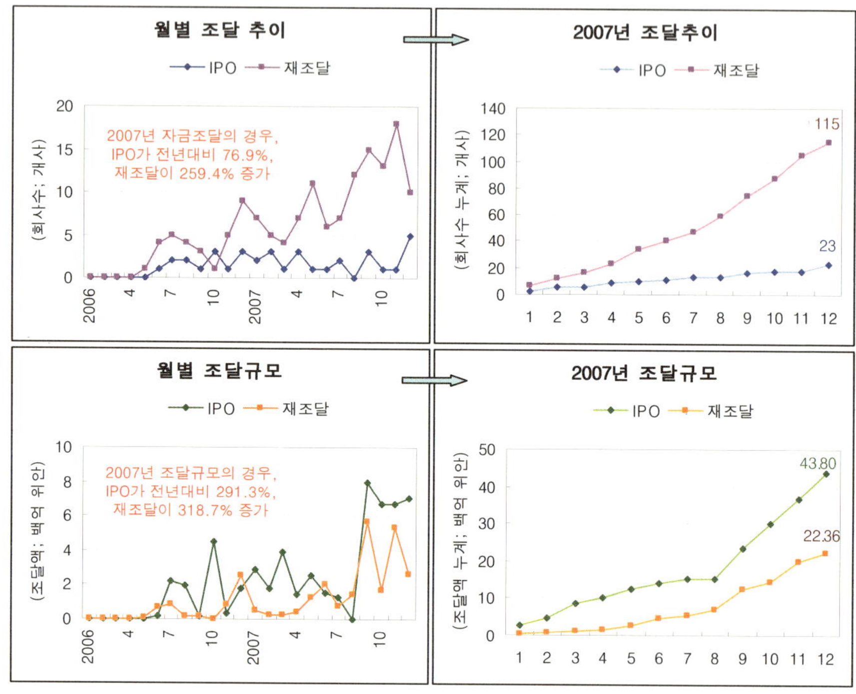

㈜ 상하이거래소 자료로부터 KSERI 작성.

면에서도 최대이다. 현재까지 중국 국내증시 사상 최대 자금조달 규모를 기록한 것은 페트로차이나(中石油)의 668억 위안과 선화에너지(中国神华)의 665.8억 위안이다. 다만, 이번 평안보험의 재조달 계획은 2008년 1월 18일에 있었던 이사회에서 통과한 안건으로 2008년 3월 초에 열릴 예정인 임시주주총회와 국내투자자회의, 해외투자자회의를 통과해야 하는 절차가 남아있다.

이번 자금조달을 바탕으로 국내외 투자 및 은행업 강화를 고려하고 있는 평안보험은 1988년에 설립된 종합금융그룹이다. 그룹 산하에는 보험사를 중심으로 증권사, 신탁회사, 은행, 자산관리회사, 기업연금회사 등을 두고 있다. 그룹의 최대주주는 아래 <도표 2>에서 볼 수 있는 바와 같이 HSBC 계열사들로서 총 39.82%를 소유하고 있다. 구체적으로는 HSBC가 19.92%, HSBC보험이 9.99%, HSBC은행이 9.91%의 지분을 각각 보유하고 있고, 이어서 선전시투자지주회사(深圳市投资控股有限公司)가 8.77%, JP모건 체이스(JP Morgan Chase)가 2.48% 등을 소유하고 있다.

<도표 2> 평안보험그룹의 지배구조 현황

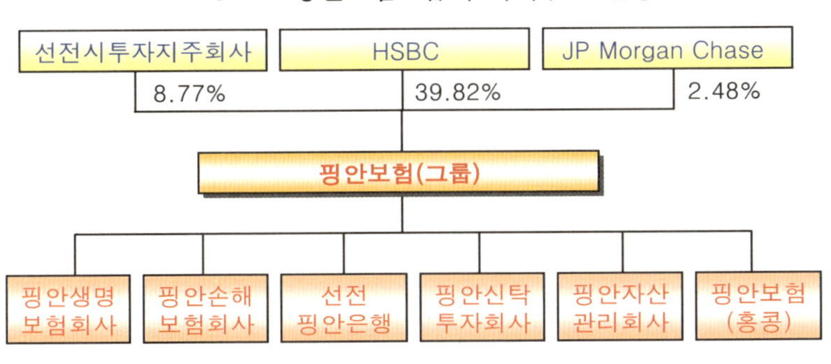

(주) 회사 자료로부터 KSERI 작성

최근 중국 보험시장의 동향을 살펴보면, 아래의 <도표 3>에 정리된 바와 같이 2007년 11월 현재 수입보험료는 6,443억 위안이며, 지급된 총 보험금은 2,016억 위안으로 나타나고 있다. 중국 보험시장은 2001년과 2002년에 연평균 40%에 달하는 높은 성장률을 보이면서 급성장한 반면, 보험금 지급액은 2007년에 전년대비 40%를 상회하는 높은 증가율을 보이면서 빠르게 늘어나고 있다.

보험시장별 규모를 보면, 생명보험이 4,605억 위안으로 전년대비 12.5%가 증가한 반면, 손해보험은 1,838억 위안으로 23.8%가 증가하여 생명보험에 비해 손해보험시장이 더 빠르게 성장하고 있는 추세를 보이고 있다. 또 생명보험 상품별 시장은 종신보험이 4,082억 위안으로 전체 생명보험시장의 88.6%를 차지하고 있다.

다음에 2007년 중국의 주요 보험사별 시장점유율 현황을 살펴보면, 생명보험의 경우 차이나라이프(中国人寿)가 전체 생보 시장의 40%에 해당하는 1,838억 위안의 보험료 수입을 기록한 가운데, 핑안보험이 719억 위안으로 2위, 차이나퍼시픽(太保寿)이 467억 위안으로 3위를 각각 기록하였다. 이에 비해 중외합자 생보사들은 전체 생보 시장의 8%에 불과할 정도로 미미한 점유율을 보이고 있는데, 이 중 AIG 자회사인 미국의 AIA보험사(友邦)가 80.3억 위안으로 외국계 생보사 중 가장 높은 점유율을 나타내고 있다.

<도표 3> 중국 보험시장 동향

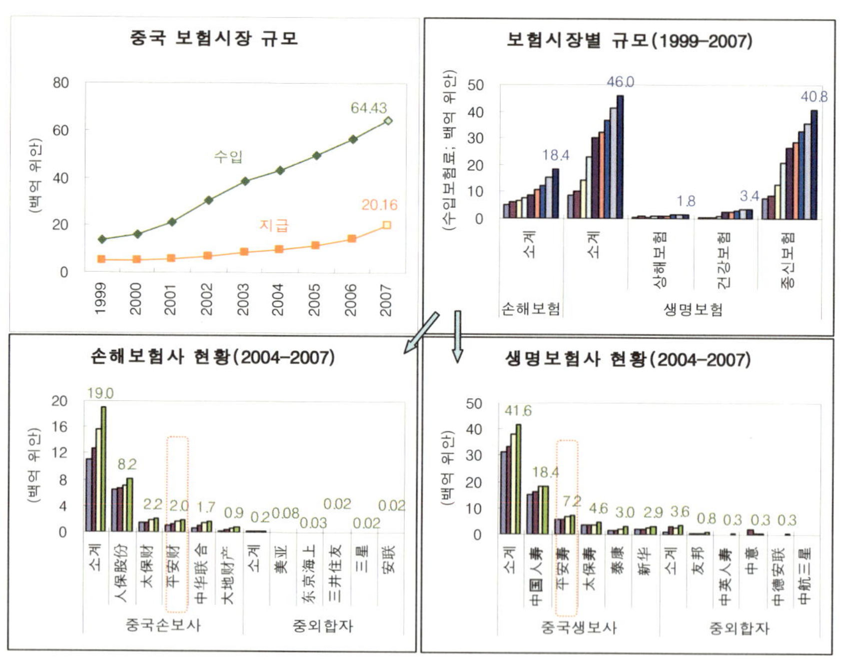

㈜ 중국 보험감독관리위원회 자료로부터 KSERI 작성. 2007년은 11월까지의 누계치임.

한국의 삼성생명과 중국항공그룹이 합작한 중항싼싱(中航三星)의 경우는 2,824만 위안에 그쳤지만, 전년대비 313%나 증가하는 가장 높은 증가세를 기록하였다.

중국 손보사와 중외합자 손보사간의 격차는 생보사에 비해 훨씬 현격한 격차를 보이고 있다. 중국의 PICC(人保股份)가 2007년 11월 말 기준 821억 위안으로 전체 손보시장의 43%를 차지하고 있고, 이어서 차이나퍼시픽(太保財)이 217억 위안으로 2위, 평안보험이 196억 위안으로 3위를 차지하고 있는 것으로 나타나고 있다. 중외합자 손보사의 경우는 AIG 계열사로 화재, 특종보험을 제공하는 AIU가 7.6억 위안, 도쿄해상화재보험이 3.2억 위안, 그리고 삼성화재보험이 1.9억 위안을 각각 기록하고 있다.

이상으로부터 중국 보험시장은 중국 보험사들이 90% 이상의 시장점유율을 기록하고 있으며, 그중 평안보험사는 중국 생보사 중 2위, 손보사 중 3위에 해당하는 중국의 대표적 보험회사라고 할 수 있다.

이제 평안보험그룹의 경영현황에 대해 살펴보기로 하자. 아래의 <도표 4>는 평안보험사의 최근 경영실적을 정리한 것으로, 2007년 상반기 기준 평안보험그룹의 전체 매출액은 690.21억 위안으로 전년동기대비 56.9%가 증가하였다. 영업이익과 당기순이익은 129.2%와 139.5%가 각각 증가한 108.16억 위안, 99.69억 위안을 기록하였다. 그룹의 수입구조 현황을 살펴보면, 보험사업이 전체 매출액의 56.5%에 해당하는 390.2억 위안이며, 이어서 투자수익이 256.7억 위안으로 37.2%를 차지하고 있다.

또 그룹 산하 은행부문의 수익이 최근 비약적인 성장세를 나타내고 있는데, 이는 2006년 12월 선전시상업은행(深圳市商业银行)을 인수하였기 때문이다. 선전시상업은행은 1995년 6월에 설립된 중국 최초의 지역상업은행이다. 평안보험그룹이 2006년 12월 중국 은감위의 인수합병 승인을 획득한 후 선전평안은행(深圳平安银行)으로 사명변경을 하였고, 현재 89.36%의 지분을 소유하고 있다. 평안보험그룹의 이번 대규모 증자를 통한 자금조달 목적 중의 하나가 바로 은행사업 확대에 있다고 보여진다.

　평안보험그룹 수익의 절반 이상이 보험료수입에서 발생되고 있다. 이 중 생명보험이 2006년 말 기준 536.22억 위안으로 보험사업 매출액의 76.9%를 차지하고 있으며, 손해보험은 160.74억 위안으로 23.1%를 차지하고 있다. 하지만 <도표 3>의 중국 보험시장 동향에서도 볼 수 있듯이, 평안보험그룹 역시 최근 들어 손해보험사업이 빠르게 성장하고 있는 추세를 나타내고 있다. 보험 가입자수 면에서는, 2007년 상반기 현재 생명보험 가입자수

<도표 4> 평안보험그룹의 주요 경영현황

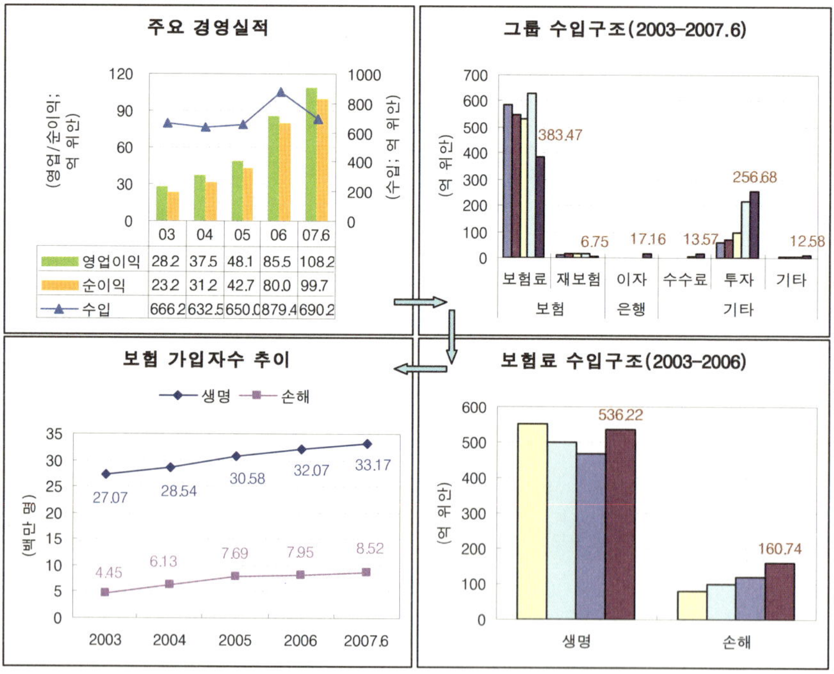

㈜ 회사 자료로부터 KSERI 작성.

가 3,317만 명으로 2006년 말 대비 109만 명 증가하였고, 손해보험 가입
자수는 852만 명으로 57만 명이 증가한 것으로 나타났다.

마지막으로 <도표 5>에서는 핑안보험그룹의 최근 주가 거래추이를 살펴
보기로 하자. 핑안보험은 1988년 설립된 후 2004년 6월과 2007년 3월에
각각 홍콩거래소와 상하이거래소에 차례로 상장되었다. 자금조달계획이 대
외적으로 알려지기 시작한 2008년 1월 21일(월요일)부터 시작해 24일까지
총 22%가 빠지면서 1주당 76.8위안으로 거래를 마감하였다. 한편, 거래액
은 1월 24일 기준 1일 평균 25.4억 위안으로 2007년 12월에 비해 하루 평
균 1.5배 이상 많은 거래를 보이고 있다.
　　중국의 대형 금융주 중 하나인 핑안보험그룹의 최근 주가 급락이 지속되
어 중국 증시 전반에 영향을 미친다고 판단될 경우, 중국 증감위의 승인을
받기가 쉽지 않을 수도 있다. 핑안보험그룹의 신주발행 여부는 향후 중국
증시 시황에 따라 변경될 가능성이 크다.

㈜ 상하이거래소 자료로부터 KSERI 작성.

2. 상하이하이신(海欣) 그룹

　미국 경제의 불안이 증시에 반영되면서 미국을 비롯한 일본, 한국, 홍콩 등 아시아 주요국 주가도 급락세를 보이고 있는 가운데, 중국의 상하이지수는 소폭의 상승세를 이어갔으나 2008년 1월 16일(수)과 17일 이틀에 걸쳐 2.8%와 2.6%가 하락하면서 5,000 포인트 초반대로 떨어졌다.

　지난 3,4년간 올림픽의 성공적 개최에 최대 역점을 두어 왔던 중국정부로서는 하락세를 보이는 글로벌 경제 상황이 당혹스러울 것으로 보인다. 뿐만 아니라 2007년 하반기부터 본격화되고 있는 소비자물가 급등 역시 악재로 작용하고 있다. 2008년 올림픽 특수(特需)를 기대하고 있는 중국 정부는 어쩌면 특수(特殊)한 올림픽 효과를 걱정하게 될지도 모르겠다.

　2008년 연초부터 올림픽 특수가 기대되는 기업들이 중국 증시에서 자주 주목을 받고 있는데, 이번 중화경제동향에서는 "옌징맥주(燕京啤酒)"에 이어 올림픽 마스코트 생산 및 판매권을 가지고 있는 상하이하이신그룹(上海海欣集団股份有限公司, Haixin Group)에 대해 살펴보고자 한다.

　하이신그룹이 최근 주목을 받고 있는 이유는 올림픽 마스코트인 "푸와(福娃, Fuwa)" 인형에 대한 생산 및 판매권을 가지고 있기 때문이다. 2005년 11월에 정식으로 특허권을 획득한 하이신그룹은 그 동안 상표도안과 생산라인 등을 준비하면서 2008년 상반기 매출에 큰 기대를 걸고 있다.

　제29회 베이징올림픽의 공식 마스코트 "푸와"는 베이징올림픽조직위원회가 2004년 8월 5일부터 접수한 총 662점의 출품작 중에서 최종적으로 선정한 것으로, 올림픽 개막 1,000일을 앞둔 2005년 11월 11일 일반인들에게 첫 선을 보였다. 푸와 인형은 올림픽 정신을 상징하는 오륜기를 모티브로 하여 물고기, 팬더곰, 올림픽성화, 티벳영양(Tibetan antelope), 제비의 5가지를 각각 형상화한 것으로서, 바다(水), 육지(土), 불(火), 나무(木), 하늘(天)을 상징한다고 한다. 이들 마스코트의 이름은 "베이징환잉니(北京欢迎你; 베이징이 당신을 환영합니다)"라는 의미의 독음을 따서 "베이베이(贝贝)", "징징(晶晶)", "환환(欢欢)", "잉잉(迎迎)", "니니(妮妮)"로 명명하고 있다.[1]

　　과거 올림픽 마스코트 판매수입을 보면, 지난 2000년 시드니올림픽이 2.13억 달러, 2004년 아테네올림픽이 2.01억 달러의 판매수입을 올린 것으로 나타났다. 이로부터, 중국 당국은 13억 명을 상회하는 내국인과 5백만 명에 달할 것으로 예상되는 외국인 관광객을 잠재시장으로 설정하여 대략 40억 위안(약 5.53억 달러)의 마스코트 판매수입을 기대하고 있다고 한다.

　　하지만, 2007년 하반기부터 미국을 비롯한 세계 각국에서 확산되고 있는 중국산 완구의 안전성 문제가 걸림돌로 작용할 가능성이 있다. 마텔(Mattel)사의 중국산 완구 리콜 조치를 시작으로 그 동안 간헐적으로 제기되던 중국산 완구제품의 안전성 문제가 다시 거론되기 시작하고 있기 때문이다. 이처럼 안전성 문제가 단순히 완구제품에서 그치는 것이 아니라 여타 중국산 제품 전체의 안전성 문제로 파급될 조짐을 보임에 따라, 중국 국가품질검사총국은 2008년 1월 14일에 안전성 문제가 있다고 판단되는 6백여 완구생산업체에 대한 수출허가증을 취소한다는 특단의 조치를 발표하였다. 2006년말 현재 중국 전역에 등록되어 있는 완구수출업체가 총 10,124개이므로, 이

---

[1] 오륜기는 전세계인의 화합을 의미하는 올림픽 상징(Olympic Symbol)으로써, 유럽을 나타내는 파란색, 아시아의 노란색, 아프리카의 검정색, 호주의 초록색, 아메리카의 빨간색으로 구성되어 있고, 이번 베이징올림픽의 마스코트 푸와 역시 다섯 가지 형상과 색깔로 구성되어 있다.

번에 수출이 금지된 6백여 개 기업은 전체 완구수출업체의 5.9%에 해당된
다. 이처럼 중국 정부가 수출기업 단속을 전례 없이 단행한 것은 여타 산업
으로의 확산을 사전에 차단하고자 한 것으로 보인다.

아래의 <도표 1>은 주요국별 중국산 봉제완구 수입 추이를 나타내고 있
다. 이 도표에서, 중국의 최대 봉제완구 수출국인 미국은 2006년 수입액이
전년대비 5.1% 감소한 10.9억 달러, EU는 4.2% 감소한 6.13억 유로(약
8.08억 달러), 일본은 3.7% 증가한 47.5억 엔(약 0.4억 달러), 그리고 한국

<도표 1> 주요국의 중국산 봉제완구 수입 현황

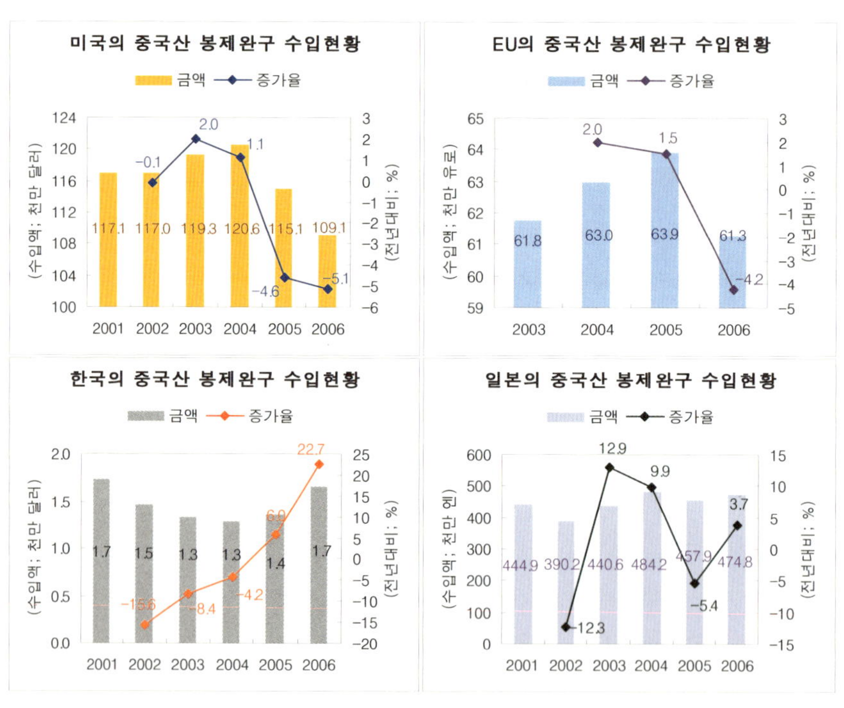

㈜ 한국무역협회 자료로부터 KSERI 작성. 품목분류 중 봉제완구(Stuffed Toys
representing animals or non-human creatures) 기준.

은 22.7% 증가한 0.17억 달러로 나타나고 있다. 2006년 중국의 완구 전체 수출액이 70.5억 달러인 점을 감안하면, 이들 4개국에 대한 봉제완구 수출 비중은 전체의 28.3%에 달한다. 그러나 미국은 안전성 문제를 반영하여 2005년부터 완구 수입액이 감소하고 있지만, 한국은 2005년부터 수입액이 오히려 증가하는 모습을 나타내고 있다.

이상으로부터, 최근의 글로벌 경제상황과 중국산 완구제품의 안전성 문제가 있음에도 불구하고 중국 최초의 올림픽 개최라는 기대심리와 내수시장에 대한 긍정적 평가가 겹치면서 하이신그룹이 중국 증시로부터 주목을 받고 있는 것으로 보인다.

하이신그룹은 1986년에 설립된 중국의 대표적인 실크생산 기업으로, 일본에서 수입한 원료를 바탕으로 플러시 직물(Plush Fabrics), 아크릴사(Acrylic Yarn), 폴리에스테르섬유(Polyester Fiber), 아크릴담요(Acrylic Blanket), 봉제완구(Stuffed Toys), 의류 등 방직제품과 최근에는 화학원료약품 가공 등 바이오 분야로 사업영역을 확장해가고 있다. 설립 당시 중외합자기업형태로 시작한 하이신그룹은 1993년에 지배구조개혁을 통해 현재의 그룹형태로 변모하였다.

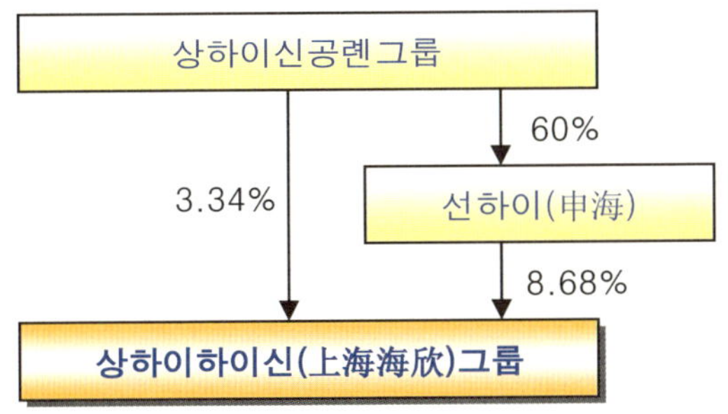

〈도표 2〉 하이신그룹의 지배구조 현황

㈜ 회사 자료로부터 KSERI 작성

지배구조를 살펴보면, 앞의 <도표 2>에 나타난 바와 같이 그룹의 최대주주는 홍콩의 선하이회사(申海有限公司 ; 완구, 방직제품 등 무역)로 8.68%의 지분을 소유하고 있으며, 실질적인 주주는 상하이신공롄그룹(上海新工联集団有限公司 ; 무역 및 투자)으로 나타나고 있다.

다음에 하이신그룹의 최근 주요 경영현황을 살펴보면, <도표 3>에 나타난 것처럼 2004년 이후 경영실적이 빠르게 악화되고 있다. 2006년 매출액은 전년대비 2% 감소한 18.64억 위안이었으며, 영업손익은 354%나 감소한 -7,186만 위안, 당기순이익은 93.6%가 감소한 366만 위안으로 각각 나

<도표 3> 하이신그룹의 주요 경영현황

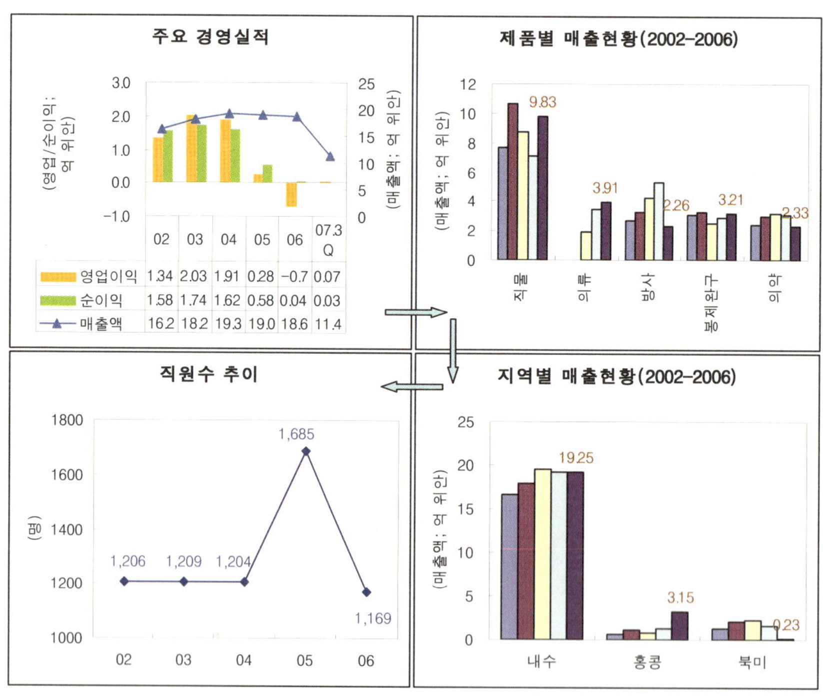

㈜ 회사 자료로부터 KSERI 작성

타났다. 또 2007년 3분기까지의 누계 매출액은 전년동기대비 18.2% 감소
한 11.41억 위안이며, 영업이익은 78.1% 감소한 703만 위안, 당기순이익
은 93.5% 감소한 251만 위안으로 나타났다.

제품별 매출 현황을 보면, 2006년 기준으로 직물(Fabrics)이 전체 매출의
52.8%인 9.83억 위안으로 가장 많은 비중을 차지하고 있고, 의류가 21%인
3.91억 위안이며, 봉제완구는 3.21억 위안으로 17.2%를 차지하고 있다. 지
역별 매출 현황을 보면, 내수가 19.25억 위안(내부거래 3.99억 위안 포함),
홍콩 3.15억 위안, 북미지역 0.23억 위안으로 나타나고 있다. 2006년에는
홍콩지역의 비중이 크게 증가한 반면, 북미지역의 비중은 급감하였다.

위의 도표에서 살펴본 바와 같이 방직과 의류 생산을 주로 하는 하이신그
룹의 경영실적이 악화됨에 따라, 회사는 경영개선책으로 대규모 인원감축을
단행했다. 올림픽을 앞두고 마스코트인 "푸와"의 판매증대를 통해 올 상반
기 매출이 증가할 가능성은 있으나, 올림픽 이후 회사의 경영실적에 대해서
는 장담할 수 없다고 할 수 있다.

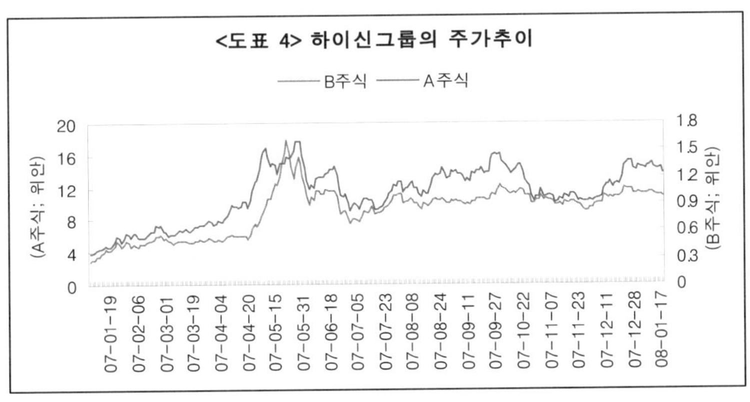

㈜ 상하이거래소 자료로부터 KSERI 작성

　위의 <도표 4>는 하이신그룹의 최근 주가추이를 정리한 것이다. 앞서 설명한 바와 같이, 1986년에 설립된 하이신그룹은 1993년 지배구조개혁을 통해 1993년 12월과 1994년 4월에 상하이거래소에 B주식(외국인 대상)과 A주식(내국인 대상)을 차례로 상장하였다. 2008년 1월 17일 종가 기준으로 A주식은 13.97위안으로 1년 전에 비해 2.58배 상승하였고, B주식은 0.972위안으로 1년 전에 비해 대략 2.68배 상승한 것으로 나타났다.

3. 중국 국가개발은행(CDB)

사우디아라비아가 최근 세계 최대 규모인 9천억 달러에 달하는 국부펀드(sovereign fund) 출범 계획을 발표하였는데, 아랍에미리트(UAE)의 국부펀드와 함께 세계 M&A시장을 주도할 것으로 예상되고 있다. 여기에 중국의 2천억 달러 규모까지 감안하면 이들 3개국의 국부펀드 운용규모는 최대 2조 달러에 달할 것으로 추산된다. 세계 전체의 국부펀드 규모가 2.7조 달러에 달하는 것을 감안하면 이들 3개국의 국부펀드가 세계 전체의 74%를 차지하고 있는 셈이 된다.

이처럼 일부 국가들의 국부펀드 운용규모가 거대해지자 미국과 EU 등 선진국들은 우려의 목소리를 높이고 있다. 특히, 중국의 엄청난 외환보유고로 인해 중국 정부의 공식 투자기구인 투자유한공사에 대해서는 자국의 기간산업과 금융시장에 미칠 영향력이 농후한 만큼 투명성을 강화해 줄 것을 촉구하고 있다.

중국과 러시아, 중동산유국 등이 막대한 외화보유고와 석유수입을 바탕으로 국부펀드를 통해 세계 금융시장에서 자산운용을 확대하고 있는 것에 대해, 2007년 10월 G7은 이들 국부펀드들의 운용 투명성을 높이기 위한 지침마련이 필요하다고 주장했다. G7은 국부펀드의 위험관리, 조직운영. 설명책임 등을 중심으로 투명성 향상을 위한 구체적인 지침마련을 IMF와 세계은행 그리고 OECD에 의뢰했다. 구체적인 지침안이 나오면 다국간 협의를 통해 실효성을 높일 계획으로 있다.

그런가 하면 독일정부는 기간산업이 외국계 펀드에 넘어가는 것을 막기 위한 법안을 연방의회에 제출할 것이라고 발표했다. 독일정부는 "위험제한법"을 제정할 것으로 알려지고 있는데, 첨단기술이나 군사기술을 보유한 기간산업이 외국계자본의 적대적 M&A에 넘어가지 못하도록 막는 것을 목적으로 하고 있다. 외국계 자본에 의한 적대적 M&A의 출자비율이 크게 증가할 경우 독일정부가 이를 거부할 수 있는 권한을 갖도록 한 것과 금융당국에 의한 감시를 강화하는 것을 담고 있다. 프랑스정부도 자국의 에너지종합그룹인 GDF수에즈의 경영상 중요사항에 관한 거부권을 확보할 것임을 밝혔다. 외국자본에 의한 M&A에 정부가 개입할 여지를 남김으로써 외국자본위협론에 대한 국내 여론을 무마하기 위한 것이다.

이와 관련하여, 중국 국가외환관리국 위에본화(魏本华)부국장은 2008년 1월 7일에 '중국의 국부펀드가 국제금융시장의 단기유동성 리스크를 해결하는 데에 도움이 될 것'이라고 말하면서 선진국의 '국부펀드 차별론'을 반대한다는 의견을 중국 언론 인터뷰를 통해 밝혔다.

한편, 서브프라임론 사태로 인한 미국 금융기관들의 대규모 손실이 지속되면서 최근 중국과 중동국가 국부펀드들의 움직임이 활발해지고 있다. 서브프라임론 사태로 인해 미국 씨티그룹을 비롯한 글로벌 금융기관들이 대규모 손실에 따른 자본증강 필요성으로 싱가폴과 중동 산유국의 국부펀드들로부터 출자를 받아들이고 있는 가운데, 2007년 9월 설립된 중국의 국부펀드인 중국투자유한공사(CIC) 역시 해외투자 행보를 가속화하고 있다. 중국투자유한공사(CIC)는 2007년 9월 설립 이후 블랙스톤그룹(Blackstone Group)에 30억 달러, 홍콩 증시에 상장된 중국철도(中国中铁)에 1억 달러, 모건스탠리에 50억 달러 투자하는 등 해외투자를 강화하고 있다.

중국투자유한공사는 해외투자뿐만 아니라 국내투자에도 행보를 가속화하고 있다. 중국투자유한공사는 자회사인 회진공사(中央汇金投资有限责任公

司)를 통해 4대 국유상업은행 중 하나인 농업은행과, 정책은행의 하나인 국가개발은행에 약 6,7백억 달러 가량을 투자할 것으로 알려졌다. 이 중 최근 국가개발은행에 대해 2백억 달러 투입이 확정됨으로써 농업은행에 대해 최대 5백억 달러에 달하는 공적 자금이 투입될 것으로 보인다. 이는 회진공사가 2003년 12월에 설립되면서 중국은행과 건설은행의 부실채권 매입을 위해 투입했던 225억 달러의 3배 가량에 달하는 엄청난 규모이다.

이를 계기로 중국 금융당국은 은행 개혁작업을 더욱 가속화시킬 것으로 예상된다. 이에 이번에 공적 자금이 투입되는 중국 최대 정책은행인 국가개발은행(国家开发银行, CDB)에 대해 살펴보고자 한다.

<도표 1> 중국 은행 분류 현황

구 분	해당(주요)은행
중앙은행	인민은행
국유(상업)은행	공상은행, 농업은행, 중국은행, 건설은행 (+ 교통은행)
국가정책은행	국가개발은행, 수출입은행, 농업발전은행
상업은행 (주식회사)	중신(中信)은행, 광대(光大), 화하(华夏)은행, 초상(招商)은행, 흥업(兴业)은행, 민생(民生)은행, 항풍(恒丰)은행, 절상(浙商)은행, 발해(渤海)은행, 광동발전은행, 선전발전은행, 상하이푸동발전은행
기타	농촌사업은행, 농촌합작은행, 외자금융기관, 도시신용조합, 농촌신용조합, 기업재무회사, 신탁투자회사, 대출회사, 우체국은행

㈜ KSERI 작성. 2007년 9월 기준임.

위 <도표 1>에 정리된 것처럼 중국의 정책은행은 국가개발은행과 수출입은행(进出口银行, ExImBank), 농업발전은행(农业发展银行, ADBC) 등 3개가 있다. 중국의 정책은행은 1979년 개혁개방정책을 표방한 중국정부가 전문은행(专业银行)을 설립하면서부터 탄생했다. 사회인프라 구축 등 경제발전에 필요한 자금을 지원할 목적으로 설립된 전문은행이 점차 정책용 대출과 상업용 대출이 뒤섞이는 문제가 야기됨에 따라, 국무원은 1994년에 금융산업을 개혁하면서 고유의 정책전문은행 업무만을 분리하여 정책은행으로 독립시킨 것이다. 이후 국가개발은행은 국가기간산업에, 수출입은행은 주로 수출경쟁력 강화에, 그리고 농업발전은행은 국가 식량수급 안정화에 중점을 두어 영업을 전개해 나가고 있다.

이어서 다음의 <도표 2>는 중국의 은행 유형별 자산규모 현황을 정리한 것이다. 2007년 3분기 말 현재, 중국 은행들의 전체 자산규모는 전년 동기

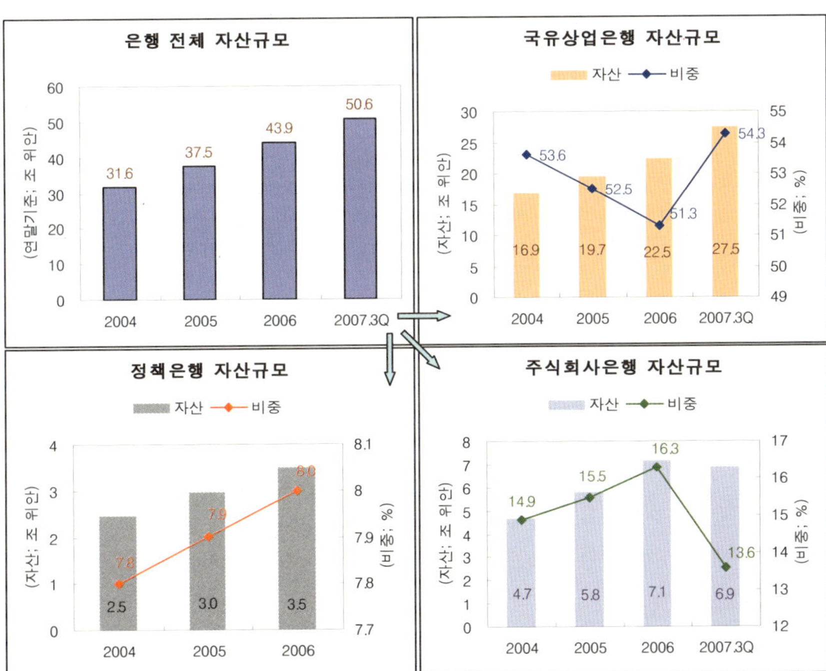

<도표 2> 중국 은행 자산규모 현황

㈜ 중국은행업감독관리위원회(CRBC) 자료로부터 KSERI 작성. 정책은행의 자산규모는 각 은행에서 공시한 자료를 토대로 작성한 것임.

대비 20.3%가 증가한 50조6,163억 위안으로 나타났다. 이 중 국유상업은행(4대 국유은행+교통은행)의 자산규모는 전년동기대비 25.1% 증가한 27조4,629억 위안으로, 전체 은행 자산의 54.3%를 차지하고 있다. 또 민간 주식회사 은행의 자산규모를 보면, 전년동기대비 3.6%가 증가한 6조8,792억 위안으로 전체 은행 자산의 13.6%를 차지하고 있다. 그리고 3대 정책은행의 자산규모는 2006년 말 기준, 3조5,051억 위안으로 전년대비 18.7% 증가하였고, 전체 은행자산 대비 8%를 차지하고 있다. 이상으로부터, 중국 은행산업은 국유상업은행을 중심으로 대형화가 진행되고 있으며, 정책은행의 비중 역시 매년 조금씩 증가하고 있는 모습을 보이고 있는 반면, 주식회사은행의 비중은 2007년에 감소한 것으로 나타났다.

이제 중국 최대 정책은행인 국가개발은행(China Development Bank, CDB)에 대해 좀더 자세히 살펴보기로 하자. 국가개발은행은 1994년 3월 국무원의 개혁방안에 따라 설립되었다. 국가 기간산업과 인프라건설 등 국가 주요 개발사업에 참여하고 있는 국가개발은행은 서부대개발, 노화된 동북지역 공업단지 재개발, 국가전략비축유 저장탱크 건설, 베이징올림픽, 2010년 상하이 세계박람회 등 중국의 주요 국가개발사업에는 모두 참여하고 있다.

국가개발은행의 최근 지배구조는 아래 <도표 3>과 같다. 국무원 산하에 바로 위치해 있는 국가개발은행은 중국 전역 32개 지역에 지점을 설립하고 있으며, 닝보(宁波), 샤먼(厦门), 티벳, 홍콩특구 등 4개 지역에는 대표사무소를 설치하고 있다.

<도표 4>에서 국가개발은행의 최근 경영현황을 살펴보면, 국가개발은행의 자산규모는 2006년 말 현재 2조3,143억 위안으로 3대 정책은행 중 가장 크고, 이어서 농업발전은행 9,325억 위안, 수출입은행 2,583억 위안의

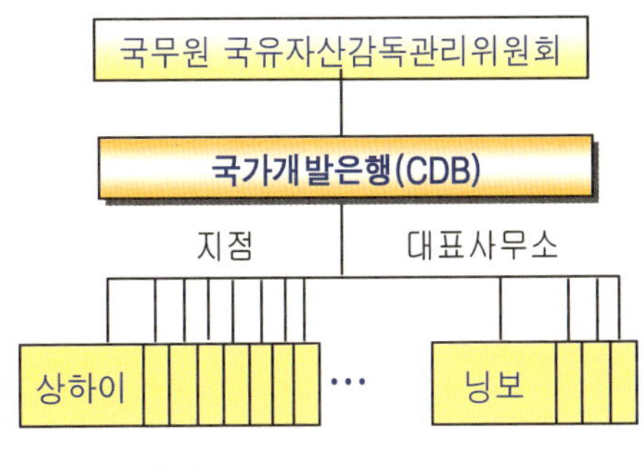

<도표 3> 국가개발은행(CDB)의 지배구조 현황

㈜ KSERI 작성

<도표 4> 국가개발은행의 주요 경영현황

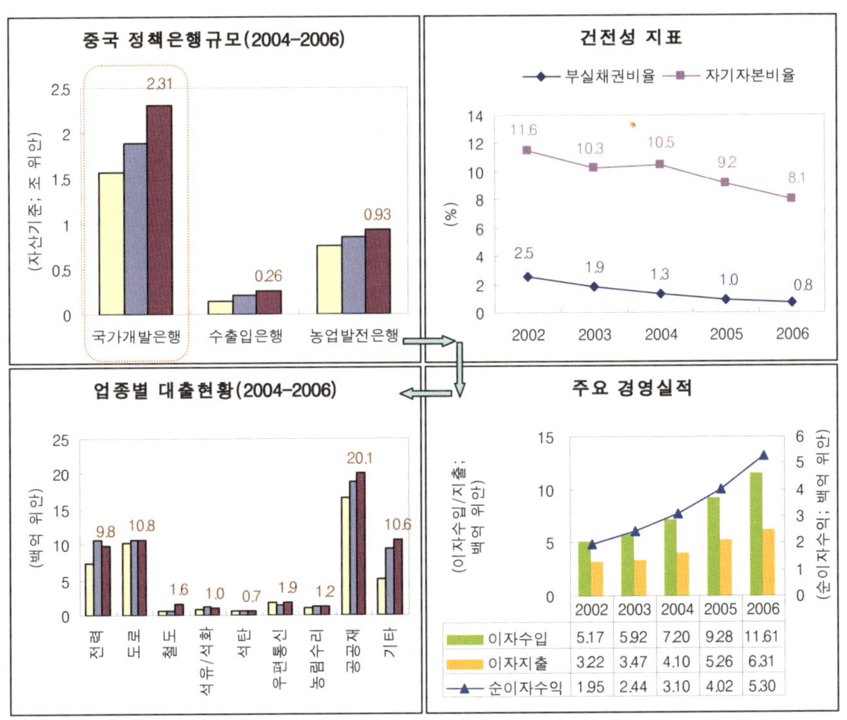

	2002	2003	2004	2005	2006
이자수입	5.17	5.92	7.20	9.28	11.61
이자지출	3.22	3.47	4.10	5.26	6.31
순이자수익	1.95	2.44	3.10	4.02	5.30

㈜ 해당 은행 자료로부터 KSERI 작성

순으로 나타나고 있다.

또 건전성 지표인 자기자본비율을 보면, 국가개발은행은 매년 지속적인 감소세를 보이면서 2006년 말 현재 8.1%까지 줄어들고 있다. 그러나 2008년 초 회진공사로부터 2백억 달러의 자금을 출자 받으면 다소 개선될 것으로 예상된다. 반면 부실채권비율을 보면, 중국 은행 중 가장 낮은 0.8%를 기록하고 있다. 이 점에서 이번 회진공사로부터의 자금출자 유입은 여타 금융기관의 부실채권 구조조정 차원과는 성격이 다르다고 할 수 있다.

다음에 국가개발은행의 경영실적을 보면, 이자수입은 전년대비 25.1% 증가한 1,161.13억 위안을, 이자지출은 19.9% 증가한 631.43억 위안을 각각 기록하고 있으며, 순이자수익은 529.7억 위안으로 전년대비 31.8%가 증가한 것으로 나타났다. 또, 국가개발은행의 2006년 업종별 대출 현황은 공공재 건설사업에 2,008억 위안, 도로건설에 1,075억 위안, 전력시설 구축에 983억 위안을 대출하고 있는 것으로 나타나, 전체 대출액의 70.7%가 이들 3개 사업부문에 집중 대출되고 있음을 알 수 있다. 이상과 같이 중국의 사회건설자본을 담당하고 있는 국가개발은행의 비중은 지속적으로 확대되어 가고 있다.

그런가 하면, 달러 외환보유고 운용의 다양화를 꾀하고 있는 중국 정부는 중국투자유한공사와 함께 주요 정책금융기관도 적극 활용할 것으로 예상된다. 이미 2007년 7월, 국가개발은행은 영국 최대 투자저축은행인 바클레이(Barclay)은행에 30억 달러를 투자하면서 지분 6.7%를 인수하였고, 공상은행은 아프리카 최대은행인 남아공 스탠다드뱅크 지분 20%를 56억 달러에 인수하였다. 이로부터 이번 국가개발은행에 대한 200억 달러의 공적자금 투입은 부실채권 구조조정 차원이 아니라 국가개발은행을 통한 해외투자확대 차원으로 추론된다. 2008년 중국 금융기관들에 의한 해외투자는 더욱 가속화될 것으로 보인다.

4. 베이징옌징(燕京)맥주

　글로벌 금융시장의 신용경색, 미 달러화 약세, 중국 물가 급등으로 2007
년을 마감했던 세계 경제는 2008년 연초부터 유가 100달러 돌파라는 악재
로 출발하였다. 유가 100달러 돌파는 세계 주요 증시의 개장 첫날 동반 하
락으로 이어졌는데, 미국 다우지수는 연말대비 1.67% 하락한 13,043 포인
트, 나스닥지수는 1.61% 하락한 2,609 포인트로 2008년 첫 장을 마감하였
고, 한국의 코스피지수는 2.3% 하락한 1,853 포인트로 거래를 마감하였다.

　반면, 중국 상하이종합주가지수는 연말대비 0.21% 오른 5,272 포인트로
첫 거래일을 마감하였다. 2007년 연말에 경기과열과 인플레를 동시에 막기
위한 방편으로 긴축정책을 추진하겠다는 중국 정부의 발표 속에도 불구하고
올림픽 개최에 대한 기대심리가 주가지수 상승으로 이어진 것으로 보인다.
이 중에서도 에어차이나와 옌징맥주 등 올림픽 관련주들의 상승세가 두드러
졌다. 이에 이번 중화경제동향에서는 2008년 올림픽 특수효과가 예상되는
옌징맥주(北京燕京啤酒股份有限公司, Yanjing Brewery)에 대해 살펴보고자
한다.

　2007년 중국 주식시장은 아래의 <도표 1>에 나타난 바와 같이 엄청난
자금이 주식시장으로 몰렸다. 주식시장((상하이거래소+ 선전거래소) 거래액
은 2007년부터 빠르게 급증하면서 5월에는 5.9조 위안(약 759조 원) 가량
이 거래된 것으로 나타났다. 그러나 거래액 증가세는 9월부터 줄어들기 시
작하더니 2007년 11월 말에는 약 2.5조 위안으로 크게 줄었다.

<도표 1> 중국 주식시장 거래추이

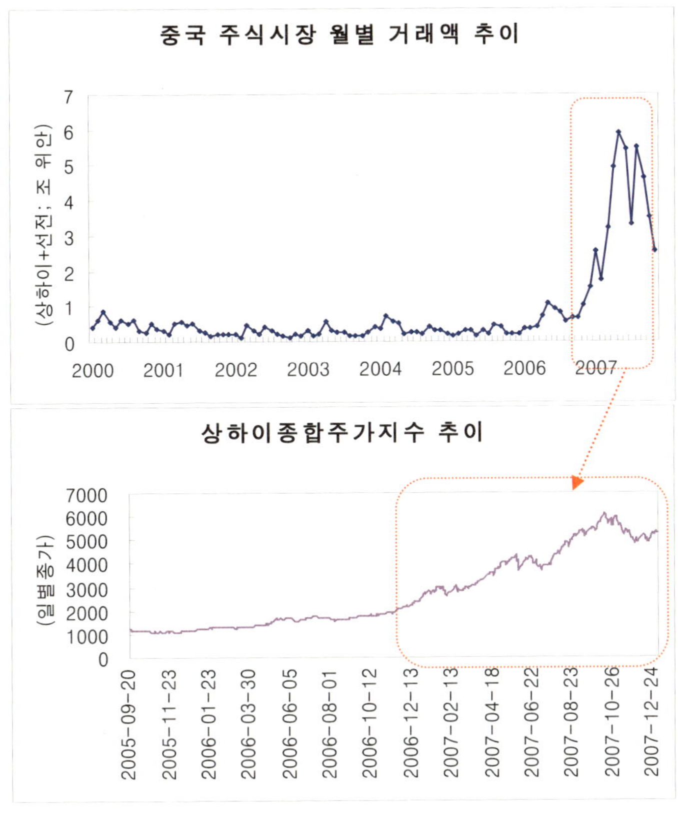

(주) 중국 증감위 및 상하이거래소 자료로부터 KSERI 작성

그에 따라 중국 주식시장 거래액의 2/3를 차지하고 있는 상하이거래소의 종합주가지수도 급등락을 보이고 있다. 상하이 종합주가지수는 2006년 11월부터 2007년 10월까지 1년 동안에 무려 4천 포인트 가까운 폭등세를 나타냈다. 2006년 11월 20일에 2천 포인트를 돌파한 상하이종합주가지수는 2007년 10월 16일 6,092포인트로 중국 증시 사상 최고치를 기록하면서 1년 동안에 3배 가량 상승한 것이다. 이 기간 동안 공상은행, 중국은행, 차이

나라이프 등 해외상장을 했던 대형 금융주들이 A주식(국내주식) 상장을 하면서 주가 상승을 이끌었다고 할 수 있다. 해외상장을 했던 우량 기업들의 A주식 상장은 2008년에도 계속 이어질 것으로 예상된다. 그러나 미국발 서브프라임론 사태의 영향을 받아 중국 증시 역시 2007년 10월을 정점으로 1,000포인트 가량 하락하는 조정양상을 보이고 있다. 그런 가운데 2008년 8월에 올림픽 개최를 앞두고 있다는 점에서 시장 분위기는 여전히 긍정적인 관망이 대세를 이루고 있는 것으로 보인다.

미국의 주가급락과 유가 급등에도 불구하고 상하이 종합주가지수는 2008년 새해들어 연속 상승세를 나타내고 있다. 특히 올림픽 관련주들이 두각을 나타내고 있는데, 그 중에서도 중국 베이징의 대표적 맥주 브랜드인 옌징맥주가 주목을 받고 있다.

중국은 최근 4년 연속 세계 최대 맥주 소비국으로 나타나고 있다. 아래의 <도표 2>에서 볼 수 있는 것처럼, 2003년부터 미국을 제치고 세계 최대 맥주 소비국으로 급부상하고 있다. 2006년 중국의 맥주 소비량은 3,499.6만kℓ로 나타났으며, 미국 2,488.3만kℓ, 러시아 960만kℓ, 독일 954.2만kℓ, 브라질 936.5만kℓ등의 순으로 세계 5대 맥주 소비국가를 형성하고 있다. 그리고 일본이 629.8만kℓ, 한국은 170만kℓ를 소비하였다.

특히, 중국은 2003년부터 2006년까지 매년 평균 10.6%의 높은 소비 증가율을 보이고 있다. 더구나 1인당 맥주 소비량 면에서 중국은 일본의 절반을 약간 넘는 수준에 불과한 28리터에 불과하다는 점을 감안하면, 중국의 맥주 소비량은 앞으로 기하급수적으로 증가할 것으로 보인다. 같은 기간 중 세계 5대 맥주 소비국가 중 러시아가 연평균 7.9%의 높은 증가율을 보이고 있으며, 브라질은 3% 증가율을 기록하고 있다. 이로부터 인도를 제외한 브릭스 국가들이 높은 경제성장률과 함께 맥주 소비량도 함께 증가하고 있음을 알 수 있다. 이에 반해 독일은 연평균 -1.3%, 일본 -2.3%, 한국 -0.9%

<도표 2> 주요국별 맥주 소비량 및 중국의 맥주산업 현황

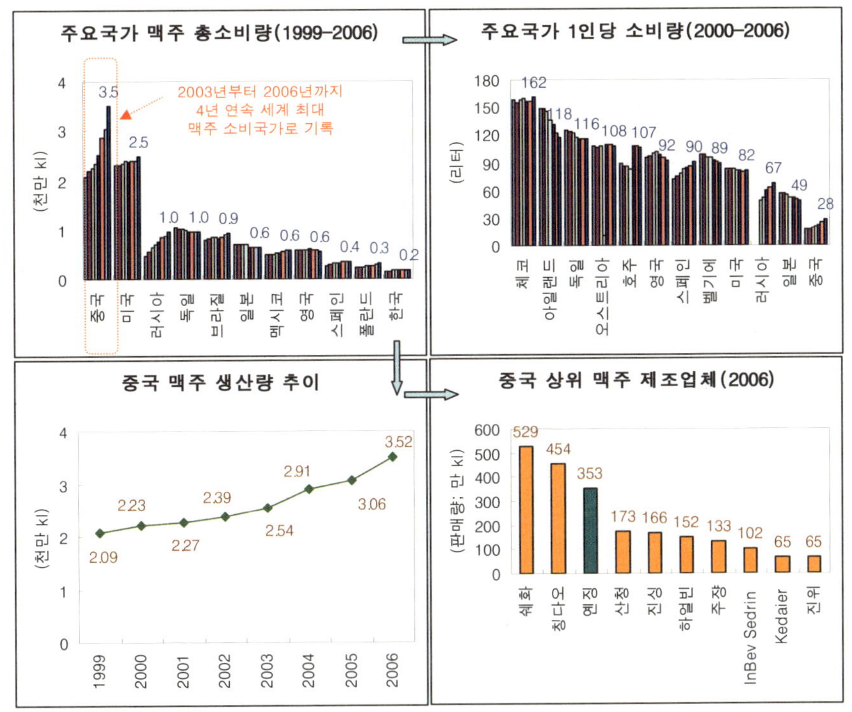

㈜ KIRIN 및 중국양조공업협회 자료로부터 KSERI 작성

가 감소한 것으로 나타나고 있다.

중국의 2006년 맥주 생산량은 전년대비 14.7%가 증가한 3,515만kl로 세계 최대를 기록하고 있으며, 소비 증가율에 맞추어 생산량도 똑같은 증가세를 나타내고 있다. 중국의 맥주 제조업체별 2006년 판매량을 살펴보면, 화룬쉐화(华润雪花)맥주가 529만kl를 판매하여 가장 많고, 이어서 칭다오(青岛)맥주 454만kl, 베이징옌징(北京燕京)맥주 353만kl, 총칭산청(重庆山城)맥주 173만kl, 허난진싱(河南金星)맥주 166만kl 등의 순으로 나타나고 있다. 특히 상위 10개 제조업체의 판매량이 중국 전체 맥주시장의 62.6%를

37

점유하고 있다. 중국의 맥주산업은 지방정부의 자본출자를 바탕으로 한 독점적 구조로서 지역의 군소 제조업체들이 해당지역을 독점하는 형태였다. 그러나 2000년부터 화룬, 칭다오, 옌징 등 중국 3대 맥주제조업체가 각 지역의 계열사들을 인수하면서 대형화가 빠르게 진행되고 있다.

이제 중국을 대표하는 맥주 브랜드인 옌징맥주에 대해 살펴보기로 하자. 옌징맥주의 지배구조는 아래의 <도표 3>과 같다. 1980년 베이징옌징맥주공장(北京燕京啤酒厂)으로 시작한 옌징맥주는 1993년 그룹 체제로 정비하고, 1997년 베이징 시정부의 구조개혁방안에 따라 그룹산하 베이징옌징맥주유한회사(北京燕京啤酒有限公司)가 출자하여 현재의 베이징옌징맥주주식회사(北京燕京啤酒股份有限公司)가 설립되었다. 베이징옌징맥주유한회사가 베이징옌징맥주주식회사의 지분 54.1%를 소유하여 최대주주이며, 베이징옌징맥주그룹이 2.06%의 지분을 소유하고 있다. 나머지 43.84%의 지분은 국민주 형태로 공개되어 있는데, 2002년 10월에 7백만 주, 7억 위안을 국민주 공모를 통해 선전거래소에 상장하였다.

<도표 3> 베이징옌징맥주주식회사의 지배구조 현황

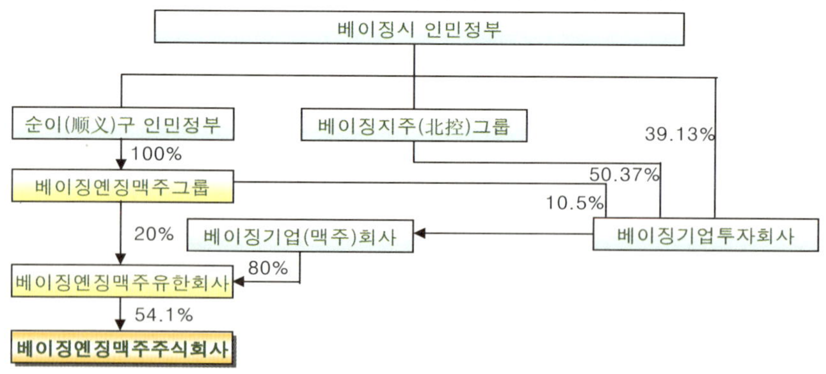

㈜ 회사 자료로부터 KSERI 작성

이처럼 베이징 시정부의 출자로 설립된 옌징맥주는 2008년 베이징올림픽의 공식후원업체로 선정되면서 현재 대대적인 홍보활동을 전개하고 있다. 2006년 매출액은 아래 <도표 4>에 나타난 바와 같이 전년대비 15.2% 증가한 61.22억 위안을 기록하였다. 또 영업이익과 당기순이익도 각각 10.4%와 10.8%가 증가한 3.92억 위안과 3.07억 위안을 기록하였다. 2007년 매출액은 3분기까지 전년동기대비 33.3%가 증가한 63.93억 위안을 기록하였으며, 영업이익은 30.3%가 증가한 5.6억 위안을, 그리고 당기순이익은 24.9가 증가한 4.65억 위안을 각각 기록하였다. 이로써 2007년 경영실적은 전년에 비해 2배 이상 향상될 것으로 예상된다. 제품별 매출현황을 보면, 맥주판매가 회사 전체 매출액의 97%에 해당하는 59.6억 위안을 차지하고 있다. 맥주 외에도 생수와 차음료 등도 판매하고 있다.

<도표 4> 베이징옌징맥주주식회사의 경영현황

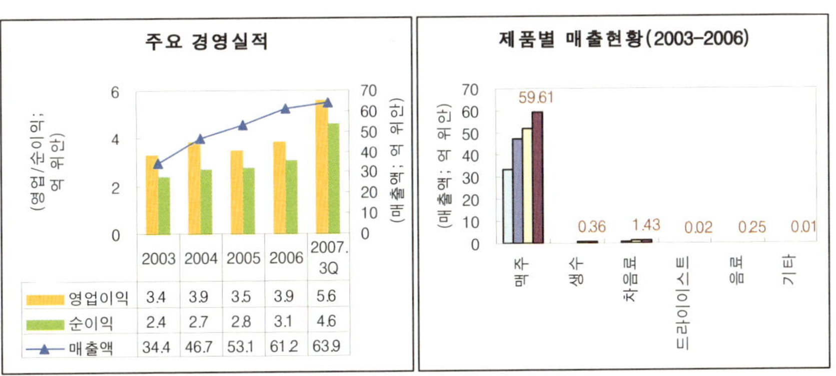

㈜ 회사 자료로부터 KSERI 작성

마지막으로 옌징맥주의 최근 주가 추이를 살펴보면, 올림픽 특수에 대한 기대감으로 연초에 가파른 상승곡선을 그리면서 2008년 1월 3일 23.58위안으로 연말대비 12%나 상승하였다. 거래액 역시 15.8억 위안이 거래되면서 2006년 연말에 비해 3배 이상 증가하고 있다.

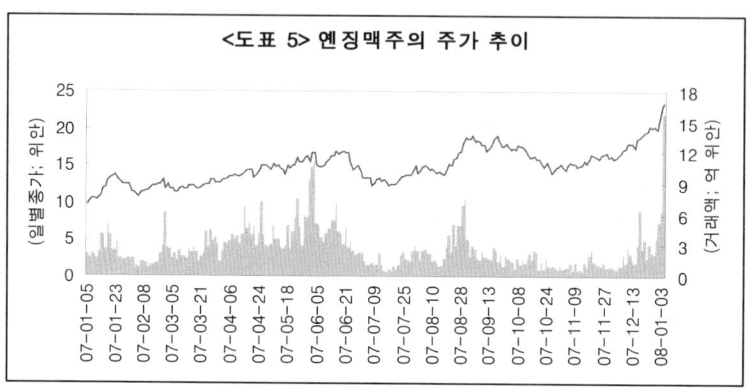

(주) 선전거래소 자료로부터 KSERI 작성

5. 중국국제금융공사(CICC)

　미국발 서브프라임론 사태로 미국와 유럽의 금융시장 신용경색 해소를 위한 노력이 이루어지고 있다. 사태의 발원지인 미국의 경우, 최근 부시 정부가 서브프라임론 피해자들의 대규모 종합구제대책을 발표하였는가 하면, FRB는 금융기관 신용경색을 해소하기 위해 '기한부경매기금(Term Auction Fund)' 방식에 의한 단기자금공급 확대에 앞장서고 있다. 또한 미국 은행그룹을 중심으로 하는 금융계에서도 부실 처리를 위한 자발적인 긴급대책기금 마련을 추진하고 있으며, 유럽과 일본 금융기관들에게도 적극적인 참여를 요청하고 있다.

　이런 가운데, 2007년 12월 20일 중국의 정부계 금융기관이 미국 모건스탠리에 투자하기로 결정했다는 보도가 발표되었다. 중국정부의 외화보유자산을 해외투자상품에 투자 운용하는 중국투자유한공사(中国投资有限责任公司)가 미국의 2대 투자은행인 모건스탠리의 지분 9.9%를 50억 달러에 인수하기로 했다는 것이다. 그러나 이는 이미 2007년 12월 12일과 13일 양일간 있었던 제3차 중미전략경제대화가 끝난 직후 발표된 것이다. 이때 중국 정부는 미국의 위안화 절상 압력에 대해 적극적인 금융시장 개방 확대와 대미투자 확대를 약속했었던 것이다.

　그런가 하면, 중국 증권사로서는 처음으로 중국국제금융공사(CICC)가 국가외환관리국으로부터 50억 달러의 해외투자한도를 승인받음에 따라 2008년부터 본격적인 해외투자를 개시할 것이라는 발표도 나오고 있다. 이처럼 중국의 해외 포트폴리오투자가 최근 들어 빠르게 확대되고 있는 배경으로는 외환보유고 증가와 미 달러화 약세에 따른 위안화 절상 압력 해소 및 환차손을 줄이기 위한 투자다원화를 고려하고 있기 때문으로 보인다. 이에 이번 중화경제동향에서는 향후 중국의 해외증권투자를 담당할 적격기관투자자(QDII; Qualified Domestic Institutional Investors) 현황과 중국국제금융공사의 경영현황에 대해 살펴보고자 한다.

<도표1>에서 볼 수 있는 것처럼 중국 인민은행이 승인해주는 적격국내기관투자자(合格境内机构投资者) 제도는 2006년 4월 중국 증감위가 일정 요건을 갖춘 은행, 증권사, 보험사 등 중국의 우량금융기관들에게 일정금액 한도 내에서 해외증권 투자를 할 수 있도록 허용한 제도이다. 즉 중국 금융기관의 해외증권투자를 허용하는 제도라고 할 수 있다.

이에 비해 이미 본 중화경제동향에서도 소개한 바 있듯이 외국인에게 중

<도표 1> QDII와 QFII 비교

	QDII	QFII
목적	중국 금융기관의 해외증권투자 허용	외국인의 중국 증권투자 허용 자본시장 단계적 개방
자격 요건	신용도, 자산규모 등을 기준으로 중국 인민은행이 승인 (자산관리회사는 순자산 2억 위안, 증권사는 순자본 8억 위안 이상)	신용도, 자산규모 등을 기준으로 중국 증감위가 승인 (보험사/증권사는 순자본 10억 달러, 상업은행은 증권자산규모 100억 달러 이상)
투자 대상	해외 주식을 포함한 모든 증권투자	중국 증시에 상장된 외자주식 이외의 주식 (1개 QFII가 한 기업 지분 10% 이상 불허, 한 기업의 QFII 전체지분 20% 이상 불허)
투자금액	229.88억 달러 → ?	95.45억 달러 → 300억 달러(?)
근거법	적격국내기관투자자해외증권투자 관리시행법	적격해외기관투자자국내증권투자 관리법
시행일자	2007. 7. 5	2006. 9. 1

㈜ KSERI 작성

국 증권투자를 할 수 있도록 허용해주는 제도도 있다. 중국은 2002년부터 일정요건을 갖춘 해외기관투자자들(QFII, Qualified Foreign Institutional Investors)이 중국 정부가 승인하는 한도 내에서 A주식(중국국내주식)에 투자를 할 수 있도록 허용하는 《적격해외기관투자자국내증권투자관리잠정법(合格境外机构投资者境内证券投资管理办法)》을 제정하고, 해외 우량 기관투자자들의 중국내 주식투자를 허용하였다. 이는 WTO 가입의정서에 명시된 중국의 자본시장 대외개방 일정에 따라 시행한 것으로 충격을 최소화하기 위해 도입된 제도라고 할 수 있겠다. 중국 정부는 4년간의 시범기간을 거쳐 2006년 7월에 QFII법을 확정 발표하였는데, 2007년 1월 말 현재 46개 QFII가 총 95.45억 달러의 투자한도를 승인 받은 상태이다. 최근 중국 외환관리국은 QFII의 투자한도 확대방안을 놓고 중국 증감위와 조율 중에 있는데, 대략 300억 달러 안팎으로 확대될 가능성이 높은 것으로 알려지고 있다.

중국이 QFII제도를 본격화하는데 대략 4~5년의 시간이 소요된 점을 감안하면, QDII제도 역시 2010년 이후에나 활성화될 가능성이 높다고 할 수 있겠다. 현재 중국에서 QDII 자격을 획득한 금융기관은 아래의 <도표 2>에 정리된 것처럼 총 25개 기관에 이르고 있다. 2006년 4월 인민은행이 해당 제도 시행을 정식으로 발표하고, 10월에 14개 기관을 1차로 확정 발표한 다음, 2007년 1월에 8개 기관을 추가로 선정하였다. 그리고 2007년 10월에는 선정기관에서 제외되었던 증권사 중에서 4개사를 다시 포함시켰다. 중국국제금융공사는 가장 최근에 선정된 4개 증권사에 포함되었는데, 중국국제금융공사만이 투자한도를 승인 받은 상태로 앞서 가장 많은 투자한도를 승인 받았던 중국은행(25억 달러)의 두 배에 해당하는 50억 달러를 승인 받았다. 중국국제금융공사는 빠르면 2008년 2월부터 본격적인 해외증권투자 상품을 판매할 것으로 알려지고 있다.

<중국국제금융(CICC) 현황은 생략>

<도표 2> QDII 현황 (2007. 12)

	금융기관	업종	투자액 (억 달러)
1차 (2006.10) 14개 기관	중국은행	상업은행	25
	공상은행		20
	건설은행		20
	교통은행		15
	동아은행(중국지점)		3
	HSBC(중국지점)		5
	초상은행		10
	중신은행		5
	항생은행(중국지점)		3
	시티그룹(중국지점)		5
	스탠다드차터드(중국지점)		5
	민생은행		5
	광따(光大)은행		5
2차 (2007.1) 8개 기관	베이징은행		3
	흥업(兴业)은행		5
	중국은행(홍콩) 중국지점		3
	크레디트스위스(상하이지점)		3
	화안(华安)기금관리회사	기금	5
	핑안보험그룹	보험	17.5
	차이나라이프		15
	PICC(중국인민보험)		2.38
3차 (2007.10) 4개 기관	중국국제금융(CICC)	증권	50
	초상증권		–
	꿔타이쥔안(国泰君安)		–
	중신증권		–
합계			229.88

㈜ 각종 자료로부터 KSERI 작성.

이제 중국국제금융공사(中国国际金融公司, CICC)에 대해 좀 더 자세히 살펴보기로 하자. 중국국제금융공사는 1995년에 국내외 주요 금융기관들이 전략적 협력관계를 바탕으로 공동출자하여 설립된 중국 최초의 중외합자 투자금융기관이다. 최초 설립자본은 1.25억 달러이다. 현재 지분구조는 아래의 <도표 3>에 나타난 바와 같이 중국자본이 51%, 해외자본이 49%로 구성되어 있다. 최대주주는 중국건설투자회사이며, 43.35%의 지분을 소유하고 있다. 원래는 중국 4대 은행 중의 하나인 건설은행이 중국국제금융공사

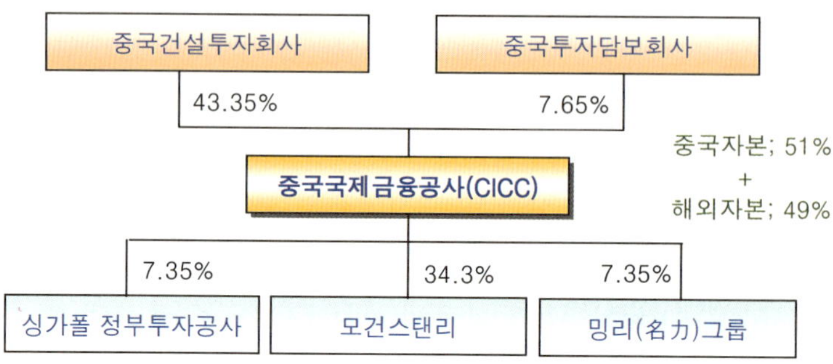

<도표 3> CICC의 지배구조 현황

㈜ 회사 자료로부터 KSERI 작성

의 최대 주주였으나, 건설은행이 2004년 주주개혁을 단행하면서 중국국제 금융공사의 지분 43.35%를 중국건설투자회사로 넘긴 것이다.

이어서 미국의 모건스탠리가 34.3%의 지분을 소유하여 2대 주주로 나타나고 있다. 모건스탠리가 중국 정부의 대외투자 창구인 중국투자유한공사의 50억 달러 투자를 받기로 한 것도 모건스탠리가 중국국제금융공사의 대주주인 것에서 볼 수 있듯이 중국 정부와 지속적인 좋은 관계를 유지하고 있기 때문이라고도 할 수 있다.

다음 <도표 4>에서 중국국제금융공사의 최근 경영현황을 살펴보기로 하자. 우선 중국 주요 증권사들의 최근 상하이거래소 주식거래 시장점유율 현황을 살펴보면, 2007년 11월 누계 기준으로 꿔타이쥔안(国泰君安)이 전년 동월대비 거래대금이 326% 증가한 4.55조 위안으로 최대 증권사이다. 이어서 중국인허(中国银河)가 4.52조 위안, 선인완꿔(申银万国) 3.66조 위안, 하이통(海通) 3.21조 위안, 꿔신(国信) 2.77조 위안 등으로 상위 5대 증권사를 이루고 있다. 그리고 꿔타이쥔안과 함께 이번에 QDII 자격을 획득한 초상(招商)증권은 2.18조 위안, 중신(中信)증권은 1.88조 위안, 그리고 중국국제 금융공사는 0.89조 위안을 각각 기록하고 있다.

<도표 4> 중국국제금융공사 경영 현황

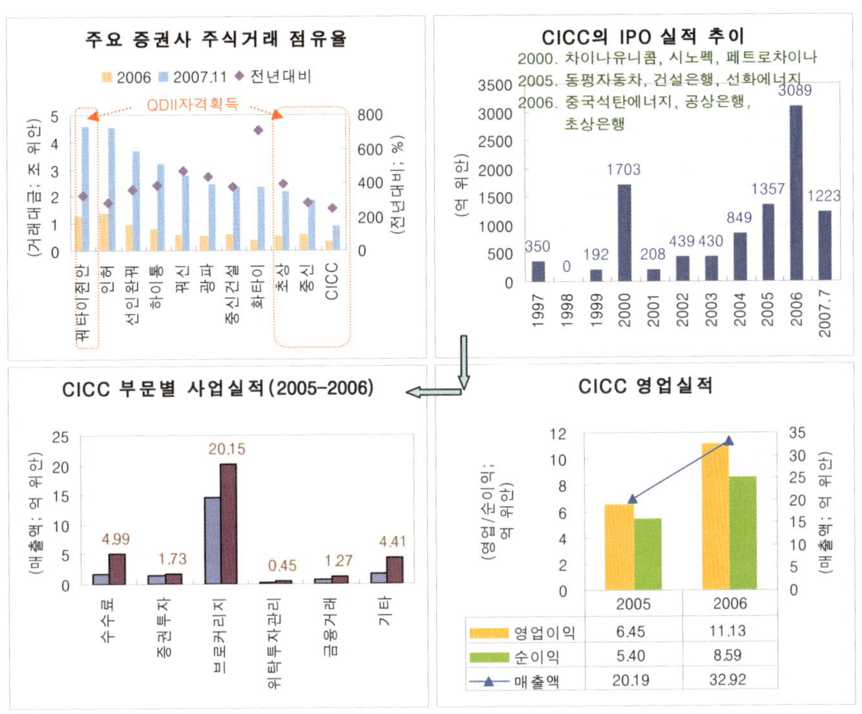

㈜ 각종 자료로부터 KSERI 작성

2007년 11월 말 현재, 상하이거래소에 등록되어 있는 증권관련회사 135개사 중 중국국제금융공사는 19위의 시장점유율을 나타내고 있다. 하지만 중국 최초 중외합자 투자기업인 중국국제금융공사의 주요 사업영역은 중국 주요 대형기업들의 해외 IPO를 주관하고 있는 것이라고 할 수 있다. <도표 4>에서 보는 바와 같이, 중국 기업들의 해외상장은 거의 대부분 중국국제금융공사를 통해 이루어지고 있다.

1997년 중국전신(現 차이나모바일, 42.2억 달러 조달)의 홍콩증시 상장을 필두로 하여 2000년에는 차이나유니콤(56.6억 달러), 시노펙(34.6억 달러),

47

페트로차이나(28.9억 달러)와 바오스틸의 A주식 상장(78.46억 위안) 등을 주관하였다. 2001년에는 차이나알루미늄(4.86억 달러), 2003년 차이나라이프(34.75억 달러), 2005년에는 동평자동차(5.7억 달러), 건설은행(92억 달러), 선화에너지(32.72억 달러), 2006년에는 중국석탄에너지(19.45억 달러), 초상은행(26.6억 달러), 그리고 세계 최대 규모의 IPO로 유명했던 공상은행(219.39억 달러, A+H주식)까지 모두 중국국제금융공사가 담당했다. 그런데 2008년에도 해외상장에 성공했던 중국 주요 대형기업들이 중국 증시 호황에 힘입어 A증시 상장 붐을 이루었다. 그에 따라 중국국제금융공사는 차이나라이프(283.2억 위안), 코스코(151.3억 위안) 등의 국내 IPO에도 실적을 거두었다.[2]

중국국제금융공사의 2006년 매출액은 전년대비 63.1%가 증가한 32.92억 위안으로 나타났으며, 영업이익과 당기순이익도 72.1%와 59.1%가 증가한 11.13억 위안과 8.59억 위안으로 나타났다. 부문별 매출실적을 보면, 전체 매출액의 61%에 해당하는 20.15억 위안이 증권브로커리지 수입에서 발생하고 있으며, 이어서 수수료 수입이 4.99억 위안으로 전체 매출의 15%를 차지하고 있다.

---

[2] 중국국제금융공사를 통해 국내외 증시에 상장됐던 중국의 주요 대형기업들의 경영실적은 "중화경제동향 – 중국기업시리즈"를 통해 확인할 수 있다.

6. 중국은행(BOC)

2007년 10월 21일에 폐막된 중국 최고회의인 전국대표대회(전대, 全国代表大会)에서 향후 5년 동안 중국을 이끌어갈 지도부를 재정비한 중국 정부는 12월 3일부터 5일까지 3일 간에 걸쳐 최고경제회의인 중앙경제업무회의를 개최하였다. 후진타오 주석과 온쟈바오 총리를 비롯한 새 지도부가 모인 이 자리에서 중국 정부는 2008년 경제정책기조를 긴축통화정책으로 전환하였는데, 이는 1997년 이후 처음 있는 일이다.

이 회의 결과를 반영하여 인민은행은 곧바로 시중은행에 대한 위안화 예금준비율 인상을 발표하였다. 12월 8일 인민은행은 종전의 13.5%에서 14.5%로 1% 인상하여 12월 25일부터 적용한다고 발표하였다. 이는 2007년 들어서 10번째 인상이자 1990년 이래로 가장 높은 수준이다.

또, 2007년 12월 11일에 인민은행은 《상업용부동산신용대출관리강화와관련한보충통지》를 발표하고 시중은행의 부동산대출을 엄격히 관리하겠다는 의지를 다시 한 번 밝혔다. 이는 지난 2007년 9월 27일에 발표했던 《상업용부동산신용대출관리강화와관련한통지》[3]의 내용 중에서 논란이 일었던 "두 번째 주택(第二套房)"에 대한 정의를 명확하게 규정, 보완한 것이다. 이 대책은 중국 정부가 심각한 사회문제를 야기하고 있는 부동산 투기

---

[3] 인민은행과 중국은행감독관리위원회가 부동산시장 안정화를 위해 2007년 9월 27일에 발표한 정책으로, 주택 구입자가 첫 번째 주택을 구입할 경우 면적이 90m²(약 27평형) 이하는 선금 20%, 90m² 이상은 선금 30%를 납입하도록 규정되어 있으며, 두 번째 주택을 구입할 경우는 선금 40% 이상을 내도록 규정하고 있다. 또, 대출금의 월별 상환 원리금은 월 소득의 50%를 초과할 수 없게 되어 있다.

를 억제하기 위해 내놓은 것으로, 개발회사와 주택 구입자에 대한 시중은행
들의 대출요건 강화를 주요 골자로 담고 있다. 그런데 이 대책 가운데 주택
구입자의 "두 번째 주택"에 대한 해석을 놓고 "1인 2주택" 혹은 "1가구 2주
택"으로 은행마다 제각각 달랐다. 이에 이번에 인민은행이 "1가구 2주택"으
로 최종 확정 발표한 것이다.

이에 이번 중화경제동향에서는 중국 금융기관들의 예대출금 추이와 주택
가격 추이를 살펴본 다음, 중국의 4대 은행 중 하나인 중국은행(BOC)의 최
근 경영현황을 정리해보고자 한다.

<도표 1>에서 중국 예금은행들의 예대출 추이를 살펴보면, 2007년 9월
말 현재 예금은 39.5조 위안, 대출은 27.4조 위안으이다. 또 전기대비 증감
추이를 보면 2003년까지 대출이 빠르게 증가하다가 2004년부터 중국정부
의 연이은 투기대책으로 주춤하는 모습을 보인 후, 다시 2006년부터 가속
도가 붙고 있는 것으로 나타나고 있다. 또 장단기 대출 추이는 2006년부터
중장기 대출이 단기대출을 앞지르기 시작하여 2007년 3분기 현재 단기대
출 11.7조 위안에 비해 중장기대출이 13.4조 위안에 이르고 있다. 특히, 중
장기대출의 경우 불과 7년 사이에 4.6배나 증가한 반면, 단기대출은 0.8배
증가에 그치고 있다. 이로부터 2000년 이후 중국 금융기관들의 대출은 주
로 부동산 및 기업설비 대출과 관련한 중장기대출에 의해 주도되고 있다고
할 수 있겠다.

이로부터 지난 2000년부터 최근까지 6차례에 걸쳐 발표된 중국 정부의
각종 부동산투기 대책에도 불구하고[4] 중국 예금은행들의 부동산관련 중장기

---

[4] 2000년 이후 중국 정부가 발표한 부동산대책을 살펴보면, 《주택금융업무규범화와관련
한통지》(인민은행, 2001.6.26), 《부동산신용대출업무관리강화와관련한통지》(인민은행,
2003.4.1), 《상업은행부동산대출리스크관리가이드라인》(중국은행감독관리위원회, 2004.
9.2), 《상업은행주택대출정책과초과예금준비율조정과관련한통지》(인민은행, 2005.3.16),

<도표 1> 중국 예금은행 예대출 추이

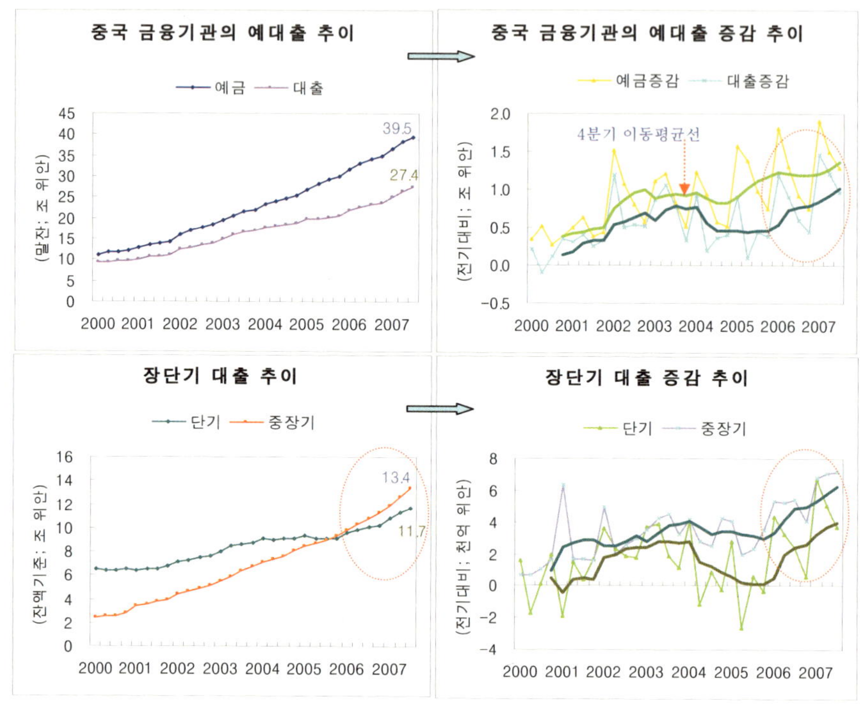

㈜ 인민은행 자료로부터 KSERI 작성

대출이 계속 증가하고 있음을 알 수 있다. 즉, 중국 정부의 부동산투기 대책이 사실상 거의 효과가 없음을 보여주고 있다. 예금은행의 부동산 대출에 대한 보다 근본적인 대책이 마련되지 않는 한, 중국 정부의 부동산투기대책은 실패로 그칠 가능성이 높다고 하겠다.

이처럼 중국 정부의 각종 부동산투기 대책에도 불구하고 여전히 부동산

《주택공급구조조정을통한주택가격안정화와관련한통지》 (건설부 등 9개 부처, 2006.5.29), 《상업목적의부동산신용대출관리강화》 (인민은행, 중국은행감독관리위원회, 2007.9.7)을 들 수 있다.

52

투기가 성행함에 따라 중국내 주택가격도 가파른 상승세를 지속하고 있다. 아래의 <도표 2>에서 중국의 주택가격 및 임대가격 추이를 살펴보면, 2000년부터 고정자산투자 증가의 상당부분이 주택투자인 것을 알 수 있다. 중국은 고정자산투자의 세부내역을 발표하지 않고 있기 때문에 고정자산투자 중 얼마가 건설 투자이고 얼마가 설비투자인지 정확한 수치를 알 수는 없다. 다만 중국 전체 건설회사의 연간 투자규모와 주택투자 자료를 이용하여 간접적으로 이를 추정할 수 있다. 구체적으로 중국 전체 건설업계의 2005년 말 기준 건설 규모는 1.59조 위안이며, 이 중 71.5%에 해당하는 1.14조

<도표 2> 중국 주택거래가격 추이

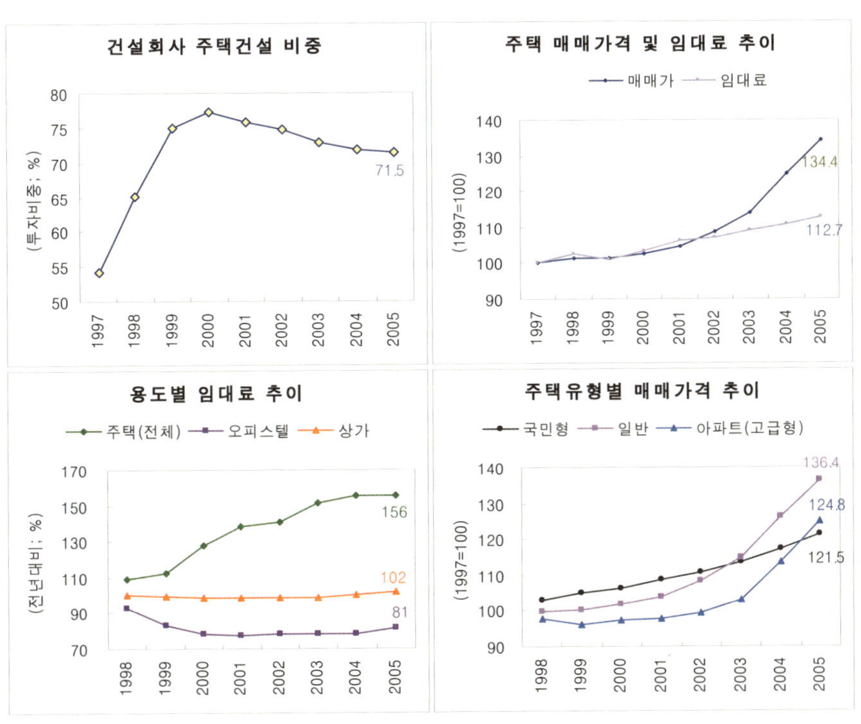

㈜ 중국 국가통계국 및 건설부 자료로부터 KSERI 작성

위안이 주택건설 투자로 나타나고 있다. 그런데 2005년 중국의 고정자산투자 규모는 총 8.9조 위안이었으므로, 전체 고정자산투자에서 건설투자가 차지하는 비중은 17.9%이며 주택투자 비중은 12.8%에 이른 것으로 추정할 수 있다.

어쨌든 상기 <도표 2>에서 주택 매매가는 2004년부터 급등하기 시작하였고, 특히 일반형 주택과[5] 고급형 아파트의 가격상승이 두드러진 것으로 나타나고 있다. 이에 비해 중저소득 계층을 위해 중국 정부가 일반형 주택으로 지어 분양하고 있는 국민형주택(经济适用房)도 지속적인 상승세를 보이고 있다. 그런가 하면 임대료는 상대적으로 상승폭이 완만한 것으로 나타나고 있는데, 오피스텔 임대료는 공급과잉과 고가로 인해 오히려 하락하는 모습을 보이고 있으며, 상가 임대료는 거의 변화가 없는 것으로 나타나고 있다. 다만 주택 임대료는 2000년부터 가파르게 상승하여 약 5년 동안에 50% 가량 상승하는 모습을 보이고 있다.

단, 상기 <도표 2>의 수치들은 중국 전체 도시들의 평균치를 나타낸 것으로서, 베이징과 상하이 등 주요 대도시의 부동산 시세를 반영한다고 보기는 어렵다. 실제로 베이징과 상하이 등 대도시 지역의 실제 매매가는 연간 20~30%에 달하는 높은 상승률을 기록하고 있기도 하다.

이제, 중국 4대 상업은행 중의 하나인 중국은행(中国银行股份有限公司, BOC)의 최근 경영실적을 통해 주택대출의 실상을 좀 더 자세히 살펴보기로 하자. 1912년에 설립된 중국은행은 당시 중앙은행으로서의 역할을 담당하다가 1949년에 신중국 설립 이후부터는 외환은행으로 역할이 바뀌었으며,

---

[5] 일반형 주택(아파트)의 기준은 각 도시마다 각기 다르게 적용되고 있으나, 일반적으로 건설회사들이 상업적 분양 목적으로 짓는 주택을 일컫는다. 베이징과 상하이의 경우는 건물 한 동 면적이 140㎡ 이하이고, 실거래가가 동급 토지주택 거래가의 평균치보다 120~144% 이하인 경우로 규정짓고 있다.

1994년부터는 다시 상업은행으로 전환되었다. 그 후 중국 국무원의 개혁방
안에 따라 2004년 8월 26일에 주주개혁을 마무리하고 기존의 중국은행 자
산과 부채를 모두 승계하는 주식회사 체제로 전환함으로써 중국은행주식회
사로 새로이 출범하게 되었다.

2005년부터 해외투자자를 본격적으로 받아들이기 시작한 중국은행의 지
배구조는 <도표 3>에 나타난 바와 같다. 중국정부 자산관리위원회로 일컬
어지고 있는 회진공사(汇金公司)가 67.49%로 중국은행의 최대 주주이고,
이어서 전략적 투자자인 RBS차이나(Royal Bank of Scotland China)가
8.25%를 소유하고 있다. 또 2006년 3월부터는 중국의 사회기금이사회가
참여하면서 4.46%의 지분을 소유하고 있기도 하다.

<도표 3> 중국은행의 지배구조 현황

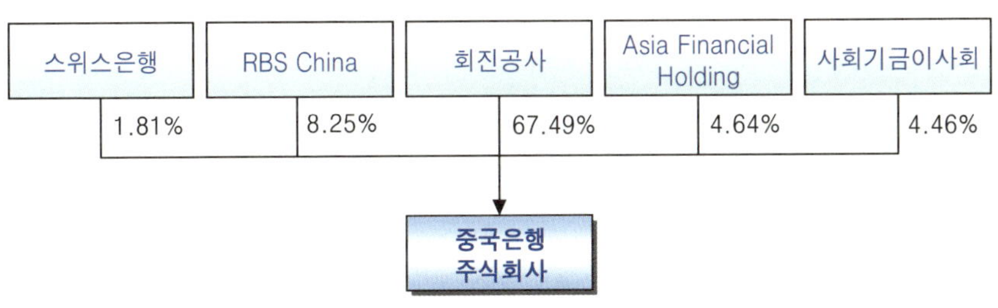

(주) 회사 자료로부터 KSERI 작성

한편, 중국 4대 국유은행들의 자산규모를 살펴보면, 아래의 <도표 4>에
나타난 바와 같이 공상은행이 7.5조 위안(약 923조 원)으로 중국 최대 상업
은행이며, 건설은행 5.5조 위안, 농업은행 5.3조 위안, 그리고 중국은행이
5.3조 위안으로 4위로 나타나고 있다.

다음에 은행의 주요 건전성 지표인 자기자본비율을 보면, 중국은행은
2006년 전국사회보장기금이사회의 투자를 비롯해 상하이거래소와 홍콩거

래소 상장을 동시에 추진하면서 자금을 지속적으로 조달한 결과 13.6%로 전년대비 3.2%나 상승하였다. 이에 반해, 부실채권비율(NPL)은 매년 지속적인 감소를 통해 건전화를 꾀하고 있다. 특히 지난 2003년 16.3%에 달하던 부실채권비율이 2004년에는 5.1%로 급감했는데, 그 이유는 회진공사가 공적자금을 투입해 부실채권을 대량 매입했기 때문이다.

<도표 4> 중국은행의 주요 경영현황

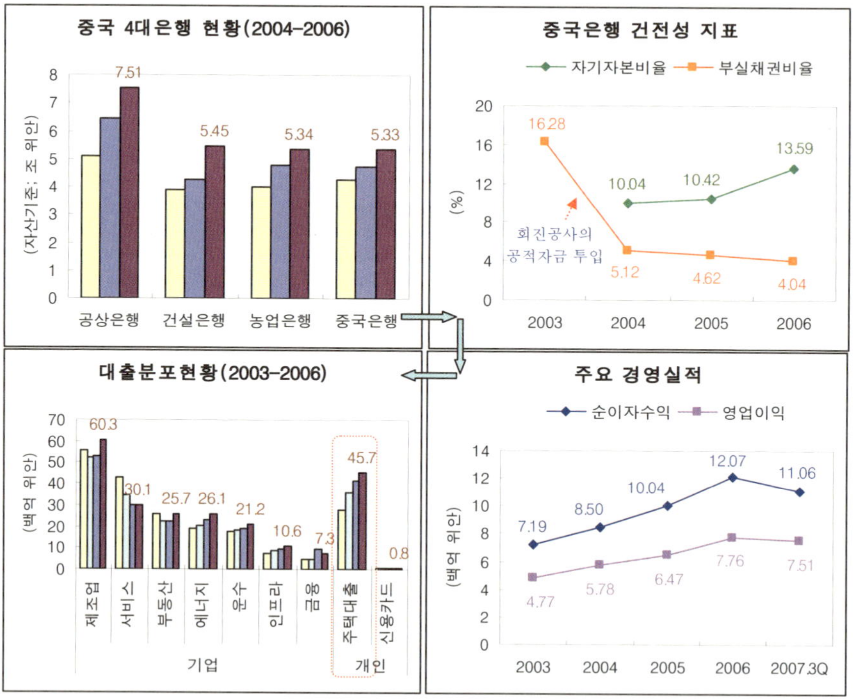

㈜ 중국은행 및 해당 은행 자료로부터 KSERI 작성

과거 개혁개방 이전의 사회주의 국가 시절에는 중국 정부의 국가재정과 은행의 재무제표가 구분되지 않았다. 중국 정부의 재정과 은행의 회계가 동

일시되었던 것이다. 즉 중국 정부가 국유기업에 대해 자금을 지원해주거나 대출상환을 면제해줄 경우, 모두 국영은행을 통해 이루어졌던 것이다. 그 결과 정부 재정적자로 분류되어야 할 채무가 모두 국영은행의 부실로 처리되었다. 중국 은행들이 부실채권비율이 높을 수 밖에 없었던 이유는 바로 이 때문이라고 할 수 있다. 바로 이런 점에서 중국 은행들의 부실채권이 많다는 것만을 이유로 서방은행 기준에서 일방적으로 위험하다고 평가하기 어려운 점이라고 할 수 있다.

90년대 후반 개혁개방과 주주개혁으로 국영은행에서 상업은행으로 민영화 과정을 밟고 있는 중국 은행들이 과거 정부 재정적자를 모두 떠 안고 있었기 때문에 민영화를 위해서는 중국 은행들이 떠안고 있는 막대한 정부 재정적자성 부실을 털어낼 필요가 있었다. 회진공사는 바로 그런 목적으로 설립된 공적 구조조정 기관이라고 할 수 있다. 즉 정부 재정적자를 은행계정에서 분리해내고 은행의 자본건전성 확보를 위한 자산관리위원회라고 할 수 있다. 회진공사는 2003년 12월에 설립되면서 가장 먼저 중국은행에 225억 달러의 공적 자금을 투입하였는데, 이는 상기 <도표 3>의 중국은행 지배구조를 통해서도 확인할 수 있다.

또, 중국은행의 2006년 순이자수익(=이자수입-이자지출)은 전년대비 20.2%가 증가한 1,207.1억 위안을 기록하였고, 영업이익은 775.5억 위안으로 19.8%가 증가한 것으로 나타났다. 그리고 2007년 3분기까지 순이자수익은 전년동기대비 26.7%가 증가한 1,105.7억 위안, 영업이익은 39.4%가 증가한 751.2억 위안으로 순이자수익과 영업이익 모두 2003년 이래 가장 빠른 증가세를 나타내고 있다.

이처럼 순이자수익과 영업이익이 빠르게 증가하고 있는 원인은 대출 급증 그 중에서도 특히 주택대출 급증에 기인한다. <도표 4>에서 중국은행의 대출내역별 현황을 살펴보면, 2006년 기업대출은 전체 대출의 76%를 차지하고 있으며, 개인대출은 24%를 차지하고 있는 것으로 나타났다. 개인대출 중에서 주택대출이 2006년까지 연평균 20% 가까운 증가율로 가장 빠르게 증가하고 있다. 그 결과 2006년 주택대출이 은행 전체 대출의 18.8%를 차지하기에 이르렀다.

최근 중국의 주요 은행들이 회진공사의 공적자금 투입과 상장을 통한 자금조달을 통해 자본건전성을 비롯한 주요 지표들이 외관상 호전되고 있는 것으로 나타나고 있다. 그러나 전통적으로 강세를 보이던 예금 증가율은 둔화를 지속하고 있는 반면, 대출은 가파른 증가세를 보이는 가운데 주식과 부동산시장으로 몰리고 있다. 따라서 언제든지 주식시장과 부동산시장의 거품이 빠지게 되면 그 위험부담은 은행들이 고스란히 떠안게 되는 상황이라고 할 수 있다.

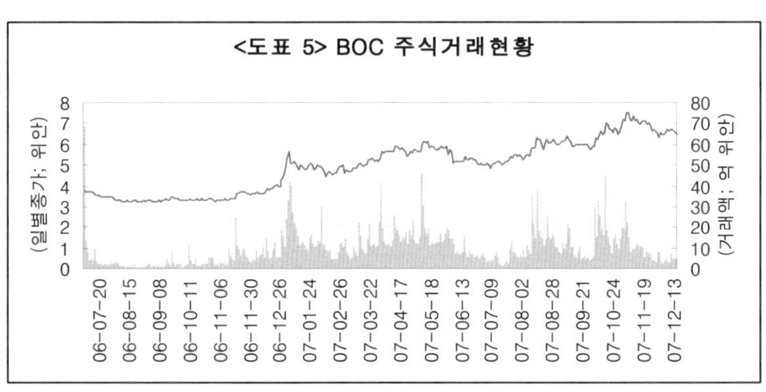

㈜ 상하이거래소 자료로부터 KSERI 작성

마지막으로 <도표 5>에서 중국은행의 최근 주가거래추이를 살펴보자. 중국은행은 2006년 7월 상하이와 홍콩거래소에 동시 상장하면서 138억 달러 가량을 조달했는데, 2007년 12월 13일 상하이거래소의 주가는 주당 6.44

위안으로 마감하여 상장일 대비 70% 가량 상승하였다. 거래액은 1일 평균 4.4억 위안이 거래되고 있어 상하이종합주가지수가 6천 포인트를 돌파했던 10월과 비교해보면 대략 1/5로 줄어든 상태이다. 대형주인 은행주 거래가 크게 줄어들고 있는 것은 중국 증시도 조정 국면에 진입해 있음을 시사하는 것이라고 할 수 있겠다.

7. 차이나스포츠산업그룹(CSIC)

2007년 말 각국은 2008년도 경제성장 전망을 발표하고 있다. 중국 역시 2008년 경제성장률을 전망하고 이와 관련한 주요 정책들을 속속 발표하고 있다. 고성장을 지속하다가 2007년 하반기부터 국제유가 급등과 미국발 서브프라임론 사태로 인한 세계 금융시장 신용경색 등 외부 악재와 인플레 압력 및 증시 급락 등 내부 악재가 혼재하고 있어 중국정부는 2008년 경제전망에 상당히 신중을 기하고 있는 모습이다.

더욱이 2008년 하계올림픽 개최를 목전에 두고 있는 중국으로서는 올림픽 특수효과를 기대하고 있는 만큼 여느 해보다도 신중을 기하고 있는 모습이다. 그 동안 전세계 주요 국가들이 올림픽 개최를 통해 상당한 경제적 효과를 거두었으며 그를 계기로 경제도약을 했기 때문이다. 산출 기준에 따라 다소 차이가 있긴 하지만, 1988년 서울올림픽 이후 2004년 아테네올림픽까지 대부분의 국가가 올림픽을 통해 30~40억 달러를 상회하는 수익을 기록한 것으로 알려지고 있다.

베이징 올림픽을 앞두고 베이징올림픽선수촌 아파트개발사업을 통해 올림픽특수효과를 톡톡히 누리고 있는 차이나스포츠산업그룹(CSIC)의 경영현황을 설명해보고자 한다.

1894년 파리의 소르본대학에서 열린 국제스포츠대회에서 근대 올림픽이 부활된 이후 2008년 제29회 베이징올림픽까지 세 차례를 제외하고는 4년에 한 번씩 열리고 있다. 올림픽이 열리지 못한 대회는 1916년 독일의 베를

린대회와 1940년 핀란드 헬싱키, 그리고 1944년 일본 도쿄대회로서 세계 1,2차 대전으로 인해 대회 자체가 무산됐다.

이후 1988년 서울올림픽이 개최되기까지 올림픽은 냉전체제로 인해 반쪽 대회로 전락한 경우가 많았지만, 회를 거듭할수록 지구촌 잔치로 거듭나면서 개최국가들은 국가 인지도 제고와 경제적 효과라는 측면에서, 그리고 해당국가 기업들은 브랜드 제고와 상품판매효과라는 측면에서 매력적인 이벤트로 변모했다.

특히, 사상 첫 번째 '흑자올림픽'으로 알려지고 있는 지난 1984년 LA올림픽을 기점으로 올림픽은 단순한 국제적인 스포츠행사로서 그치는 것이 아니라 상업무대로 변모해버렸다. 올림픽 개최지는 IOC총회에서 통상적으로 개최 7년 전에 선정된다. 베이징 역시 2001년 7월 30일 러시아 모스크바에서 열린 제112차 IOC총회에서 2008년 개최지로 결정됨에 따라 1964년 도쿄, 1988년 서울에 이어 아시아에서는 세 번째로 올림픽 개최지로 선정되었다.

아래의 <도표 1>은 서울올림픽 이후 베이징올림픽까지 각국의 GDP성장률 추이를 정리한 것이다. 정확한 '올림픽효과'를 계량화하기 위해서는 올림픽 관련사업 투자규모, 관련 사업수익 등을 종합해야 하겠지만 이를 추정하기란 매우 어렵다. 이에 이번 호에서는 올림픽 개최를 전후로 한 4년간의 연평균 경제성장률을 단순 비교해보도록 하겠다.

우선 한국의 경우, 1981년 독일 바덴바덴에서 제24회 올림픽 개최지로 서울이 선정된 이후 1985년부터 1988년까지 4년간의 경제성장률은 연평균 9.8%를 기록하고 있고, 올림픽 개최 후 4년 동안에는 7.8%로 -2% 정도 낮아진 것으로 나타나고 있다. 이어서 1992년에 개최된 스페인 바르셀로나올림픽의 경우는 개최 전 4년간의 연평균 성장률이 3.5%이며, 개최 후 4년간의 연평균 성장률은 1.9%로 -1.6% 가량 낮아진 것으로 나타났다. 바

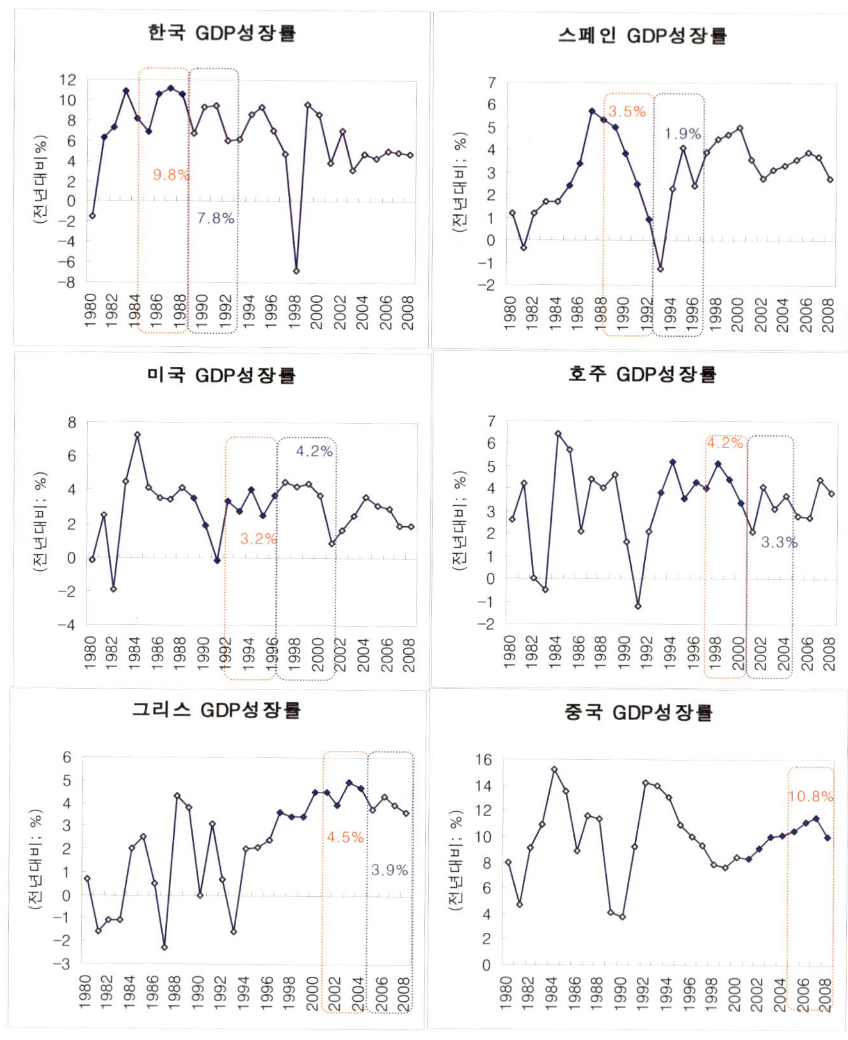

<도표 1> 최근 올림픽 개최국가 경제성장률 추이

㈜ IMF 자료로부터 KSERI 작성. 2008년 성장률은 추정치임.

르셀로나의 경우는 서울올림픽 이후 유일한 적자 올림픽으로 기록되고 있는
데, 올림픽 준비로 인해 자치단체가 21억 달러, 스페인 정부가 40억 달러의

부채를 진 것으로 알려지고 있다.

1996년 미국 애틀란타올림픽의 경우는 개최 전 4년간의 연평균 성장률이 3.2%이며 개최 후 4년간에는 4.2%로 +1%가량 높아진 것으로 나타나고 있다. 또 2000년 호주 시드니올림픽의 경우는 개최 전 4년간의 연평균 성장률이 4.2%로 나타난 반면, 개최 후 연평균 성장률은 3.3%로 -0.9% 가량 낮아졌다. 그리고 가장 최근의 2004년 그리스 아테네올림픽의 경우는 개최 전 4년간의 연평균 성장률이 4.5%이며, 개최 후 4년 동안에는 3.9%의 연평균 성장률을 보여 -0.6% 가량 낮아진 것으로 나타나고 있다. 마지막으로, 2008년에 올림픽 개최를 앞두고 있는 중국의 경우는 2005년부터 2008년까지 개최 전 4년간의 연평균 성장률이 10.8%로 추정되고 있다.

이상으로부터 지난 1988년 서울올림픽에서부터 2004년 아테네올림픽까지 각 올림픽 국가의 올림픽 개최 전후 4년 동안의 연평균 경제성장률을 보면, 미국 애틀랜타올림픽을 제외하고는 모두 올림픽 개최전의 성장률이 개최후의 성장률보다 높은 것으로 나타났다. 이것은 올림픽 개최가 개최국의 경제성장률을 연평균 1~2% 가량 끌어 올리고 있는 것으로 볼 수 있는 간접적인 증거라고 할 수 있다. 역으로 올림픽 개최 후에는 올림픽 종료에 따른 건설 수요 감소 등의 후유증으로 경제성장률이 1~2% 가량 감소하는 것으로도 볼 수 있다. 이렇게 볼 때, 중국 역시 올림픽개최에 따른 경제성장률 증대효과는 +1~2% 가량이 될 것으로 단순 예측(extrapolation)이 가능하다. 또 같은 논리로 2008년 베이징 올림픽 개최 후인 2009년부터 중국경제는 연평균 -1~2% 가량 낮아질 공산이 크다고 할 수 있겠다.

중국은 이번 베이징올림픽을 성공적으로 마무리함으로써 정치, 군사, 인구대국에서 경제대국으로 거듭나고 싶어한다. 이를 위해 고정자산에 집중 투자하여 고용을 확대하고 내수소비를 진작시킴으로써 생산기지에서 소비시장으로 탈바꿈하고자 하는 노력을 기울이고 있다. 중국 정부의 이러한 의

도가 베이징올림픽의 경제성장률 증진 효과를 유발시키고 있다고 할 수 있다.

구체적으로 베이징올림픽이 중국의 경제성장을 끌어 올리는 효과를 확인하기 위해서는 아래 <도표 2>에서 중국의 고정자산투자와 건설시장 증가율을 살펴보면 알 수 있다. 중국 정부가 사회 전반에 투자한 고정자산투자는 2006년 약 11조 위안으로 2001년 대비 1.6배 증가한 것으로 나타나고 있다. 또 연평균 증가율 추이를 보면, 2003년까지 급증한 양상을 보이다가 2004년부터 투기과열 억제 영향으로 다소 증가율이 둔화되고 있는 모습을

<도표 2> 중국 고정자산투자 및 건설시장 규모 추이

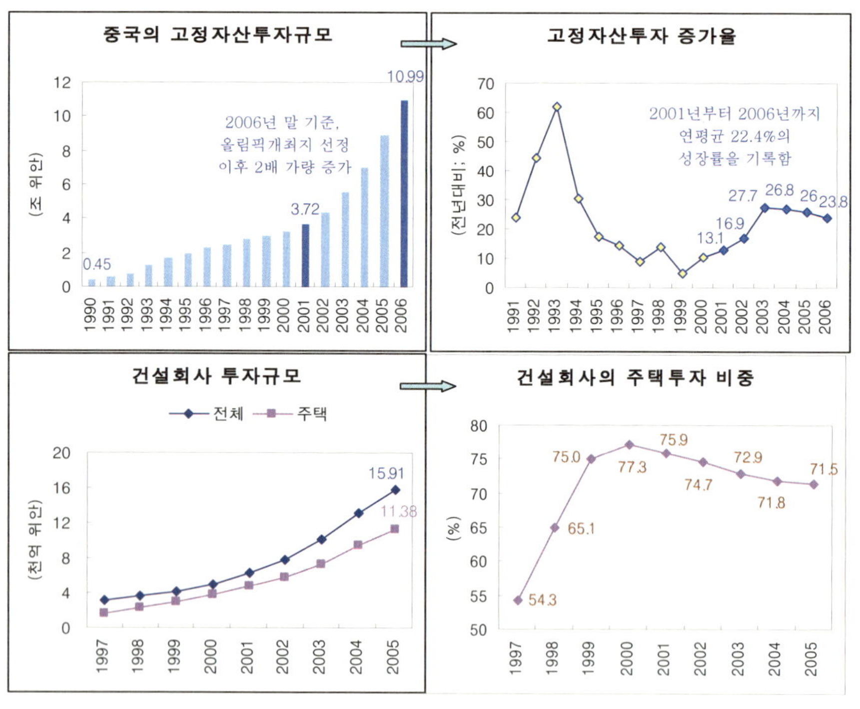

㈜ 중국 국가통계국 자료로부터 KSERI 작성

보이고 있다. 다만 고정자산투자 증가의 상당부분이 주택투자라고 할 수 있
다. 중국 전체 건설회사의 연간 투자규모는 2005년 1.59조 위안으로 나타
났는데, 이 중 주택건설사업에만 71.5%에 해당하는 1.14조 위안이 투입됐
다. 특히 1998년부터 건설회사들의 주택사업투자가 급증하면서 전체 투자
대비 70%를 상회할 정도로 주택건설이 급증하고 있다고 할 수 있다.

이상에서 중국은 2000년 이후 고도경제성장과 올림픽 개최준비, 주택건
설 붐으로 건설업계가 초호황을 누리고 있다고 할 수 있다. 그 가운데에서
도 올림픽 특수와 관련하여 차이나스포츠산업그룹(中体产业集团股份有限公
司, China Sports Industry Group)은 가장 많은 혜택을 누리고 있다고 할
수 있다. 이제부터 차이나스포츠산업그룹에 대해 좀더 구체적으로 살펴보기
로 하자.

베이징올림픽선수촌 아파트를 중국 전역에 짓고 있는 차이나스포츠산업
그룹은 국가체육총국 산하 스포츠기금관리센터, 스포츠복권관리센터, 스포
츠장비센터와 중화전국스포츠기금회, 선양시부동산회사 등 5곳이 공동 발기
인으로 참여하여 1998년 3월에 설립된 국영기업이라고 할 수 있다. 차이나
스포츠산업그룹의 현재 지배구조는 아래 <도표 3>에 정리된 바와 같이, 국
가체육총국이 전체 지분의 32.73%를 소유하고 있다.

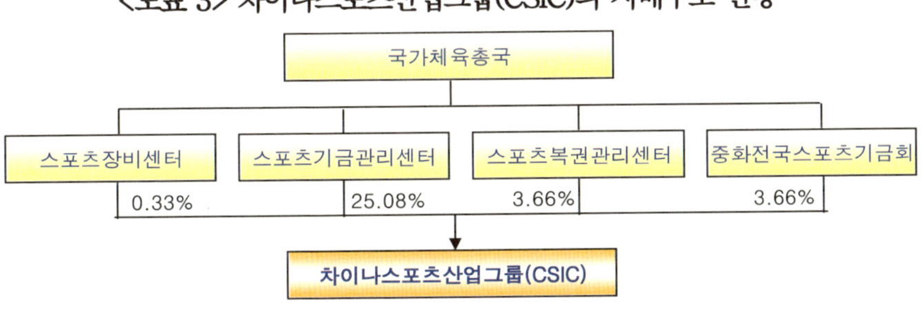

<도표 3> 차이나스포츠산업그룹(CSIC)의 지배구조 현황

㈜ 회사 자료로부터 KSERI 작성

아래 <도표 4>에서 보면, 중국의 전체 건설시장 규모(건설회사 매출액 기준)는 2007년 9월 말 현재 전년동기대비 22.7%가 증가한 3.6조 위안(379.5조 원)이고, 등록된 건설업체는 6만여 개사로 추정된다. 또 고용자수는 2005년 말 전체 취업자수의 3.6%에 해당하는 2,670만 명에 달하는 것으로 추정된다. 이처럼 중국의 건설산업은 업체가 6만여 개나 난립할 정도로 대형 건설업체보다는 중소형 업체 위주로 시장이 형성되어 있다. 이로부터 건설업체 대형화 경쟁이 불가피할 것으로 예상된다. 차이나스포츠산업그룹의 2006년 매출액이 10억 위안에 불과한 것도 이런 특성을 반영하고 있

<도표 4> 차이나스포츠산업그룹의 주요 경영현황

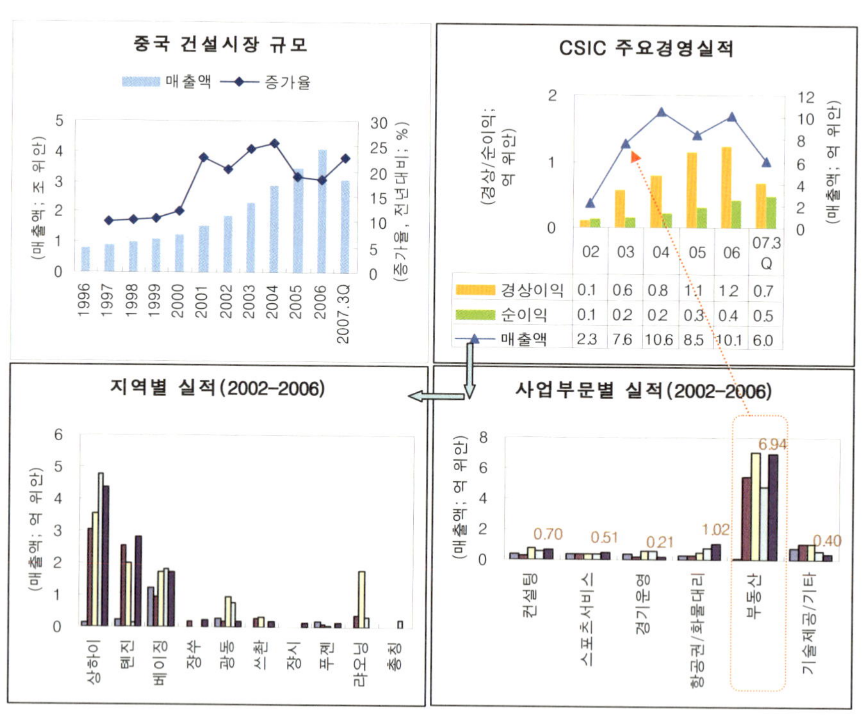

㈜ 중국 국가통계국 및 회사 자료로부터 KSERI 작성

는 것이라고 할 수 있다.

차이나스포츠산업그룹의 주요 사업영역을 살펴보면, 체육용품 생산/판매, 체육관 시설물 건설/운영, 스포츠경기 위탁 운영 등을 하고 있고, 2002년부터 선수촌아파트 건설을 본격적으로 착수하면서 이듬해부터 수익 극대화가 이루어지고 있다.

차이나스포츠산업그룹의 주요 경영실적을 살펴보면, 2006년 매출액은 전년대비 19.7%가 증가한 10.1억 위안을 나타냈으며, 경상이익과 당기순이익은 각각 9.7%와 32.3%가 증가한 1.14억 위안과 0.31억 위안을 기록하였다. 또, 2007년 3분기 현재 매출액은 전년동기대비 17.6%가 증가한 6억 위안, 경상이익은 35% 증가한 0.68억 위안, 당기순이익은 80%가 급증한 0.48억 위안을 각각 기록하고 있다.

2006년의 사업부문별 실적을 보면, 부동산개발/판매부문이 전체 매출액의 68.4%에 해당하는 6.94억 위안으로 나타났고, 이어서 항공권 및 화물대리사업부문이 1.02억 위안으로 10%를 기록하였다. 특히 부동산사업의 경우는 2003년 5.42억 위안의 매출로 전년대비 51배나 급증하면서 그룹 전체의 매출을 주도하고 있다. 또, 부동산 개발사업은 주로 상하이, 톈진, 베이징 등 3개 도시를 중심으로 중국 곳곳에서 올림픽선수촌아파트라는 브랜드를 앞세워 건설사업을 추진하고 있다.

마지막으로 차이나스포츠산업그룹의 주식거래 현황을 살펴보면 다음의 <도표 5>와 같다. 그룹은 1998년 3월에 정식 설립되기 직전인 2월에 공개발행주 1.8억 주 중 25%에 해당하는 4,500만 주를 국민주 공모를 통해 자금을 조달하였고, 회사 설립과 동시에 상하이거래소에 상장하였다. 그리고

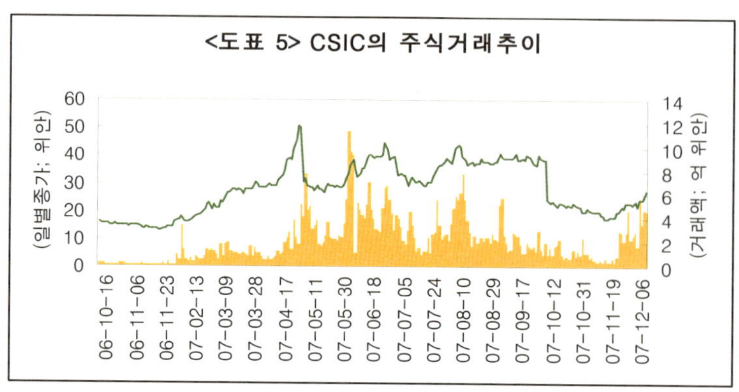

㈜ 상하이거래소 자료로부터 KSERI 작성

2007년 10월에는 주식분할이 있었던 것으로 보인다.

　12월에 들어서면서 하루 평균 4.7억 위안이 거래되고 있어 전달과 비교해 3배 이상 거래규모가 증가하고 있는 것으로 나타났다. 주가는 12월 6일 26.94위안으로 장을 마감하여 1년 전과 비교해 1.6배 가량 증가한 것으로 나타났으나, 다른 종목과 비교하면 주가의 변동폭이 상대적으로 낮게 나타나고 있다.

8. 베이징왕푸징백화점그룹(BWDSG)

최근 국내 대형 유통업체들의 해외진출 소식이 간간히 보도되고 있다. 얼마 전 롯데가 러시아 모스크바에 해외 1호점을 오픈했고, 2008년 상반기에는 중국 베이징에 1호점을 개점하면서 향후 중국시장을 적극 공략할 계획이라고 발표했다. 또, 신세계 이마트의 경우는 1997년 상하이 취양(曲阳) 점을 필두로 현재까지 상하이에 7개, 톈진에 2개 등 총 9개 점포를 운영하면서 2012년까지 중국 내 50~60개의 점포 확대를 목표로 내세우고 있다. 이는 국내 내수침체가 오랫동안 지속되어 오고 있는 가운데 유통시장이 포화상태에 이르면서 주요 백화점을 비롯한 업계 전체가 경영난을 돌파하기 위해 빠른 성장을 보이고 있는 신흥경제국 시장으로 눈을 돌리고 있기 때문으로 보인다.

그런가 하면 2006년에는 세계적인 유통업체인 월마트와 까르푸가 국내시장에서 고전을 면치 못하다가 결국 완전히 철수하기도 했다. 이는 유통이나 소비가 기본적으로 한 국가의 소비문화와 매우 밀접한 연관을 갖고 있는 동시에 입지 선점이 굉장히 중요한 산업이라는 점을 상기시켜 준 것이었다고 할 수 있다. 이에 이번 중화경제동향에서는 이런 실패사례의 교훈을 좀더 상기시키기 위해 개방 4년째가 되어 가는 중국의 소비시장 동향과 베이징의 중심에 위치해 있는 왕푸징백화점그룹(BWDSG)의 경영현황에 대해 살펴보기로 한다.

2001년 12월 11일 WTO 정식 회원국으로 가입한 중국은 WTO 가입의

정서에 의거하여 5년이 지난 2007년부터 전 분야에 걸쳐 점진적인 개방을 실시하였는데, 이 중 소매시장은 가입과 동시에 가장 먼저 일부 도시를 개방하였고, 2005년 1월 이후에는 완전 개방하였다.[6]

<도표 1>에 정리된 바와 같이, 중국의 소매시장 규모는 2007년 10월 말 기준 6조657억 위안(약 763조 원)으로 한국 소매시장의 대략 4.8배 정도에

<도표 1> 중국 소매시장 규모 및 소비구조

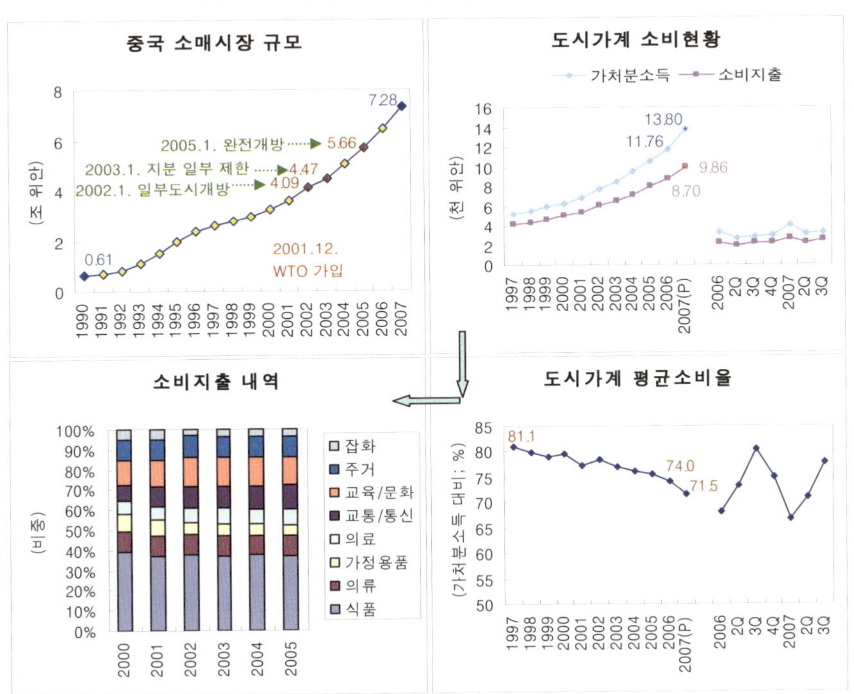

㈜ 중국 국가통계국 자료로부터 KSERI 작성

---

[6] 중국의 유통(소매)시장 개방과정을 살펴보면, 2002년 1월에 5개 경제특구지역(선전, 주하이, 샤먼, 산터우, 하이난)와 베이징, 상하이, 톈진, 광저우, 따롄, 칭다오, 정저우(鄭州), 우한에 합자기업 설립을 인정하였고, 2003년 1월부터는 전면개방을 하되 6.6만 ㎡(2만평) 이상의 백화점 혹은 30개 지점 이상의 대형할인점의 경우 외국인 지분을 최대 50%로 제한하였다. 이후 2005년 1월부터 시장을 전면 개방하기 시작하였다.

이른다. 1990년 이후 중국의 소매시장은 매년 평균 16%씩 성장하고 있고, WTO 가입 이후 6년 동안에는 2배 가량 증가하였다.

그리고 중국 도시가계의 1인당 평균 가처분소득 수준은 2006년 11,759 위안(약148만 원)에서 2007년에는 약 13,795위안(약 174만 원)으로 17.3% 가량이 늘어날 것으로 추정된다. 이 중 소비지출은 2006년 8,697위안(약 109만 원)에서 2007년 9,860위안(약 124만 원)으로 약 13.4% 증가를 보였는데, 가처분소득 증가율에 비해 소비증가율이 다소 낮게 나타나고 있다. 이는 소비증가율에 비해 소득증가율이 상대적으로 빠르게 이루어지고 있음을 의미한다. 실제로 최근 10년 동안의 가처분소득에서 소비가 차지하는 비중을 나타내는 평균소비율 추이를 보면, 1997년의 81.1%에서 2006년에는 74%로 약 7% 가량 감소하였고 2007년에는 71.5%로 더 낮아질 것으로 보인다.

또 중국 도시가계의 소비지출 내역을 보면, 가장 많은 지출을 차지하고 있는 식품 비중이 2000년 39.2%에서 2006년에는 36.7%로 점차 감소하고 있는 것으로 나타났다. 가정용품과 잡화 역시 비중이 감소하고 있다. 이에 반해, 교통/통신비 비중은 7.9%에서 12.5%로 가장 빠른 증가율을 나타내고 있고, 의료비는 6.4%에서 7.6%로, 교육/문화비는 12.6%에서 13.8%로 증가하고 있다.

가계의 소비지출 증가와 관련하여, 아래 <도표 2>에서 최근 중국의 품목별 물가지수 상승률을 살펴보면,[7] 우선 식품의 물가지수 상승률이 2007년부터 가파르게 상승하고 있는 것으로 나타나고 있다. 특히 지난 6월부터 두 자릿수 상승률을 보이면서 10월 말까지 전년동기대비 11.28%의 높은 상승

---

[7] 물가지수의 변동추이를 나타내는 지수로 중국 국가통계국이 유통과정 중 최종 소비자에게 판매되는 가격을 매월 조사 발표한다. 조사대상은 식품, 음료/담배, 의류/신발, 방직물, 가전, 사무용품, 생활용품, 스포츠/레저, 교통/통신, 가구, 화장품, 금은보석, 의약품, 출판물, 연료, 건축재 등 16개로 분류 조사한다.

<h2 align="center"><도표 2> 품목별 물가지수 변동 추이</h2>

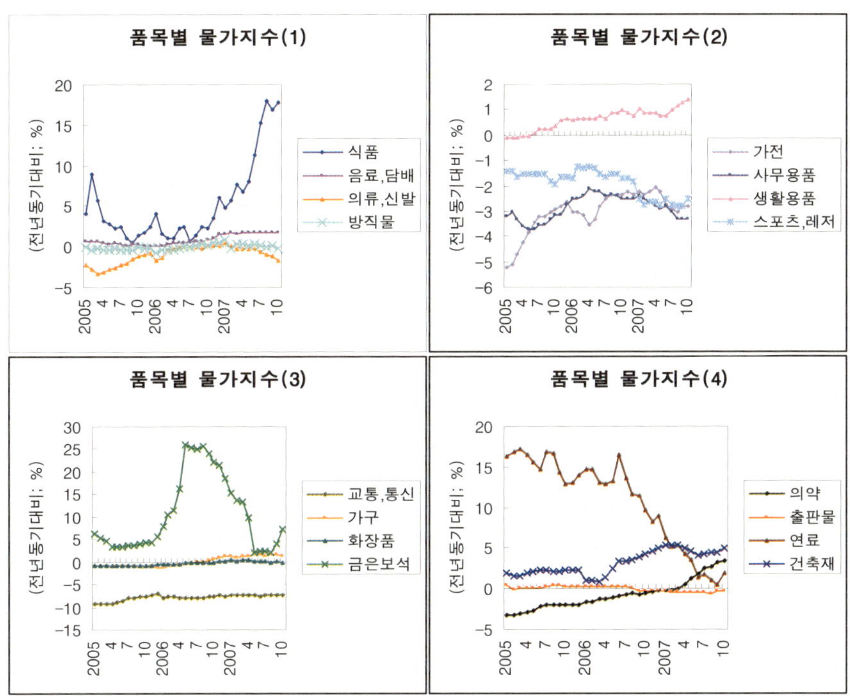

㈜ 중국 국가통계국 자료로부터 KSERI 작성

률을 나타내고 있다. 이로부터 최근 중국의 인플레 압력의 주원인이 식품가격의 가파른 상승에 기인하고 있음을 알 수 있는 대목이라고 하겠다. 그 외에도 가전, 사무용품, 스포츠레저용품의 물가지수는 계속 하락세를 보이고 있다. 또 교통/통신의 물가지수 역시 계속 하락세를 보이고 있으며, 금은보석은 2006년에 급증하였다가 2007년에는 크게 둔화되고 있는 모습을 보이고 있다. 의약품과 건축재는 10월 말까지 각각 7.4%와 4.9% 상승하였으며, 연료는 2007년에 가격상승률이 크게 둔화되고 있는 것으로 나타나고 있다.

이제 중국의 대표적 유통기업인 베이징왕푸징백화점그룹(北京王府井百貨(集团)股份有限公司, BWDSG)의 경영현황 분석을 통해 중국 유통산업의 한 단면을 들여다보기로 하자. 중국 경제의 허브가 상하이라면, 베이징은 중국 정치와 문화의 중심지라고 할 수 있다. 왕푸징은 베이징 중심가에 위치해 있어 해외 관광객뿐 아니라 국내 관광객까지 찾아가는 쇼핑과 관광의 중심지로 우리나라의 명동에 견줄만하다. 롯데백화점이 중국에 처음으로 진출하는 곳도 역시 왕푸징으로 중국 최고의 상권에 진출한다고 할 수 있다.

<도표 3> 베이징왕푸징백화점그룹 지배구조 현황

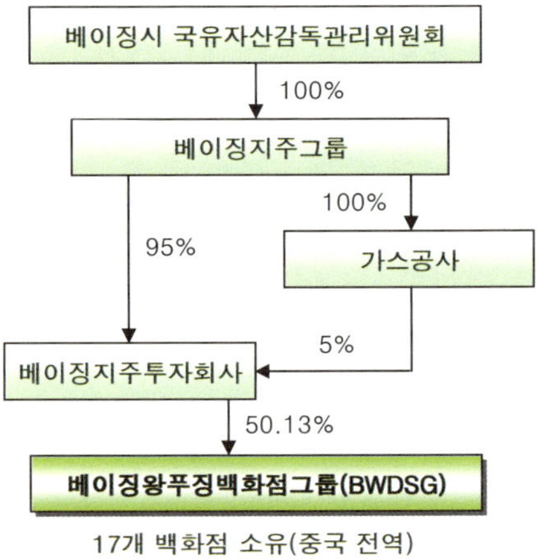

베이징시 국유자산감독관리위원회

100%

베이징지주그룹

100%

95%

가스공사

베이징지주투자회사

5%

50.13%

베이징왕푸징백화점그룹(BWDSG)

17개 백화점 소유(중국 전역)

㈜ 회사 자료로부터 KSERI 작성

왕푸징백화점의 전신은 신중국 설립(1949년) 이후 1955년에 최초로 설립된 백화점인 베이징시백화점(北京市百貨大楼)이다. 생활용품이 부족했던 당시에도 왕푸징에서는 수입물품까지 구입할 수 있었을 정도로 중국 유통산업의 산 역사라고 할 수 있겠다. 이러한 왕푸징 상권의 랜드마크로서 왕푸징백화점은 1991년에 그룹형태로 재편되었다. 왕푸징백화점그룹은 중국 전

74

역에 17개의 백화점을 소유하고 있는 베이징 최대의 유통그룹이다. 2007년 현재 왕푸징백화점그룹의 최대 주주는 상기 <도표 3>에 정리된 것처럼 베이징지주투자회사(北京北控商業投資有限責任公司)로 50.13%의 지분을 소유하고 있다.

현재 중국 소매유통업은 다국적 유통업체 및 중국 국내자본의 대형할인점이 비약적인 성장을 지속하면서 기존의 백화점과 치열한 각축을 벌이고 있다. <도표 4>에 정리된 바와 같이, 중국의 소매업 시장은 국내자본이 견인하고 있는 백화점과 외국자본이 대규모로 투자하고 있는 할인점으로 양분할

<도표 4> 왕푸징백화점그룹의 경영 현황

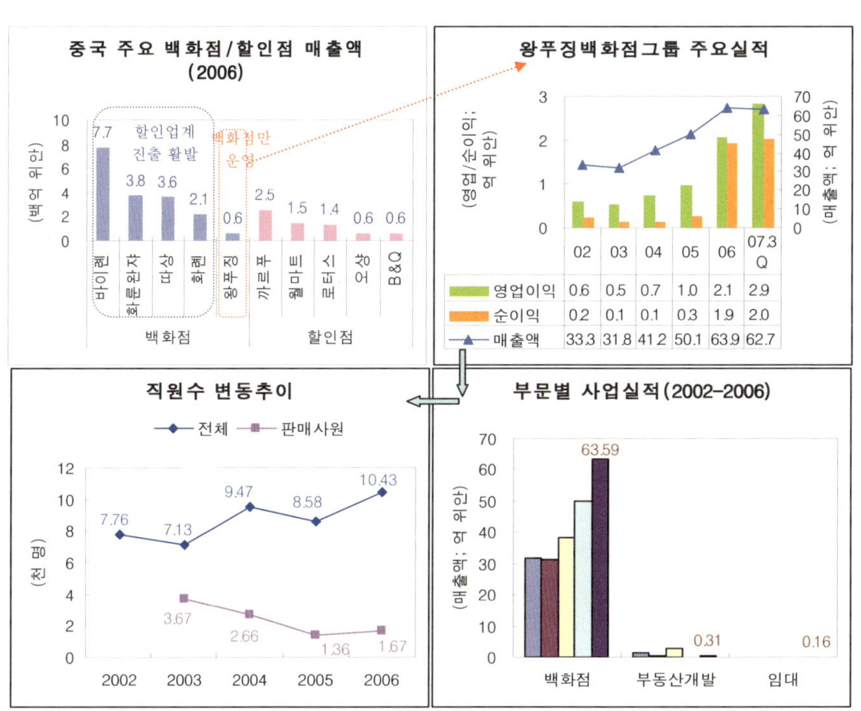

㈜ 각종 자료 및 왕푸징백화점그룹 자료로부터 KSERI 작성

수 있다. 먼저 주요 백화점의 2006년 매출액을 살펴보면, 우선 상하이바이렌그룹(上海百联)이[8] 771억 위안으로 가장 많으며, 화룬완자(华润万家)가 379억 위안, 따롄의 따상그룹(大连大商)이 361억 위안, 그리고 왕푸징백화점그룹은 64억 위안으로 나타나고 있다.

또 할인점의 경우에는 까르푸가 248억 위안으로 가장 많은 매출을 기록하였다. 이어서 월마트가 150억 위안, 로터스(Lotus)가 135억 위안, 그리고 오샹(Auchan, 프랑스)과 건자재 할인점인 B&Q가 62억 위안씩을 기록하고 있다. 특히, 까르푸의 경우는 중국 정부가 정식으로 유통시장을 개방하기 시작한 2002년보다 훨씬 이전인 1995년에 중국에 진출하여 2006년 말 기준 중국 내 95개의 매장을 운영하고 있다. 이를 계기로 중국 백화점들이 할인점 분야로 사업영역을 확대하여 경쟁이 치열해지면서 할인점 업계가 비약적인 성장을 하고 있다. 백화점 사업만을 운영하고 있는 왕푸징백화점그룹 역시 향후 할인점 사업으로 진출할 가능성을 배제할 수 없다.

2006년 왕푸징백화점그룹의 매출액은 63.9억 위안(약 8,021억 원)을, 영업이익과 당기순이익은 2.1억 위안과 1.9억 위안을 각각 기록하였다. 2007년 3분기 현재, 매출액은 전년동기대비 40% 증가한 62.7억 위안을 나타내고 있고, 영업이익과 당기순이익 역시 45.9%와 50%가 증가한 2.9억 위안과 2억 위안을 기록하고 있다. 부문별 사업은 백화점과 부동산개발, 임대 등이 있는데, 2006년 백화점 사업이 전체 매출액의 99%에 달하는 63.6억 위안을 차지하고 있다.

왕푸징백화점그룹의 매출액 영업이익률은 지난 2003년 이래로 꾸준히 증가하고 있는 가운데 2006년 3.4%로 낮은 수준에 그치고 있다. 그로 인해

---

[8] 중국 최대 유통그룹으로 현재 바이렌(百联股份), 여우이(友谊股份), 우마오(物贸股份), 띠이의약(第一医药), 렌화할인점(联华超市) 등 5개의 상장회사를 거느리고 있으며, 중국 전역에 7,180개의 점포를 운영하고 있다.

왕푸징백화점그룹은 원가절감을 통해 수익성을 개선해 나가고 있는데, 특히 판매사원에 대한 구조조정을 중점적으로 시행하고 있다. 도표에 나타난 바와 같이, 영업이익률이 1.7%로 가장 낮았던 2003년부터 2005년까지 매년 1천여 명에 달하는 판매사원 감축을 했다. 그 결과 2007년 영업이익률은 4.5%까지 높아졌다.

마지막으로 <도표 5>에 정리된 왕푸징백화점그룹의 최근 주식 거래현황을 살펴보자. 순수 중국자본만으로 성장하고 있는 베이징왕푸징백화점그룹은 1991년 그룹으로 재편된 후, 1993년에는 주주개혁을 통해 1994년 상하이거래소에 처음 상장하였다. 주식 거래량 추이를 살펴보면, 11월에 1일 평균 12,784주로 감소한 것으로 나타났다. 주가는 2007년 11월 29일 종가 기준으로 주당 42.64위안(약 5,356원)으로 마감하였는데, 1년 전과 비교하면 2.5배 가량 오른 가격이다.

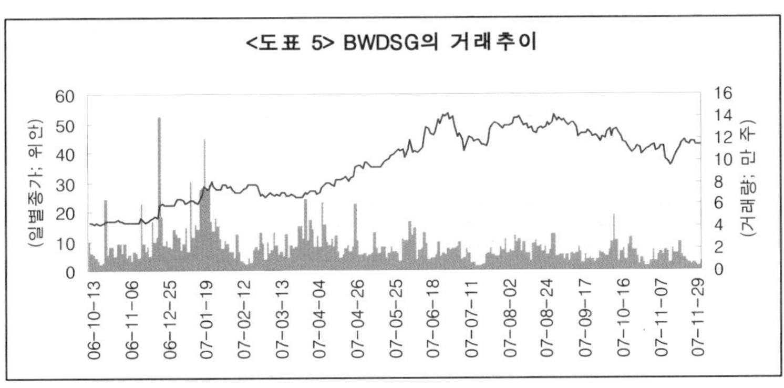

㈜ 상하이거래소 자료로부터 KSERI 작성

9. 상하이공항(SIA)

중국 증시가 2007년 10월 15일 6,000 포인트를 돌파한 후 한 달 가까이 급락을 거듭하고 있다. 11월 22일 상하이 종합주가지수는 전일대비 4.4%가 급락한 4,984.16 포인트로 장을 마감하여, 8월 23일 이후 3개월 만에 5천 포인트 아래로 떨어졌다. 2006년 8월부터 2007년 10월 중순까지 2~3개월 단위로 1천 포인트씩 상승하던 상하이 증시가 10월 중순부터 지속적인 하락세를 나타내고 있다.

최근 세계적으로 '고유가, 달러 약세, 중국발 인플레'에 대한 우려가 높아지고 있다. 달러가 약세를 지속함에 따라 주요국은 달러약세에 대한 우려를 나타내고 있고, 세계경제 성장의 엔진으로 자리잡은 중국경제의 인플레 신호는 지구촌의 물가상승 압력을 가중시키고 있다. 게다가 국제유가는 배럴당 100달러 시대를 열어젖힐 기세다.

이와 같은 세계 경제의 '삼재(三災)'가 당분간 지속된다면 산업 전반에 미치는 파장뿐 아니라 개인의 소비활동 역시 크게 위축될 가능성이 높다. 특히 경기부진과 고유가 시대에는 항공 및 해운업계의 수익이 민감한 반응을 보이는데, 중국 항공사들을 포함한 세계 항공사들의 심각한 경영난은 그 동안 각종 자료를 통해 여러 차례 설명한 바 있다. 이번 중화경제동향에서는 중국의 대표적 공항인 상하이공항(上海机场, Shanghai Airport)의 수익현황을 살펴봄으로써 중국 여행시장의 규모와 세계 주요 공항에 대한 현황을 설명해보고자 한다.

국제공항은 입국하는 국가의 첫인상을 좌우하는, 국가 이미지의 관문이자 국가 대외경쟁력 제고에 있어 중요한 역할을 한다. 때문에 세계 주요 공항들은 국가나 지방정부가 소유하고 있으며, 민간기업을 지정해 위탁관리를 한다. 미국은 주요 공항들을 모두 정부나 공사(Government-created airport authority)가 직접 관리하고 있으며, 영국은 영국공항청(BAA)[9]이 7개 주요 공항을 운영하고 있고, 독일의 프랑크푸르트 국제공항은 제3섹터 방식의 반관반민 형태의 기업인 Fraport AG가 관리를 하고 있다.

상하이공항 역시 <도표 1>에서 볼 수 있는 것처럼 상하이 시정부가 100%의 지분을 소유하고 있으며, 공사 산하의 상하이국제공항주식회사(上

<도표 1> 상하이공항의 지배구조 현황

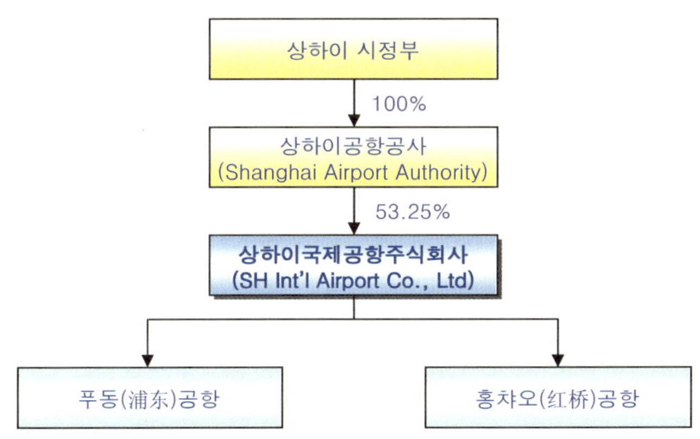

㈜ 회사 자료로부터 KSERI 작성

---

[9] 영국공항청(BAA, British Airport Authority)의 관리대상 공항은 히드로(Heathrow)공항, 개트윅(Gatwick)공항, 스탠스테드(Stansted)공항, 글래스고(Glasgow)공항, 에든버러(Edinburgh)공항, 애버딘(Aberdeen)공항, 사우샘프턴(Southampton)공항 등 7개 공항이며, 영국 항공객의 70%, 항공화물 수송의 82%를 관리하고 있다. 1965년 항공장관 로이 젠킨스(Roy Jenkins)의 법안 제출로 최초 설립되었으며, 1987년에는 공항청의 주식이 상장되었다.

海国际机场股份有限公司, Shanghai International Airport Co., Ltd.)가 푸동
(浦东)공항과 홍챠오(虹桥)공항을 모두 관리하고 있다.

이처럼 공항의 운영에 정부가 직접적 통제를 하는 이유는 많은 기반인프
라 사업과의 연계가 필요하고 막대한 투자가 소요될 뿐 아니라 국가 안보에
영향을 미치는 복잡한 특성을 가지고 있기 때문이다. 현재 전세계 주요 공
항들의 운영실적은 다음의 <도표 2>와 같다.

<도표 2> 세계 주요 공항 운영실적(2005-2006)

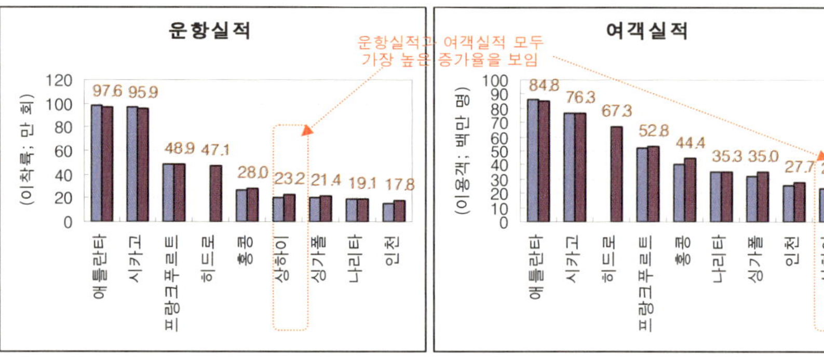

㈜ 각 공항 자료로부터 KSERI 작성

상기 도표에서 먼저 2006년 항공기 이착륙 운항실적을 보면, 세계 최대
공항인 미국 애틀란타의 하츠필드잭슨국제공항(Hartsfield-Jackson
Atlanta Int'l Airport)이 전년대비 0.4%가 감소한 97.6만 회가 운항되어 하
루 평균 2,675대의 비행기가 이착륙한 것으로 나타났다. 이 공항은 미국 델
타항공과 에어트랜항공(AirTran Airways)이 허브공항으로 삼아 운항하고
있다. 이어서 아메리칸항공과 유나이티드항공이 허브공항으로 삼고 있는 시
카고의 오헤어국제공항(O'Hare)이 1.9% 감소한 95.9만 회로 나타났다. 이
처럼 미국 공항들의 이착륙 횟수가 상대적으로 많은 이유는 대부분 국내 중

장거리 이동이 항공기를 통해 이루어지고 있기 때문이다.

유럽의 주요 허브공항인 프랑크푸르트공항의 경우는 독일 루프트한자항공이 허브공항으로 하고 있는데, 2006년 대비 0.2% 감소한 48.9만 회로 나타났다. 또, 브리티시항공과 버진아틀란타항공이 허브공항으로 하고 있는 영국의 히드로공항은 47.1만 회로 나타났다. 아시아에서는 캐세이퍼시픽항공이 허브공항으로 운항하고 있는 홍콩국제공항이 전년대비 6.3% 증가한 28만 회, 중국동방항공과 상하이항공이 허브공항으로 운항하고 있는 상하이푸동(浦东)공항이 13.1% 증가한 23.2만 회 등의 순으로 나타났다. 대한항공과 아시아나항공이 허브공항으로 하고 있는 인천국제공항은 17.8만 회의 항공기가 이착륙하여 전년대비 13.2% 증가한 것으로 나타났다.

2006년 이용객 운송실적을 보면, 애틀란타공항이 1.2%가 감소한 8,485만 명으로 세계에서 가장 많은 이용객이 이용한 것으로 나타났고, 시카고공항이 0.4% 감소한 7,628만 명, 히드로공항은 6,730만 명, 프랑크푸르트공항은 1.1% 증가한 5,282만 명, 홍콩국제공항은 9.1%가 증가한 4,444만 명, 그리고 상하이공항의 경우는 13.79%가 증가한 2,679만 명이 이용한 것으로 나타났다.

이상에서 2006년 세계 주요 공항들의 운영실적을 살펴본 결과, 북미지역과 유럽지역의 주요 공항들은 실적이 감소한 반면, 아시아 지역의 공항들은 대부분 증가한 것으로 나타났다. 특히, 상하이 공항은 운항실적과 여객실적 모두 13%를 상회하는 높은 증가율을 보였다.

다음으로 연도별 방중(訪中) 해외관광객 추이와 주요 도시별 입국분포를 살펴보기로 하자. 아래 <도표 3>에서 먼저 중국의 연도별 관광객 추이를 보면, 2001년부터 2006년까지 연평균 12%에 달하는 증가율을 보이고 있다. 이 중 국내 여행객이 전체 여행객의 91.8%에 해당하는 13.9억 명, 해외 여행객은 1.3억 명으로 8.2%를 차지하고 있다.

<도표 3> 중국 여행시장 규모 추이

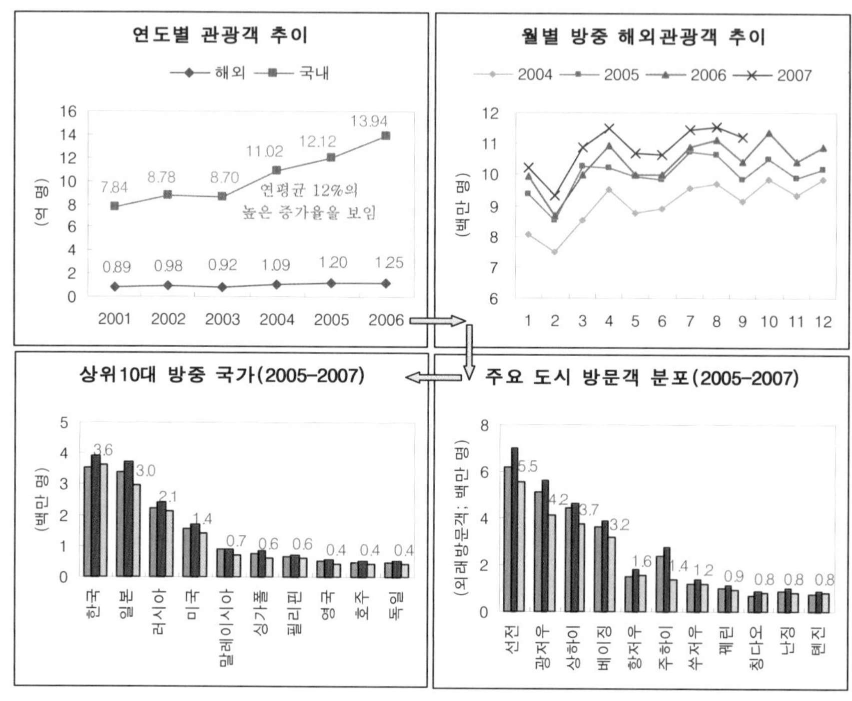

㈜ 중국 여행국 자료로부터 KSERI 작성. 해외관광객에는 홍콩, 마카오, 타이완 국적을 포함한 것이고, 2007년은 9월 누계치임.

월별 방중 해외관광객 추이를 보면, 지난 2004년부터 꾸준히 증가하고 있는 모습을 나타내고 있는 가운데 2007년에는 9월 누계 기준으로 9,765.9만 명이 중국을 방문한 것으로 나타나 전년동기대비 5.9% 증가하였다. 또 휴가와 방학이 있는 여름과 겨울을 제외한 4월과 10월에 해외 여행객이 급증하고 있다. 이는 해외 유학생들의 입국 시기로 보이는데, 중국은 매년 가을에 신학기를 시작하기 때문에 입학 전 어학연수나 시험을 대비할 목적으로 중국을 방문하는 것이다.

해외관광객의 입국 도시별 분포를 보면, 홍콩과 밀접해 있는 선전과 광저우가 9월 말 현재 554만 명과 415만 명으로 가장 많은 해외관광객이 입국한 것으로 나타나고 있고, 이어서 상하이가 375만 명, 베이징이 321만 명으로 각각 집계되었다. 다만, 선전과 광저우의 경우 홍콩인들의 입국 비중이 높고 대부분 공항을 이용하기 보다는 육로를 통해 입국하기 때문에, 중국내 상하이공항의 해외관광객 이용률이 가장 높다고 할 수 있다.

또 국가별 중국 방문자수를 보면, 2007년 9월 누계 기준으로 한국이 전년동기대비 23.1% 증가한 362만 명으로 가장 많고, 이어서 일본 5.6% 증가한 297만 명, 러시아 17.7% 증가한 212만 명, 미국 9.3% 증가한 140만 명의 순으로 나타나고 있다.

이처럼 가장 많은 해외관광객이 입국하고 있는 상하이공항의 최근 주요 경영실적을 살펴보면 다음 <도표 4>에 나타난 바와 같다. 1997년 5월 16일 상하이시 인민정부의 승인절차에 따라 상하이공항공사의 자회사 형태로 설립된 상하이공항은 앞서 설명한 바와 같이 상하이소재 2개 공항인 푸동과 홍챠오 모두를 관리 운영하고 있다.

우선 2006년 공항별 여객실적을 보면, 홍챠오공항이 1,934만 명, 푸동공항은 2,679만 명으로 각각 나타났다. 또 항공화물 실적은 홍챠오공항이 36.4만 톤, 푸동공항이 216.8만 톤으로 집계되어 대략 6배 가량 많은 화물을 처리한 것으로 나타났다. 이는 2003년부터 상하이의 중심 공항을 푸동공항으로 이전했기 때문이다. 푸동공항은 1999년 9월에 완공되었는데 상하이시가 기존 홍챠오공항의 주요 국제노선을 푸동으로 이전함으로써 중심 공항이 되었고, 2007년 현재 48개 항공사가 73개국(도시)과 62개 국내도시를 취항하고 있다. 상하이공항은 2006년 29.55억 위안(약 3,735억 원)의 매출을 올렸으며, 경상이익과 당기순이익은 17.38억 위안(약 2,197억 원)과 15.13억 위안(약 1,913억 원)을 각각 기록하였다. 또, 2007년 3분기까지의

<도표 4> 상하이항공 주요 경영현황

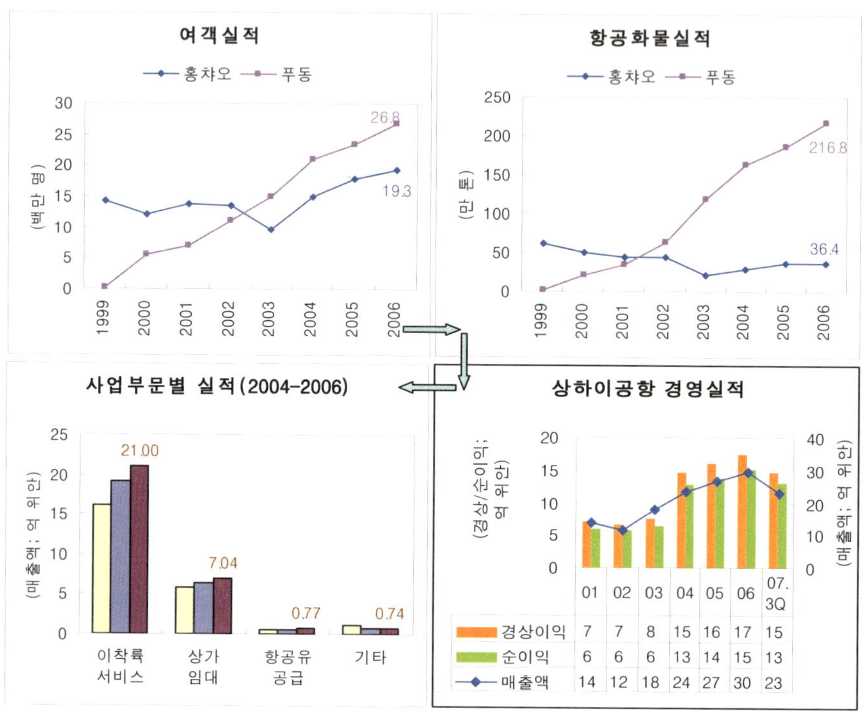

㈜ 회사 자료로부터 KSERI 작성

누계 매출액은 전년동기대비 7.1%가 증가한 23.18억 위안을 기록했으며, 경상이익은 10.5% 증가한 14.74억 위안, 당기순이익은 11.3% 증가한 13억 위안을 기록했다.

주요 사업부문별 매출실적을 보면, 2006년 기준으로 항공기 이착륙 및 관련 서비스부문이 전체 매출액의 71.1%에 해당하는 21억 위안을 기록했으며, 면세상가 및 식당 임대수입이 23.8%인 7억 위안을 기록한 것으로 나타났다.

마지막으로 최근 급락을 거듭하고 있는 상하이거래소에 상장 거래되어 있
는 상하이공항의 최근 주가 추이를 살펴보기로 하자. 1997년 5월에 설립된
상하이공항주식회사는 1998년 2월 18일에 정식 상장하였다. 2007년 11월
22일 종가 기준, 주당 32.2위안으로 전일대비 5.8%가 급락한 채 장을 마감
하였으나, 1년 전과 비교하면 2배 가까이 오른 가격이다.

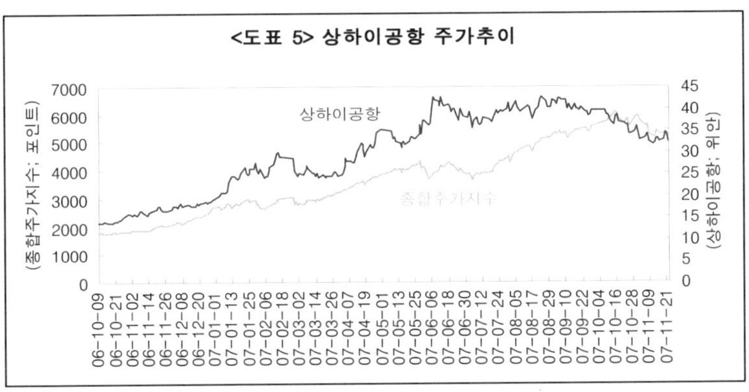

㈜ 상하이거래소 자료로부터 KSERI 작성

10. 바오스틸(Baosteel)

　최근 국제유가의 고공비행이 거침없다. 중국을 비롯한 브릭스(BRICs)의 높은 경제성장에 따른 원유수요 급증과 미국을 비롯한 세계 주요국가들의 비축유 증가 그리고 헤지 펀드들의 투기자금까지 몰려 세계 원유시장은 말 그대로 아비규환이다. OPEC이 1일 평균 150만 배럴의 증산을 결정하지 않는 한 2008년에도 전세계는 고유가 추세를 지속할 것으로 보인다.

　유가가 이처럼 계속해서 상승할 경우 그 파급효과는 산업 전반에 미칠 것으로 예상된다. 특히 유가에 크게 영향을 받는 자동차, 철강, 그리고 조선산업 등 제조업에 미치는 영향은 즉각적이다. 더욱이 '원자재 블랙홀'로 불리는 중국의 원자재 사재기 움직임이 최근에 다시 감지되면서 유가급등이 철강, 비철금속 등 다른 원자재가격 급등으로까지 번지고 있는 양상을 보이고 있다.

　중국 철강산업은 유가급등으로 인해 구조조정이 가속화될 조짐이다. 국제 철광석 가격과 해상운송 요금 등의 상승은 중국내 중소 철강업체들의 원가 상승 및 수익 악화로 이어질 것이기 때문이다. 일부 대형 철강기업들을 중심으로 산업재편이 빠르게 개편될 것으로 예상된다.

　더욱이 2007년 세계 1,2위 철강기업이었던 미탈(Mittal)사와 아르셀로(Arecelor)사가 합병하여 거대 철강기업이 탄생한 것을 계기로 중국 철강기업들도 해외투자를 통한 외형확대에도 중점을 두고 있다. 2007년 10월 중국 최대 철강업체인 바오스틸(Baosteel)이 세계 최대 철광석 생산업체인 CVRD와 합작으로 55억 달러를 투입, 브라질에 연산 1천만 톤 규모의 대형

종합제철소를 세운다는 발표가 있었다. 이 제철소가 완공되면 현재 세계 철강업계 5위인 바오스틸은 아르셀로-미탈에 이어 세계 2위의 철강업체로 도약할 전망이다.

이에 이번 중화경제동향에서는 중국을 비롯한 세계 주요국가의 철강산업 동향과 중국 최대 철강기업인 바오스틸그룹 및 바오스틸주식회사의 최근 경영현황에 대해 살펴보고자 한다.

먼저 <도표 1>에서 세계 조강 생산량 추이를 살펴보면, 2007년에는 전년 대비 8,300만 톤 증가한 13.3억 톤에 달할 것으로 예상되고 있다. 또 주요국별 조강 생산량을 살펴보면, 중국이 4.8억 톤으로 전세계 생산량의 37%

<도표 1> 세계 주요국가 철강산업 동향

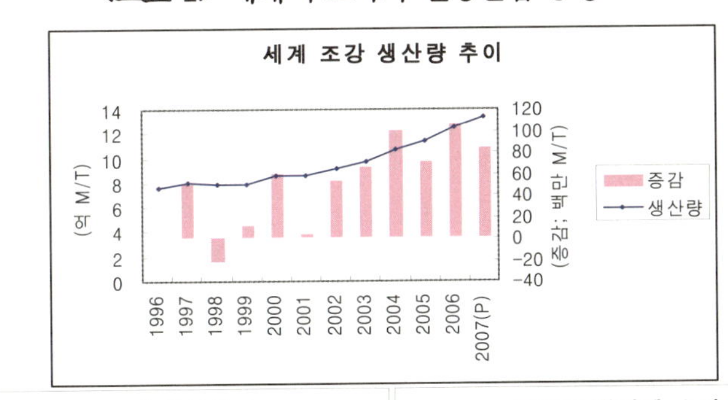

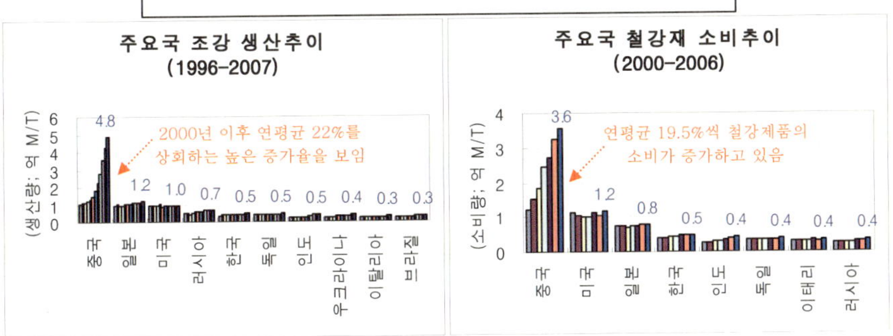

㈜ IISI 자료로부터 KSERI 작성. 2007년은 9월말 현재 연환산 추정치.

를 차지할 것으로 보이고, 일본 1.2억 톤, 미국 1억 톤, 러시아 0.7억 톤, 한국 0.5억 톤을 생산할 것으로 예상된다. 특히 이들 상위 5개국의 조강 생산량은 전세계 생산량의 61%를 차지하고 있다.

주요국별 철강제품 소비량은 2006년 기준으로 중국이 3.56억 톤을 소비하여 전세계 소비량의 32%을 차지하고 있으며, 미국이 1.2억 톤, 일본 0.79억 톤, 한국 0.49억 톤, 인도 0.43억 톤의 순으로 나타나고 있다. 특히 철강 대국인 중국의 경우 생산량과 소비량 모두 지난 2000년 이후 높은 경제성장과 더불어 연평균 20%를 상회하는 높은 증가율을 나타내고 있다.

<도표 2> 중국 철강산업 현황

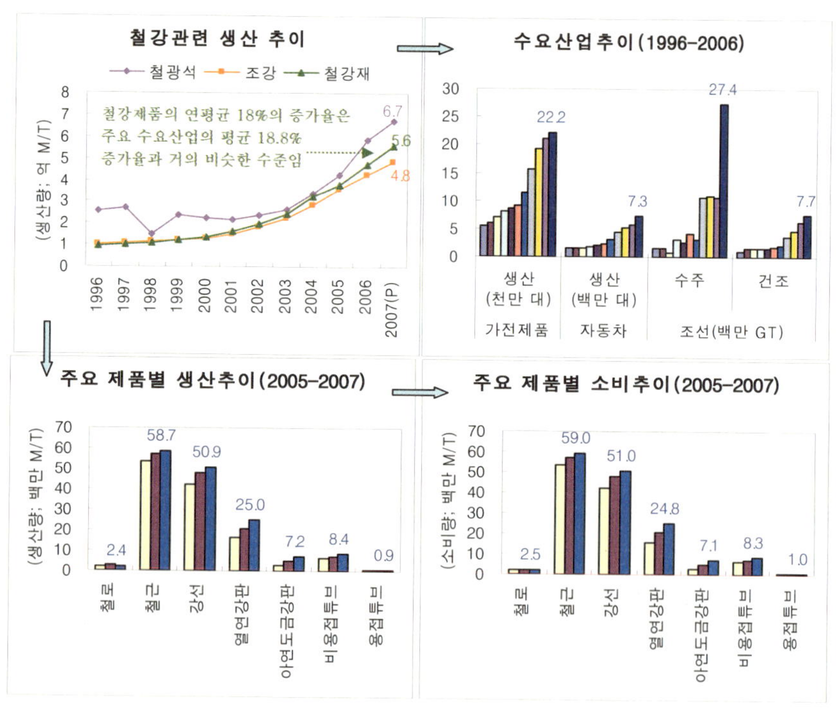

㈜ 중국 통계국 및 철강협회 자료로부터 KSERI 작성

앞의 <도표 2>에서 중국 철강산업의 현황을 좀 더 자세히 살펴보기로 하자. 먼저 철광석 생산량 추이를 살펴보면, 2007년 9월 말 현재 5.05억 톤으로 전년동기대비 17.6% 증가를 보였다. 또 조강 생산량은 3.63억 톤으로 14.6% 증가하였고, 철강제품은 4.18억 톤으로 14.4% 증가한 것으로 나타났다. 특히, 철강제품의 생산량은 지난 2000년부터 조강 생산량을 앞지르기 시작하고 있는데, 이는 건설, 가전제품, 자동차, 조선 등 중국내 철강제품 수요 급증에 기인한 것으로 보인다.

가전제품(냉장고, 세탁기, 에어컨, TV) 생산량의 경우, 2006년 말 기준 2.2억 대로 전년대비 5.6%의 증가율을 보였고, 자동차는 27.6%가 증가한 728만 대를 생산했다. 조선산업의 경우, 건조량은 22.2% 증가한 766.5만 GT를, 수주량은 157.5% 증가한 2,735.2만 GT를 수주한 것으로 나타났다. 특히 지난 10년 동안 중국 철강제품 수요산업의 연평균 증가율이 18.8%로 나타나고 있어 철강제품의 연평균 증가율 18%와 거의 비슷한 증가세를 나타내고 있다고 할 수 있다. 이로부터 향후 철강제품에 대한 중국내 수요량은 계속해서 증가할 것으로 보인다.

또 주요 철강제품별 중국내 생산량을 살펴보면, 2007년 9월 말 현재 철근이 4,402만 톤, 강선 3,816만 톤, 열연강판 1,876만 톤, 아연도금강판 540만 톤, 비용접튜브 628만 톤이 생산되었다. 이에 반해, 제품 판매량은 철근이 4,421만 톤, 선재 3,827만 톤, 열연강판 1,858만 톤, 아연도금강판 535만 톤, 비용접튜브 624만 톤으로 나타났다. 이로부터 2007년 연말까지 대략 철근 25.8만 톤, 강선 14.6만 톤 가량이 부족할 것으로 보인다.

다음으로 <도표 3>에서 세계 주요 철강기업의 조강 생산량과 매출액 추이를 살펴보면, 세계 1,2위 철강기업이었던 미탈과 아르셀로가 2006년 합병하면서 연간 조강 생산량이 1억 톤을 돌파하였다. 2006년 생산량 면에서는 아르셀로-미탈이 1.17억 톤을 생산하였고, 이어서 신일본제철(Nippon

<도표 3> 세계 주요 철강기업 현황

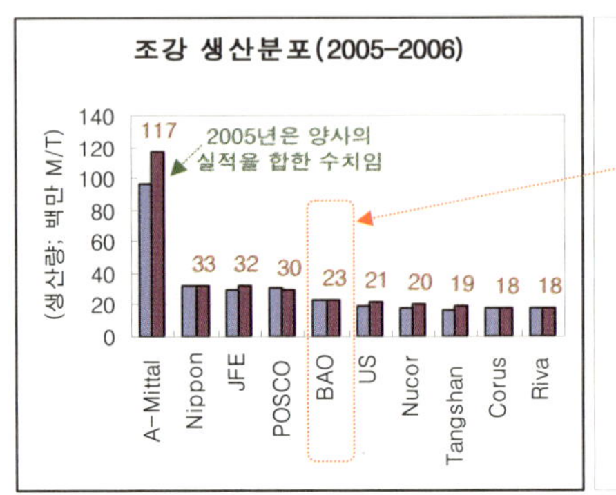

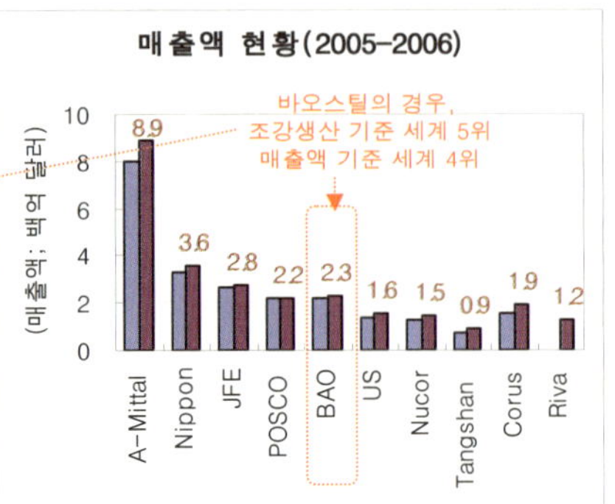

㈜ 각 사 자료로부터 KSERI 작성

Steel)이 0.33억 톤, JFE 0.32억 톤, 포스코 0.3억 톤, 바오스틸 0.23억 톤 등으로 나타났다. 이 중 세계 5위인 바오스틸의 경우 앞서 언급했듯이 브라질 제철소가 완공되면 단숨에 2위로 도약할 것으로 보인다.

또 세계 주요 철강업체들의 2006년 매출액(연결재무제표 기준)을 보면, 아르셀로-미탈이 885.8억 달러로 가장 많은 매출을 올렸고, 이어서 신일본제철그룹이 약 362.2억 달러(4.3조 엔), JFE홀딩스가 약 276.2억 달러(3.3조 엔)로 거의 조강 생산량 순위와 일치한다. 다음으로 중국의 바오스틸그룹이 231.3억 달러(1,807억 위안), 그리고 포스코가 215.9억 달러(20조 원)의 매출을 기록하였다.

이제 중국 최대 철강업체인 바오스틸그룹(宝钢集团有限公司, Baosteel Group)과 상장회사인 바오스틸주식회사(宝山钢铁股份有限公司, Baosteel Co., Ltd.)의 최근 경영실적에 대해 살펴보기로 하자.

상하이바오스틸그룹은 1977년 상하이바오산제철소(上海宝山钢铁总厂)를 기반으로 하여 1998년 11월에 상하이야금그룹(上海冶金控股集团)과 상하이메이산그룹(上海梅山集团)을 차례로 인수하면서 출범하게 되었다. 그리고 주주개혁을 통해 2000년 2월에 바오스틸주식회사를 설립하였으며, 2005년 10월에는 현재의 바오스틸그룹으로 사명을 변경하고 그룹 내 주요사업 및 자회사를 바오스틸주식회사 산하로 조정하였다. 그룹의 주요 사업영역은 철강을 비롯하여 화공, 전력, 부두, 창고, 운수, 무역 등 다방면에 걸쳐 있으며, 이 중 철강사업은 현재 바오스틸주식회사체제로 전환되고 있다.

바오스틸그룹은 국무원 국유자산감독관리위원회가 100% 지분을 가지고 있는 국영기업으로, 바오스틸주식회사의 78.32% 지분을 소유하고 있다. 바오스틸주식회사의 현재 지배구조는 <도표 4>와 같다.

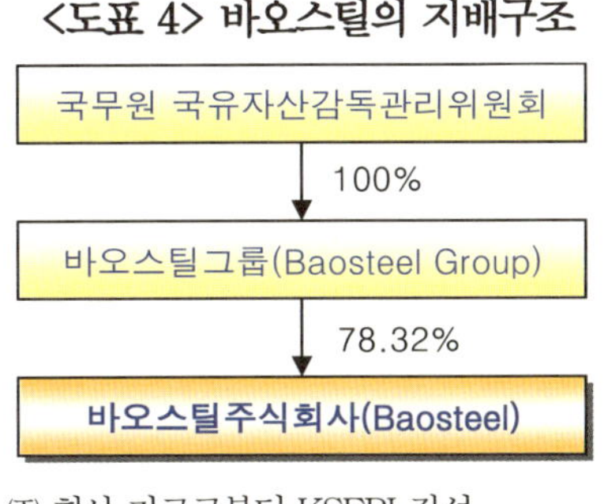

㈜ 회사 자료로부터 KSERI 작성

이어서 아래의 <도표 5>에서 바오스틸의 최근 경영실적을 살펴보면, 2007년 그룹 전체 매출액은 전년대비 2.8% 증가한 1,806.8억 위안(약 21.5조 원)을 기록하였고, 이 중 주식회사 매출액은 1,577.9억 위안(약 18.8조 원)으로 그룹 매출액의 87%를 차지했다. 특히, 주식회사의 매출액은 2005년부터 급증하고 있는데 이는 앞서 언급했듯이 2005년 10월부터 그룹 산하 주요 사업부문과 계열사가 주식회사 중심 체제로 전환하고 있기 때문이다.

<도표 5> 바오스틸의 경영현황

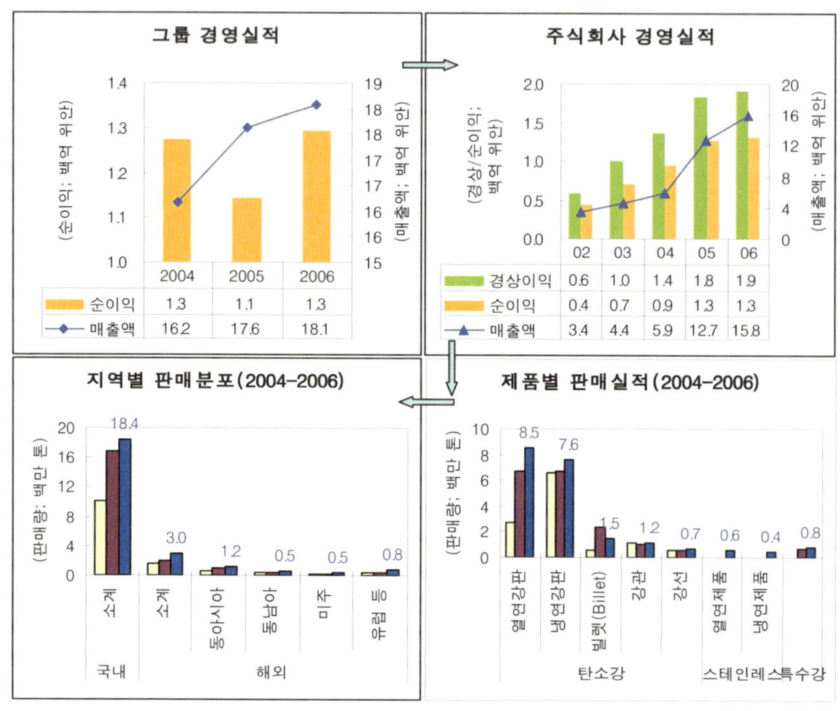

㈜ 회사 자료로부터 KSERI 작성

또 2007년 제품별 판매실적을 보면[10], 열연강판은 전년대비 27.8% 증가한 852만 톤이 판매되어 회사 전체 판매량의 39.8%를 차지하고 있으며, 냉연강판은 12.7% 증가한 759.8만 톤이 판매되었다. 특히 냉연강판은 자동차 강판용으로 널리 사용되는데, 바오스틸의 자동차 강판은 중국 자동차 강판

---

[10] 바오스틸이 생산하는 제품의 주요 용도는 다음과 같다.
　　열연강판: 건축용, 철도차량, 컨테이너, 선박후판 등
　　냉연강판: 자동차, 가전제품(에어컨, 냉장고, 세탁기, TV, 컴퓨터, DVD 등)
　　탄소강관: 송유관 및 일반기계 소재 등
　　탄소강선: 자동차 제조 및 교량건설 등
　　특수강: 항공기를 비롯해 통신, 전력, 석유, 화공, 가전, 자동차, 의료기기 등

시장의 52%를 점유하고 있다. 이어서 송유관으로 사용되는 탄소강관은 10.4%가 증가한 118.9만 톤, 탄소강선은 20.2% 증가한 69.1만 톤, 그리고 항공기를 비롯해 많은 용도로 사용되는 특수강은 28.7% 증가한 82.6만 톤이 판매된 것으로 나타났다. 지역별 매출분포를 살펴보면, 내수판매가 1,842만 톤으로 전체의 86.1%를 차지했으며, 수출이 299만 톤으로 13.9%를 차지하고 있다. 수출 비중은 매년 증가세를 나타내고 있다.

　　마지막으로, <도표 6>은 상하이거래소에서 거래되고 있는 바오스틸의 최근 주가 추이를 보여주고 있다. 2000년 2월에 설립된 바오스틸주식회사는 같은 해 12월 18.77억 주를 공개 발행하면서 상하이거래소에 상장하였다. 1주당 4위안 대를 유지하던 바오스틸의 주가는 최근 1년 사이 5배 이상 급등하면서 2007년 10월 15일에는 21.29위안까지 치솟았다. 11월 8월 종가 기준으로 15.37위안에 장을 마감하였다.

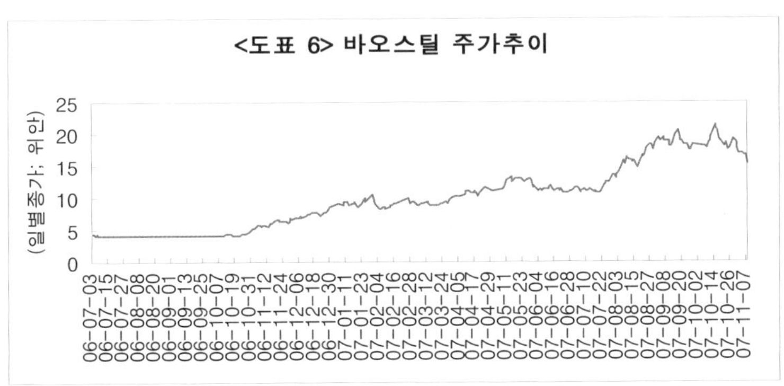

㈜ 상하이거래소 자료로부터 KSERI 작성

11. 상하이자동차(SA)

국제 유가가 연일 사상최고치를 돌파하면서 배럴당 100달러 시대에 근접함에 따라 중국 역시 국제유가 급등에 불안해하고 있다. 중국은 2006년부터 국내 석유제품 가격을 국제유가에 연동시킨다는 방침을 확정하였으나, 2007년 4월 이래로 모든 석유제품의 가격을 일체 동결시킨 채 별다른 움직임을 보이지 않고 있다. 하지만 중국 국가발전개혁위원회가 2007년11월 1일부터 휘발유, 경유, 제트 연료유에 대한 톤당 가격을 500위안 인상한다고 하루 전인 10월 31일 황급히 발표하였다.

중국은 2006년 말 기준으로 하루 평균 385.8만 배럴의 원유를 생산하고 341.5만 배럴의 원유를 수입하고 있다. 원유 수요의 50%에 가까운 원유를 수입에 의존하고 있는 중국이 그 동안 국내석유제품 가격을 동결시킨 까닭은 국제유가 못지않게 치솟고 있는 소비자물가지수(CPI) 상승으로 인한 인플레 압력을 고려했기 때문으로 보인다. 하지만 국제유가와 국내 유통가격 간의 괴리가 커짐에 따라 일부 정유공장들은 수익성 악화로 생산을 중단하는 사태가 발생했고, 개인 주유소들은 기름을 공급 받지 못해 문을 닫는 상황이 발생했다. 그 결과 중국정부는 결국 석유제품 가격인상을 결정하지 않을 수 없게 된 것이다.

이번 인상으로 휘발유와 경유는 리터당 0.4~0.5위안씩 오르게 됨에 따라 석유제품 유통시장뿐 아니라 자동차판매 전반에 걸쳐 영향이 파급될 것으로 보인다. 이에 이번 중화경제동향에서는 '자전거왕국'에서 '자동차대국'으로 변모해가는 중국의 자동차산업 동향과 중국 최대 자동차상장회사인 상하이

자동차주식회사(上海汽车股份有限公司, Shanghai Automotive Co., Ltd.)에
대해 살펴보기로 한다.

　　<도표 1>은 세계 6대 자동차 생산국가의 생산현황 및 주요국별 내수 추
이를 정리한 것이다. 우선 2006년 자동차 생산의 경우, 일본이 전년대비
6.3% 증가한 1,184.4만 대를 생산하여 미국을 제치고 세계 1위를 차지하였
다. 이어서 미국은 6% 감소한 1,126만 대를 생산하면서 2위로 밀려났으며,
중국은 27.5%가 급증한 728만 대를 생산하여 세계 3대 생산국가가 되었다.
또, 독일은 10.8% 증가한 582만 대, 한국은 3.8% 증가한 384만 대, 그리
고 프랑스는 7.7% 감소한 327.4만 대를 각각 생산하였다.

<도표 1> 세계 주요국가 자동차산업 현황(2003-2006)

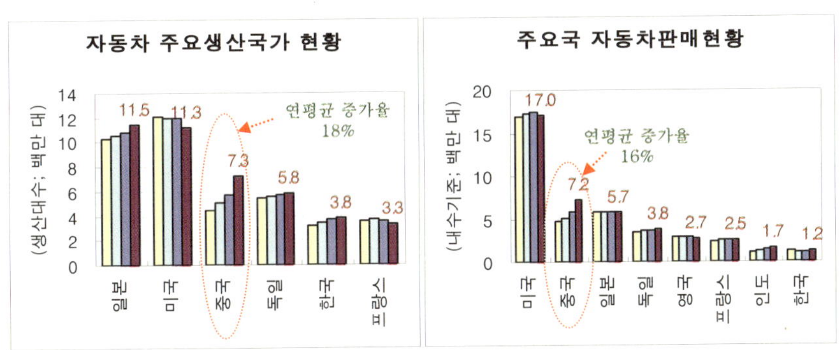

㈜ WARD 및 각국 자동차공업협회 자료로부터 KSERI 작성

　　자동차 내수(신차등록) 현황을 살펴보면, 미국이 전년대비 2.3% 감소한
1,704.9만 대로 나타나고 있고, 중국이 25.3%가 증가한 721.6만 대로 세계
2위의 자동차 내수시장으로 부상하였다. 또 일본은 1.9% 감소한 574만 대,
독일은 4.4% 증가한 377.2만 대, 영국은 3.3% 감소한 273.2만 대, 프랑스

는 1.9% 감소한 249.9만 대로 나타났다. 대부분의 국가들이 2005년에 비해 2006년의 내수판매가 위축된 반면, 중국은 생산량과 판매량 모두 급증한 것으로 나타났다.

좀더 구체적으로 중국의 자동차 판매량 추이를 살펴보면, 아래 <도표 2>에 나타난 바와 같이 2000년 이후 가파른 증가세를 보이고 있다. 매년 판매량이 지속적으로 증가하고 있는 가운데, 2007년 9월 말 현재 누계로 645.8만 대가 판매되어 연말까지는 전년대비 17.7만 대가 늘어난 899만 대 가량이 판매될 것으로 보인다. 중국 자동차판매는 2001년부터 연평균 23.7%의 높은 증가율을 나타내고 있어, 같은 기간 동안 연평균 9.4%의 GDP성장률

<도표 2> 중국 자동차산업 동향

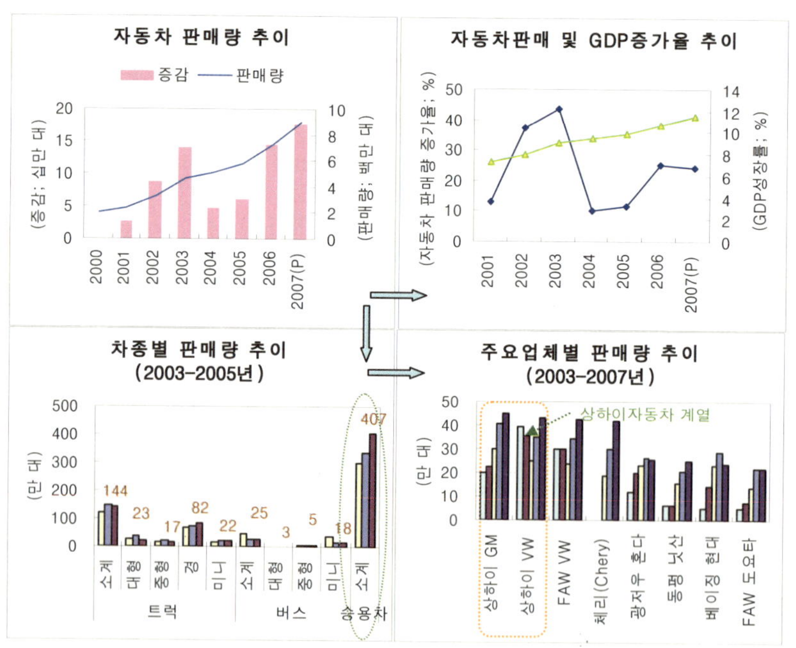

㈜ 각종 자료로부터 KSERI 작성

에 비해 2.5배나 높은 성장률을 기록하고 있다.

중국 자동차 판매는 승용차 판매 급증이 견인하고 있다. 2005년 기준으로 승용차 판매량은 전체의 71%에 해당하는 407.2만 대가 판매되었고, 트럭이 25%인 143.5만 대, 버스는 4%인 25.3만 대로 나타났다. 또 트럭의 경우에는 경트럭이, 버스의 경우에는 미니버스[11]의 판매량이 가장 많은 것으로 나타나고 있다.

한편 자동차 판매 상위 업체들을 살펴보면, 체리(Chery, 奇瑞)자동차를 제외하고 모두 중외합자기업들로 나타나고 있다. 업체별 판매량을 보면, 2007년 5월 현재 상하이GM이 전년동기대비 13.1% 증가한 18.8만 대로 전년에 이어 1위를 차지하고 있다. 이어서 상하이VW이 33.3% 증가한 18만 대, FAW VW이 45.4% 증가한 17.8만 대, 체리가 40.6% 증가한 17.4만 대, 광저우 혼다가 6.4% 증가한 10.8만 대의 판매량을 기록하고 있다. 이에 반해 전년까지 중국 내수판매 5위를 기록하던 베이징현대는 전년동기대비 13.8% 감소한 9.9만 대 판매에 그친 것으로 나타나고 있다.

이상으로부터, 세계 주요국가들의 자동차 내수판매가 2006년부터 정체를 나타내고 있는 반면, 중국은 오히려 생산량과 판매량 모두 25%를 상회하는 높은 성장률을 기록하고 있다. 이 중에서도 특히 상하이자동차 계열사인 상하이GM과 상하이VW이 중국 내수판매 1,2위를 차지하고 있는 것으로 나타나고 있다.

이제 중국 최대 자동차회사인 상하이자동차그룹(SAIC Motor)과 상하이자동차주식회사(SA)에 대해서 살펴보기로 하자. 주지하는 바와 같이, 1978

---

[11] 참고로, 중국의 차량 구분을 살펴보면 다음과 같다.
  트럭(G; 최대중량) : 대형(G>14t), 중형(6t<G≤14t), 경(1.8t<G≤6t), 미니(G≤1.8t)
  버스(L; 길이) : 대형(L>10m), 중형(7m<L≤10m), 경(3.5m<L≤7m), 미니(L≤3.5m)

년부터 표방한 개혁개방 정책의 중심에는 상하이시가 있었다. 상하이시는 금융산업을 비롯한 여타 선진국가의 발달된 산업기술들을 가장 먼저 도입하였는데, 자동차산업 역시 마찬가지였다. 1978년 11월 상하이시트랙터자동차회사(上海市拖拉机汽车工业公司)를 시초로 1985년 3월에 상하이폭스바겐(VW)이 설립되었고, 1995년 9월에는 상하이자동차주식회사의 지주회사 격인 상하이자동차공업(그룹)총공사(SAIC Group)가 출범하기에 이르렀다. 이어서 1997년 6월에는 상하이GM이, 같은 해 11월에는 상하이자동차주식회사가 각각 설립되었다.

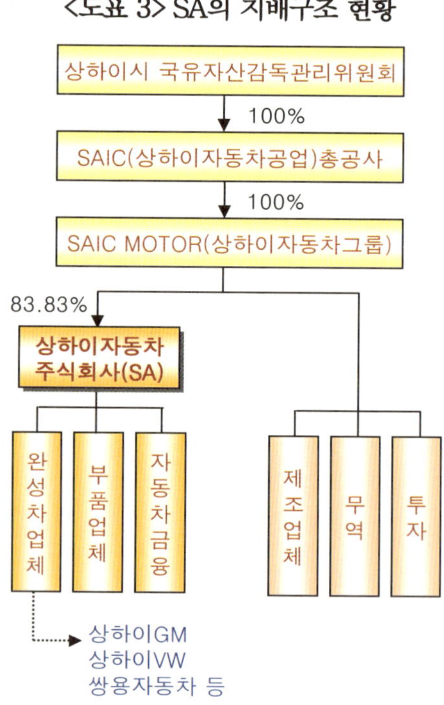

〈도표 3〉 SA의 지배구조 현황

㈜ 회사 자료로부터 KSERI 작성

상하이자동차주식회사의 지배구조는 앞의 <도표 3>에 나타난 바와 같다. 지주회사인 상하이자동차공업(그룹)총공사는 상하이시 국유자산감독관리위원회가 100%의 지분을 가지고 있으며, 모기업인 상하이자동차그룹(SAIC Motor)은 주식회사(SA)의 지분 83.83%를 가지고 있다. 현재 상하이자동차그룹은 6개 사업부문으로 크게 분류되어 있는데, 이 중 완성차, 부품, 자동차금융 관련회사들을 상하이자동차주식회사 산하로 집약하는 작업을 진행하고 있다. 2007년 쌍용자동차에 대한 지분조정을 한 것 역시 이러한 구조조정의 일환이라고 할 수 있다. SA는 대우그룹의 워크아웃을 틈타 지난 2005년 쌍용자동차 인수에 착수하여 2006년에 주식교환방식을 통해 쌍용자동차의 지분 48.92%를 인수하였다. 그리고 2007년 SA는 쌍용자동차 지분 2.41%를 추가로 인수함으로써 51.33%의 지분을 소유하게 되었다. 또, 상하이GM과 상하이VW의 지분에 대한 조정작업도 현재 진행 중에 있는 것으로 알려지고 있다.

다음으로 <도표 4>에서 상하이자동차그룹(SAIC Motor)의 경영현황을 살펴보면, 매출액은 2006년 기준 전년대비 22%가 증가한 1,435.84억 위안(약 17.1조 원)을 기록했다. 또 2006년 그룹 전체 자동차 판매량은 승용차가 23.6%가 증가한 91.5만 대를, 상용차는 35.8%가 증가한 42.9만 대를 각각 판매하였다. 이 중 승용차의 브랜드별 판매추이를 보면, 폭스바겐(VW) 계열이 34.9만 대로 전체 판매량의 38.1%를 차지했고, GM(뷰익, 시보레, 캐딜락) 계열이 45만 대로 49.1%를, 그리고 쌍용자동차가 12.7%에 해당하는 11.6만 대를 판매한 것으로 나타났다.

또 그룹의 자회사인 상하이자동차주식회사(SA)의 2006년 매출액을 살펴보면, 전년대비 377%가 급증한 305억 위안(약 3.6조 원)을 기록했는데, 이처럼 2006년 SA의 매출이 급증한 이유는 상하이VW판매회사, 상하이GM우링(五菱)주식회사, 상하이자동차제조회사, 쌍용자동차 등에 대한 지분조정

<도표 4> 그룹(SAIC Motor) 및 자회사(SA)의 경영 현황

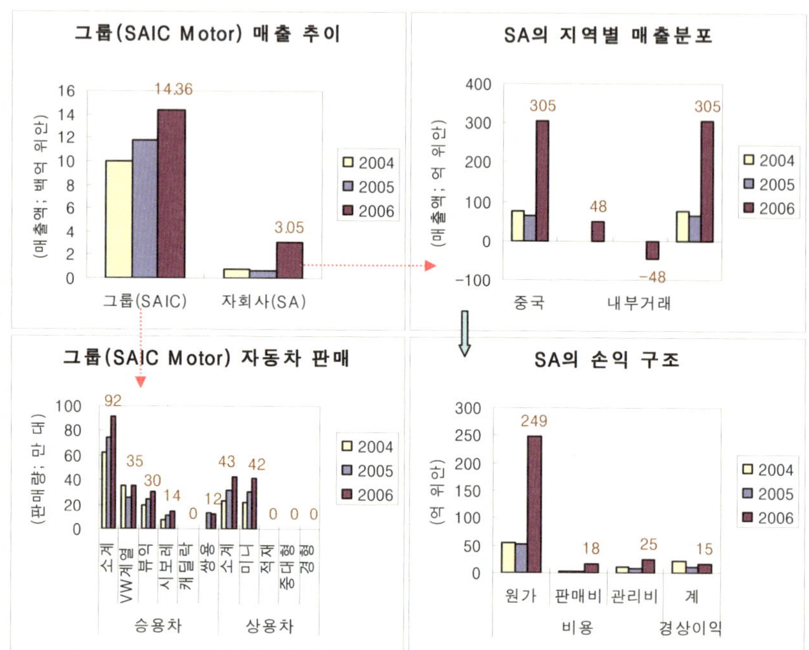

㈜ 회사 자료로부터 KSERI 작성

을 2006년에 완료하여 연결재무제표 상의 매출이 급증한 것으로 나타났기 때문이다. 또한 상하이VW와 상하이GM의 지분조정(2006년 말 기준, 각각 50%씩 소유) 작업이 현재 진행 중에 있는데, 이것이 마무리되면 SA의 매출액은 더욱 증가할 것으로 예상된다.

SA의 지역별 매출 분포를 보면, 매출 전액이 중국 내수판매에서 발생하고 있으며, 2006년부터는 내부거래 형태로 쌍용자동차로부터 수입 판매하기 시작하고 있다. 쌍용자동차는 중국에서는 SA의 자회사로 분류되고 있다.

또 손익 내역 면에서는 2006년의 전체 제조원가는 248.7억 위안으로 매출액 대비 81.6%에 달하고 있으며, 판매비와 관리비가 각각 17.7억 위안과

25억 위안으로 매출액 대비 5.8% 및 8.2%로 나타나고 있다. 그리고 2006
년 경상이익은 15.1억 위안으로 매출액 대비 4.95%를 기록하고 있다.

마지막으로 <도표 5>에서 상하이자동차주식회사(SA)의 주가 추이를 살
펴보면, 2007년 11월 1일 종가기준으로 주당 24.78위안(약 3,016원)으로
거래되고 있어 1년 전과 비교해 대략 5배 가량 급등한 것으로 나타나고 있
다.

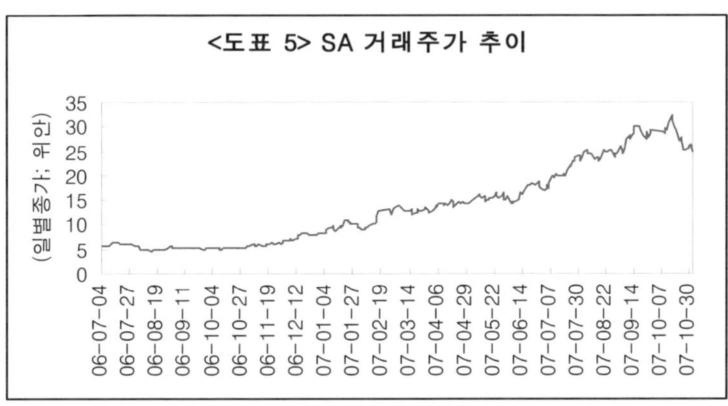

㈜ 상하이거래소 자료로부터 KSERI

12. 페트로차이나(PetroChina)

전세계 상장사 중 엑슨모빌(Exxon Mobil)에 이어 두 번째로 높은 시가총액을 기록하고 있는 페트로차이나(PetroChina)가 뉴욕과 홍콩거래소에 이어 중국 국내증시(A주식) 상장을 한다. 페트로차이나는 2007년 10월 22일부터 3일간 베이징과 상하이, 선전을 차례로 돌면서 투자로드쇼를 전개하였고, 2007년 11월 5일에 정식 상장했다.

페트로차이나는 A주식 상장을 위해 중국 증감위에 상장 신청을 하였으나, 10월 9일에 상장한 선화에너지(CSEC)에 밀려 승인이 계속 미루어져 왔다. 중국선화에너지가 신청 3일만에 증감위의 승인을 받은 것에 비하면, 페트로차이나의 국내상장 승인 지연은 이례적인 것으로 평가되고 있다. 이에 대해 증감위는 시장의 수용능력을 고려해 페트로차이나의 상장시기를 조율한 것이라는 입장을 밝혔다.

페트로차이나의 이번 자금조달 규모는 당초 500억 위안 정도가 될 것이라는 예상과 달리 3일간의 로드쇼를 마친 후 10월 25일 현재 주당 발행가가 15~16.7위안으로 결정됨으로써 최대 668억 위안(약 8.2조 원)에 달할 것으로 보인다. 이는 2007년 10월에 중국 최대를 기록했던 선화에너지의 665.82억 위안을 넘는 역대 최대 규모인 것이다. 이에 이번 중화경제동향에서는 세계 원유 수급동향과 중국시장 현황을 간략히 살펴본 다음, 페트로차이나(中国石油天然气股份有限公司, PetroChina Company Ltd.)의 최근 경영 현황에 대해 분석해보기로 한다.

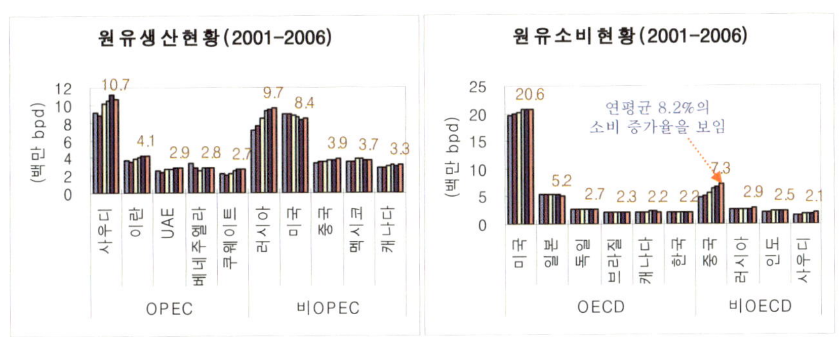

㈜ 미 에너지정보청 자료로부터 KSERI 작성

먼저, <도표 1>에서 2000년 이후 세계 주요국가의 원유생산과 소비추이를 살펴보면, 2006년 말 기준으로 세계 원유생산량은 1일 평균 8,463.2만 배럴로 나타나고 있다. 그 중, OPEC의 산유량이 3,530.7만 배럴/일로 세계 산유량의 41.7%를 차지하고 있고, 비OPEC국은 4,932.5만 배럴/일로 58.3%를 차지하고 있다. 또, 세계 1위 산유국인 사우디아라비아가 전년대비 3.8% 가량 감산한 1,067.7만 배럴/일을 생산하였고, 이어서 러시아가 967.7만 배럴/일, 미국 837만 배럴/일, 이란 414.8만 배럴/일, 중국 385.8만 배럴/일의 순으로 나타났다.

원유 소비의 경우는, 미국이 2,058.8만 배럴/일로 전세계 원유의 24.3%를 소비했고, 중국이 8.6%인 727.3만 배럴/일, 일본 515.9만 배럴/일, 러시아 291.6만 배럴/일, 독일 266.5만 배럴/일의 순으로 나타났으며, 한국 역시 217.4만 배럴/일의 소비량을 기록했다. 특히, 중국의 원유소비는 최근 5년 동안 연평균 8.2%에 달하는 증가율을 보일 정도로 매우 빠르게 증가하는 모습을 보이고 있다. 2006년 중국의 1일 원유생산량이 385.8만 배럴에 불과한 데 비해, 1일 소비량은 727.3만 배럴에 달하고 있어 하루 평균 341.5만 배럴의 원유를 수입에 의존하고 있는 것이다.

<도표 2> 중국 석유제품 수급 현황

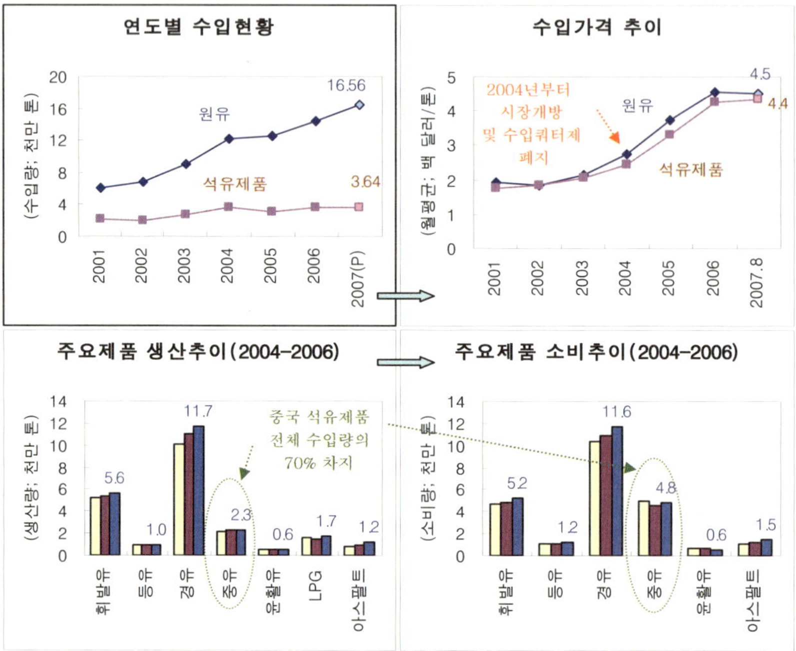

㈜ 각종 자료로부터 KSERI 작성

　구체적으로 위의 <도표 2>에서 중국의 원유 및 석유제품 수입 현황을 살펴보면, 2006년 원유 수입은 총 1.5억 톤에 달해 2001년과 비교해 2.4배가량 증가하였으며, 석유제품 수입은 3,638만 톤으로 2001년 대비 1.7배가량 증가하였다. 또 수입단가를 보면, 원유가 2006년에는 톤당 457.4달러에 수입되었으나 2007년 8월 현재 450.7달러로 다소 하락한 것으로 나타나고 있다. 이에 비해, 석유제품은 2006년 톤당 427.5달러였던 것이 8월 현재 436.7달러로 원유 수입가와 상관없이 계속 오르고 있는 모습을 보이고 있다.

　물론 중국의 원유 및 석유제품의 수입증가는 중국경제의 지속적인 고도

성장에 따른 국내수요 급증에 기인한다. 특히, 2004년부터 석유제품의 수입 쿼터제를 폐지하고 시장을 개방하기 시작하면서부터 원유와 석유제품 수입량이 급증하는 양상을 보이고 있다. 이처럼 중국의 원유 및 석유제품 수입 급증은 세계 유가 급등을 초래하여 전세계가 중국의 에너지원료 수급에 긴장하고 있다.

또 2006년 중국의 주요 석유제품별 생산량을 살펴보면, 휘발유가 5,591만 톤, 등유 960만 톤, 경유 11,653만 톤, 중유 2,264만 톤, 윤활유 572만 톤, 아스팔트 1,238만 톤 등으로 나타났다. 소비 면에서는 휘발유 5,248만 톤, 등유 1,151만 톤, 경유 11,646만 톤, 중유 4,800만 톤, 윤활유 600만 톤, 아스팔트 1,537만 톤으로 나타났다. 이로부터, 2006년 중국은 등유 191만 톤, 중유 2,536만 톤, 윤활유 28만 톤, 아스팔트 299만 톤 등을 수입에 의존하였고, 이 중 중유[12]는 전체 석유제품 수입량의 70%를 차지할 정도로 비중이 매우 높은 것으로 나타나고 있다.

이상의 분석을 바탕으로 이제 중국의 석유산업에 대해 살펴보기로 하자. 세계 5대 생산국가이자 2대 소비국가인 중국의 원유 및 정제시장은 다음의 <도표 3>과 같이 중국해양석유총공사(CNOOC)와 시노펙(Sinopec) 그리고 중국석유천연가스그룹(CNPC)의 3개 국영회사가 장악하고 있다.

중국의 원유 및 석유제품에 대한 수급은 1949년 이후 중앙정부가 직접적으로 통제하다가 1999년에 원유수급 안정을 위해 해외유전 개발을 담당할 CNOOC(中国海洋石油总公司)를 설립하면서 석유산업 구조개편에 착수하였다. 이어서 이듬해인 2000년에는 산유에서 정제 및 판매에 이르기까지 전

---

[12] 중유(Fuel Oil)는 상압증류공정에서 정유탑의 밑바닥(300℃)에 남은 제품으로, 그 용도는 선박내연기관, 보일러 등의 연료로 사용되지만, 공정처리를 통해서는 경질유(휘발유, 등유, 경유), 윤활기유, 아스팔트, 왁스, 코크스 등을 제조하는 데에도 이용된다.

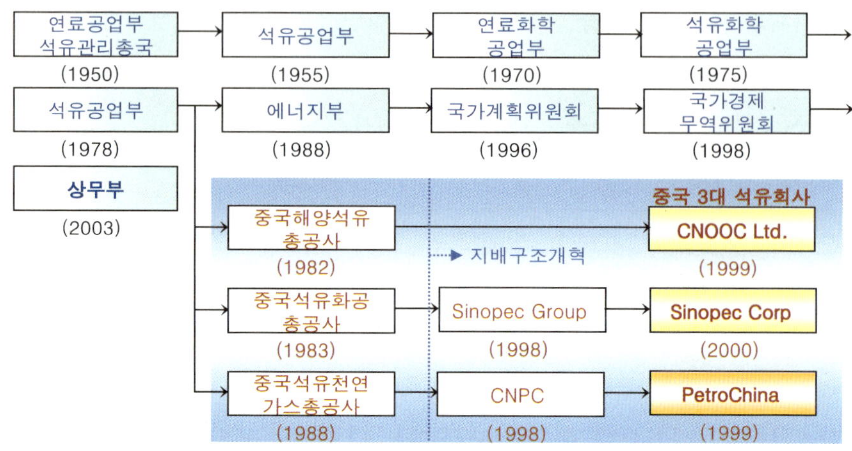

㈜ KSERI 작성

과정을 전담할 시노펙(中国石油化工总公司)이 설립되었고, 1998년에 설립된 CNPC(中国石油天然气总公司)까지 합쳐 현재의 3강 구도가 형성되었다. 구체적으로, 중국 정부는 WTO가입에 대비하여 1998년부터 주요 국영기업을 중심으로 대대적인 지배구조개편작업에 착수함에 따라 3개 정유회사도 주주개혁을 단행하였다. 그 결과, CNOOC는 1999년 8월에 자회사인 중국해양석유유한회사(CNOOC Ltd)를 홍콩에 설립했고, 시노펙은 같은 해 9월에 시노펙유한회사(Sinopec Corp.)를, CNPC는 11월에 주식회사형태인 페트로차이나(PetroChina)를 설립하면서 지금의 3강 구도가 형성된 것이다. CNOOC는 해외유전개발을 비롯한 해양석유 및 천연가스 채굴사업이 주요 사업영역이라면, 시노펙과 CNPC는 업스트림인 산유에서부터 다운스트림인 정제 및 판매에 이르기까지 모든 분야를 아우르고 있다.

이제 페트로차이나의 지배구조에 대해 살펴보기로 하자. 국무원의 조직개

<도표 4> 페트로차이나의 지배구조 현황(2007. 10)

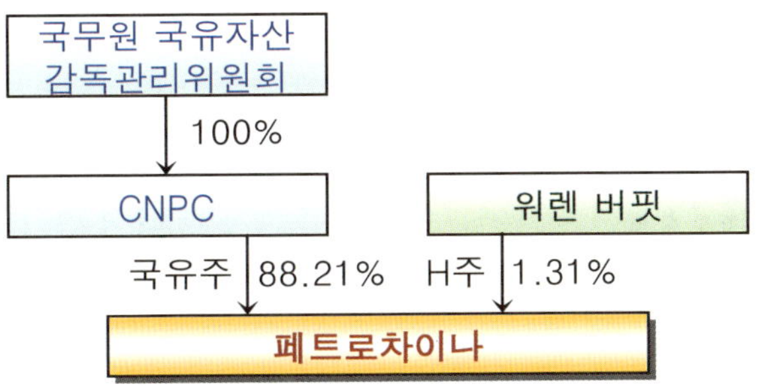

㈜ 회사 자료로부터 KSERI 작성

편안에 따라 1988년 석유공업부에서 분리된 중국석유천연가스총공사는 1998년 3월 석유와 석유화학산업을 분리하여 CNPC와 시노켐(중국석화, 中国石化)으로 재편됨과 동시에, 주주개혁을 통해 1999년 11월에 페트로차이나가 설립되었다.

위의 <도표 4>에서 페트로차이나의 지배구조를 살펴보면, 모기업인 CNPC가 국유주의 형태로 전체 지분의 88.21%를 소유하고 있고, '투자의 귀재'라 평가 받고 있는 워렌 버핏(Warren Edward Buffett)이 H주식 형태로 1.31%의 지분을 가지고 있다. 또 CNPC는 국무원 국유자산감독관리위원회가 전체 지분을 소유하고 있다.

페트로차이나의 최근 경영현황을 살펴보면, <도표 5>에 나타난 바와 같다. 먼저, 세계 주요 석유메이저회사들의 매출액(2006년 기준)은 엑슨모빌(Exxon Mobil)이 전년대비 1.8% 상승한 3,654.7억 달러로 가장 많은 매출을 기록했고, 이어서 로열더치쉘(Royal Dutch-Shell)이 3,188.5억 달러, BP 2,743.2억 달러, 프랑스의 토탈(Total) 2,193.2억 달러, 쉐브론(Chevron) 2,048.9억 달러 등의 순으로 나타났다. 한국의 SK에너지는 대략

107

<도표 5> 페트로차이나 경영현황

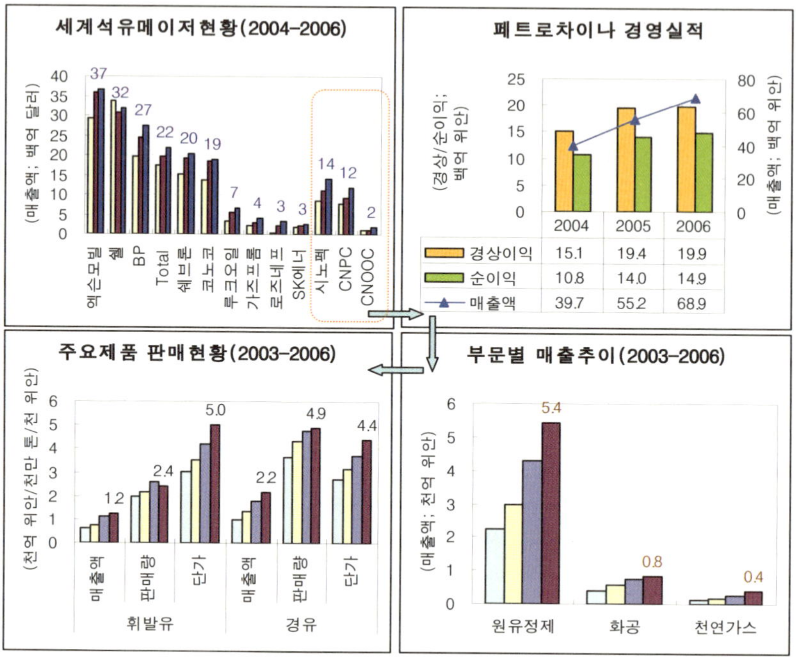

㈜ 각사 자료로부터 KSERI 작성

258.7억 달러(약 23.7조 원)로 한국에서 가장 높은 매출을 기록하였다.

중국의 3대 메이저회사인 CNOOC와 시노펙, CNPC의 매출 추이를 살펴보면 시노펙이 전년대비 29.4% 증가한 1,422.8억 달러로 중국에서 가장 높은 매출액을 기록하였고, 이어서 CNPC가 28.8% 증가한 1,194.2억 달러, 그리고 CNOOC가 48.9% 증가한 176.9억 달러를 각각 기록하였다. 이 중 시노펙과 CNPC는 매년 두 자리 수의 증가율을 기록하면서 세계 메이저회사들과의 격차를 계속 좁혀가고 있다.

이이서 CNPC의 상장회사인 페트로차이나의 2006년 경영실적을 살펴보면, 매출액은 그룹(CNPC) 전체 매출의 77%에 해당하는 6,889.8억 위안(약

84.1조 원)으로 전년대비 24.8% 증가를 기록했다. 경상이익과 당기순이익은 각각 2.6%, 6.4%가 증가한 1,991.7억 위안과 1,494억 위안을 기록하였다. 또 페트로차이나의 사업부문별 매출을 살펴보면, 원유정제 사업부문이 전년대비 26.8%가 증가한 5,436억 위안으로 회사 전체 매출액의 79%를 차지 하고 있으며, 화공사업이 11.9% 증가한 828억 위안, 천연가스사업이 48.5% 증가한 389억 위안의 매출을 기록하고 있다.

특히 휘발유와 경유의 판매 현황을 보면, 휘발유 매출액은 2006년 1,207.7억 위안으로 전년대비 9.4% 증가하였으나, 판매량은 8.3% 감소한 2,399만 톤으로 나타났다. 또 경유 매출액은 전년대비 21.7% 증가한 2,154.6억 위안을 기록했으며, 판매량도 2.2% 증가한 4,886만 톤으로 나타났다. 그리고 톤당 단가 면에서 휘발유가 전년대비 19.3% 증가한 5,034위안, 경유가 19.1% 증가한 4,409위안으로 나타나, 회사 매출액 증가는 판매량 증가보다는 주로 가격상승에 기인한 것이라고 할 수 있다.

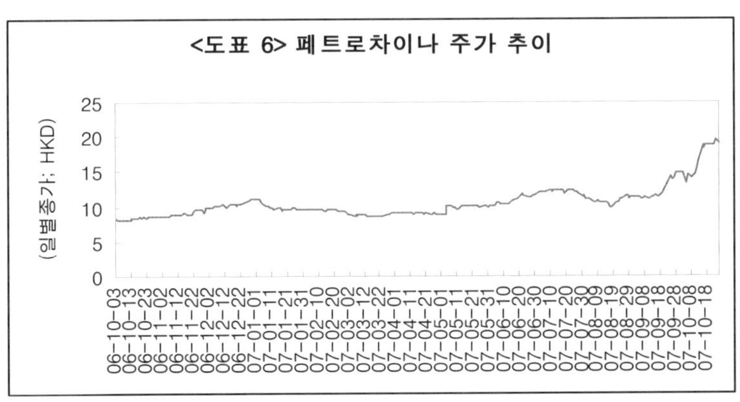

㈜ 홍콩거래소 자료로부터 KSERI 작성

마지막으로 위의 <도표 6>은 페트로차이나의 홍콩거래소 주가추이를 나타내고 있다. 페트로차이나의 2007년 10월 25일 홍콩거래소 종가는 19.12 홍콩달러(18.46위안)로 한달 전에 비해 약 2배 가량 급등했다. 이번 IPO 발행가가 15~16.7위안으로 결정되었고 40억 주를 공개 발행하므로 페트로차이나는 국내증시 상장을 통해 최대 668억 위안(약 8.2조 원)을 조달할 수 있을 것으로 보인다.

13. 선화에너지주식회사(CSEC)

　국제유가가 치솟고 겨울철이 다가오면 에너지 관련주들이 강세를 보인다. 중국 주식시장 역시 에너지 관련주에 대한 관심이 한층 고조되고 있다. 2007년 10월 9일 중국 증시에 처음 소개된 중국선화에너지(CSEC, China Shenhua Energy Company Ltd.)가 그 예로, 상장된 지 하루만인 10월 10일 상하이와 선전거래소는 오는 10월 23일부터 두 거래소의 주가지수를 대표하는 SS300(沪深300)을 비롯한 주요 주가지수 구성종목에 선화에너지주를 포함한다고 발표했다.

　선화에너지에 대한 이와 같은 시장의 즉각적인 반응은 2007년 9월에 이루어진 IPO에서 이미 예견된 바이다. 중국 최대 석탄 생산업체이자 판매업체인 선화에너지에 대한 투자자들의 기대심리는 9월 27일에 마무리된 IPO에서 여실히 증명되었는데, 주당 36.99위안(약 4,500원)에 총 665.82억 위안(약 8.1조 원)의 자금을 조달함으로써 중국 국내증시 사상 최대 규모를 기록하였다. 아래 <도표 1>에 나타난 바와 같이, 지금까지 IPO 최대규모는 건설은행의 580.5억 위안으로, 이 때에도 국내외 투자자들의 이목을 단숨에 집중시켰는데 한 달도 채 지나지 않아 선화에너지가 다시 IPO 최대규모를 갱신한 것이다.

　이처럼 선화에너지의 증시 상장에 대해 국내외 투자자들이 관심을 보이고 있는 이유는 선화에너지의 기업실적에 주목하고 있기 때문으로 보인다. 현재 중국의 석탄생산량은 전세계 생산량의 40% 가까운 비중을 차지하고 있는데, 선화에너지는 중국 최대 석탄생산기업으로 전세계 석탄업체 중 매출액 2위에 올라있다. 이에 이번 중화경제동향에서는 중국을 포함한 전세계 석탄수급추이를 살펴 보고, 선화에너지의 경영현황을 정리해 보고자 한다.

<도표 1> 중국 증시 IPO 순위(A주식 기준)

순위	기업	IPO(억 위안)
1	선화에너지(中国神华)	665.8
2	건설은행(建设银行)	580.5
3	공상은행(工商银行)	466.4
4	핑안보험(中国平安)	388.7
5	차이나라이프(中国人寿)	283.2
6	교통은행(交通银行)	252
7	중국은행(中国银行)	200
8	흥업은행(兴业银行)	160
9	COSCO(中国远洋)	151
10	베이징은행(北京银行)	150

㈜ 각종 자료로부터 KSERI 작성

석탄은 여러 식물자원이 땅속에 묻힌 상태에서 오랜 세월이 흘러가면서 생성되는 화석에너지의 일종이다. 식물이 겹쳐 퇴적물 아래에 매장되면 상층부에서 가해지는 압력에 의해 산소, 탄소, 수소가 모여서 석탄이 되고, 물이나 다른 휘발물질은 방출된다. 이와 같이 수목이 변질되어 형성된 것을 이탄(泥炭, peat)이라 부르며, 이것이 다시 갈탄, 역청탄, 무연탄으로 변화하는 진화과정을 거치면서 양질의 석탄으로 변모해간다.

석탄은 아래의 <도표 2>에서 볼 수 있는 바와 같이 크게 무연탄과 유연탄으로 나뉘어지는데, 무연탄은 대부분 연탄으로 가공되어 가정과 산업연료로 이용되고 있으나 유연탄에 비해 발열량이 낮다는 단점을 지니고 있다. 그리고 유연탄은 화력발전이나 산업용 연료로서 널리 사용되고 있는데, 특히 역청탄은 제철용 코크스 등의 원료로 사용되어 전세계 철강생산에 절대

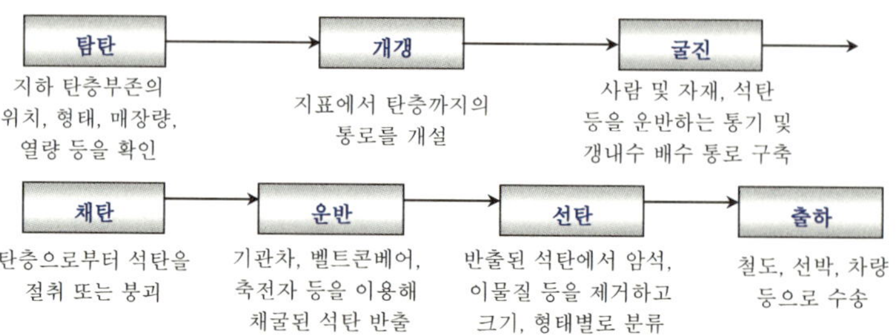

〈도표 2〉 석탄의 채굴과정 및 종류

탐탄	개갱	굴진
지하 탄층부존의 위치, 형태, 매장량, 열량 등을 확인	지표에서 탄층까지의 통로를 개설	사람 및 자재, 석탄 등을 운반하는 통기 및 갱내수 배수 통로 구축

채탄	운반	선탄	출하
탄층으로부터 석탄을 절취 또는 붕괴	기관차, 벨트콘베어, 축전차 등을 이용해 채굴된 석탄 반출	반출된 석탄에서 암석, 이물질 등을 제거하고 크기, 형태별로 분류	철도, 선박, 차량 등으로 수송

종 류		설 명
이탄(泥炭, peat)		식물이 지하에 매몰되어 지열과 지압을 받아 생성된 것
토탄(土炭)		식물질의 주성분인 리그닌, 셀룰로오스 등이 지표에서 분해작용을 거쳐 생성된 것
유연탄	갈탄 (褐炭, Lignite)	석탄 중에서 탄화도가 가장 낮은 석탄, 코크스 제조용으로 사용되기 어려워 대부분 가정용 연료로 사용
	역청탄 (瀝靑炭, Bituminous)	제철용 코크스, 도시가스용으로 이용되고, 최근에는 수소첨가, 가스화 등을 통해 석탄화학공업 원료로 사용
무연탄	무연탄 (無煙炭, Anthracite)	탄화가 가장 잘 되어 연기를 내지 않고 연소되나 유연탄에 비해 발열량이 낮음

㈜ 각종 자료로부터 KSERI 작성

적 영향을 미치고 있지만, 온실가스 등 엄청난 공해물질을 배출한다는 단점도 있다. 그럼에도 불구하고 유가의 고공행진과 원유 매장량 한계로 인해 한때 사양길로 접어들었던 석탄의 중요성이 최근 다시 부각되고 있는 모습을 보이고 있다.

구체적으로 아래의 〈도표 3〉에서 세계 석탄생산 및 소비 현황을 살펴보면, 전세계 석탄 생산량은 65억 쇼트톤(S/T)에[13] 달하고 있으며, 호주를 제외한 대부분의 석탄생산국들은 자국생산 자국소비 형태의 산업구조를

---

[13] 쇼트톤(Short Ton)은 야드/파운드법으로 무게를 재는 단위로, 1쇼트톤은 약 907kg에 해당한다. 미국에서 많이 사용하고 있기 때문에 미국톤이라고도 불린다.

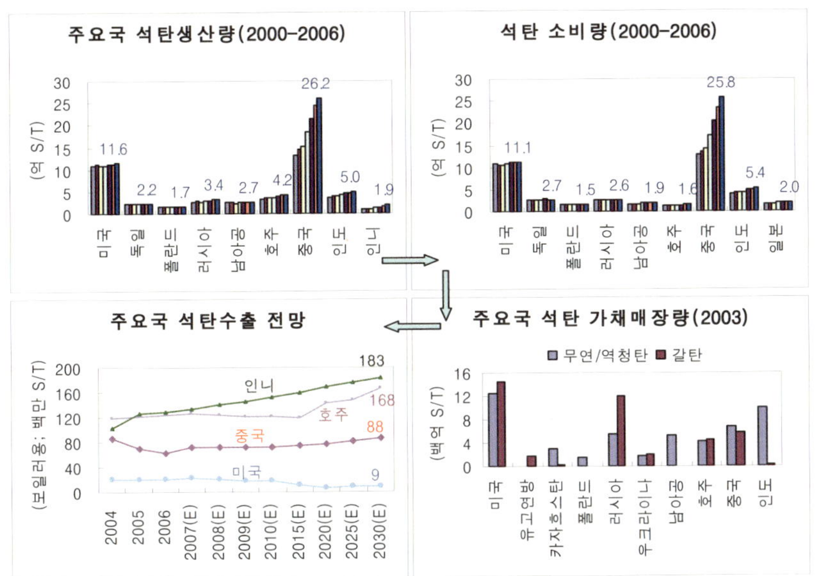

<도표 3> 세계 석탄산업 현황

㈜ 미국 에너지청 자료로부터 KSERI 작성

지니고 있다. 생산량 면에서는 2006년 말 기준으로 중국이 26.2억 S/T을 생산하여 가장 많으며, 이어서 미국 11.6억 S/T, 인도 5억 S/T, 호주 4.2억 S/T, 러시아 3.4억 S/T 등의 순으로 나타나고 있다. 2005년에는 중국이 24.3억 S/T를 생산하여 전세계 생산량의 37.4%를 차지했고, 미국은 17.4%에 해당하는 11.3억 S/T을 생산했다.

석탄 소비량의 경우는, 2006년 중국이 25.8억 S/T으로 가장 많았으며, 미국 11.1억 S/T, 인도 5.4억 S/T, 독일 2.7억 S/T, 러시아 2.6억 S/T 등의 순으로 나타나고 있다. 일본은 지난 2002년부터 자국내 석탄생산이 거의 전무한 반면 소비량은 2억 S/T에 달한 것으로 나타나고 있다.

채탄 가능한 전세계 석탄 매장량은 2003년 말 기준으로 1조 S/T으로 추정되며, 이 중 무연탄/역청탄이 5,304억 S/T, 갈탄이 4,705억 S/T인 것으로 나타났다. 세계 최대의 석탄 매장국은 미국으로, 2,707억 S/T(무연/역청탄 1,254억 S/T, 갈탄 1,453억 톤)이 매장된 것으로 나타났다. 이어서 러시아 1,731억 S/T, 중국 1,262억 S/T의 순으로 3대 석탄 매장국을 형성하고 있다. 또한 상위 10개국의 석탄 매장량은 전세계 가채 매장량의 92% 가량을 차지할 정도로 지역적 편중이 매우 심하다. 이처럼 국가별 매장량 편중이 심한 석탄은 현재 전세계 에너지 소비의 24%를 차지하고 있으며, 2030년까지는 지금의 수준을 유지할 것으로 전망하고 있다.

보일러용 석탄(Steam Coal) 기준으로 석탄 수출량 추이 및 전망을 살펴보면, 인도네시아와 호주의 석탄수출이 지속적으로 증가할 것으로 전망되며, 중국의 석탄수출은 자국소비가 늘어남에 따라 정체를 지속할 것으로 예상된다. 미국 역시 자국산업의 석탄에 대한 의존도가 높아 수출은 정체 내지 감소할 것으로 전망된다.

한편, 아래의 <도표 4>에서 세계 주요 석탄기업 및 중국의 주요 석탄기업의 최근 매출액 추이를 살펴보면, 아프리카 최대 석탄기업인 짐바브웨의 황거칼러리(Hwange Colliery)[14]가 309.7억 달러의 매출을 기록하여 세계 최대로 나타나고 있다. 중국의 선화에너지(中国神华能源, CSEC)는 85.6억 달러로 2위이며, 이어서 미국의 피바디에너지(Peabody Energy), 컨솔에너지(Consol Energy), 아크콜(Arch Coal)과 캐나다의 카메코(Cameco)사 등 북미지역 기업들이 그 뒤를 잇고 있다. 중국내 주요 석탄기업들의 매출은, 세계 2위의 선화에너지 다음으로 중메이에너지(中国中煤能源), 산시석탄(山西

---

[14] Hwange Colliery사는 1923년에 설립된 회사로, 지난 2004년에 Wankie Colliery에서 Hwange Colliery로 사명을 변경하였다. 짐바브웨 정부가 40%의 지분을 보유하고 있으며, 영국의 부호 니콜라스 반 후그스트라텐(Nicholas van Hoogstraten)이 32%의 지분을 보유하고 있다.

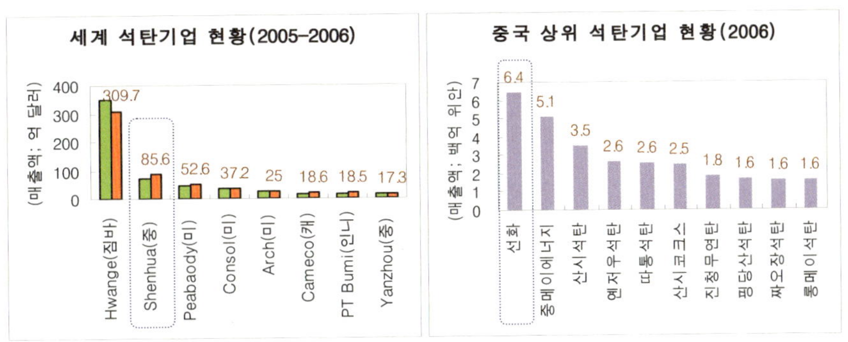

<도표 4> 세계 주요 석탄기업 매출액 현황

㈜ 각 사 자료로부터 KSERI 작성

煤炭), 옌저우탄광(山東兗矿), 따통탄광(山西大同煤矿) 등의 순이다.

이제, 중국의 선화에너지주식회사의 경영현황에 대해 살펴보기로 하자. 선화에너지는 선화그룹이 주주개혁을 단행하면서 설립된 중국 최대 석탄회사로 석탄 생산과 판매, 발전 및 송전사업을 주로 하고 있다. 이 밖에도 탄광, 종합철도망, 항만 사업 등을 통해 자사 석탄판매의 운송을 직접 관리하고 있기도 하다.

아래의 <도표 5>에서 기업 지배구조를 살펴보면, 선화그룹(神华集团)을 모기업으로 하고 있다. 또 선화그룹은 국무원 국유자산감독관리위원회가 100% 지분을 보유하고 있는 국영기업이다. 2006년 12월 말 기준으로 선화그룹은 선화에너지의 지분 81.21%를 소유하고 있으며, 메릴린치 계열사들이 H주식 형태로 총 16.23%의 지분을 가지고 있는 것으로 나타나고 있다.

선화에너지의 주요 경영실적을 살펴보면, <도표 6>에서 매출액은 매년 빠르게 증가하여, 2006년에는 전년대비 23% 증가한 642억 위안(약 7조 6,315억 원)을 기록한 것으로 나타났다. 또, 경상이익과 당기순이익도 빠르

117

㈜ 회사 자료로부터 KSERI 작성

게 증가하고 있으며, 2006년 경상이익은 16.3% 증가한 257억 위안, 당기 순이익은 12.8% 증가한 203억 위안을 각각 기록하였다. 이처럼 매출이 매년 꾸준하게 상승하고 있는 이유는 풍부한 석탄 매장량과 함께 독자적인 운송시스템을 갖추고 있기 때문이다. 현재 석탄운송 전문철도선 4개 라인과 석탄전용항만 1개, 정박장 3개를 보유하고 있어 국내외 석탄수요처 에 물량을 공급하고 있다.

또 사업부문별 매출을 보면, 석탄사업이 459.5억 위안으로 전체 매출액의 72%를 차지하고 있고, 이어서 전력사업이 166.3억 위안으로 26%를 차지하고 있다. 이 중 석탄사업의 생산현황을 살펴보면, 선동(神东)광구가 1.06억 톤으로 회사 생산량의 77.2%를 차지하고 있으며, 이어서 준거얼(准格尔)광구, 성리(胜利) 광구, 완리(万利)광구에서 각각 17.2%, 3.5%, 2%의 석탄을 생산하고 있다. 이 중 준거얼 광구의 헤다이꿔(黑岱沟)광구는 2,350만 톤으

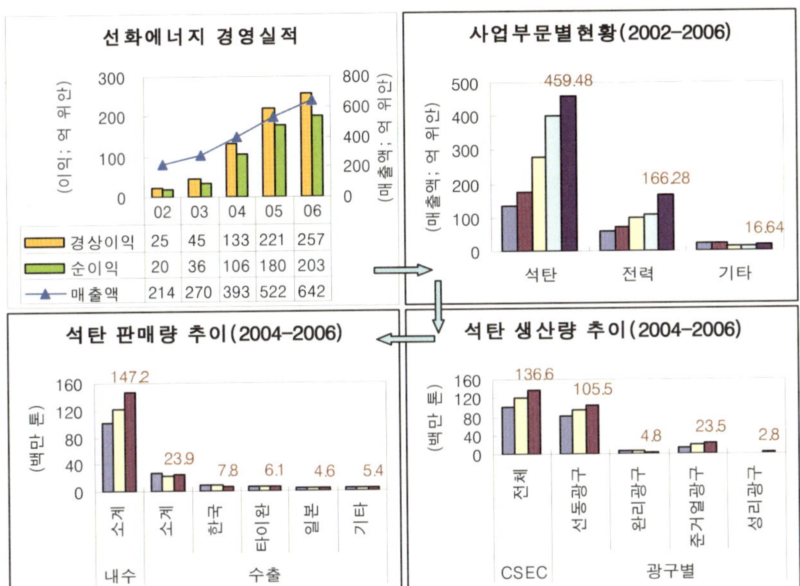

㈜ 회사 자료로부터 KSERI 작성

로 중국 최대 노천광이며, 현재 준거얼 광구와 성리광구의 노천광을 계속 개발하여 선동광구에 집중되어 있는 생산을 분산시키고 있다.

판매는 내수가 전체 판매량의 86%에 해당하는 1.47억 톤이고, 수출은 14%인 2,390만 톤이다. 주요 수출국가로는 한국이 780만 톤으로 가장 많고, 이어서 타이완, 일본 등 주로 아시아 국가들과 거래를 하고 있다.

마지막으로, 선화에너지의 최근 주가 추이를 살펴보자. 모기업인 선화그룹이 지난 2004년 국무원 국유자산감독관리위원회의 제안에 따라 주주개혁을 통해 중국선화에너지주식회사를 설립하고 그룹 산하 주요 사업부문을 모두 선화에너지로 이양하였다. 그리고 선화에너지가 가장 먼저 추진한 것은

IPO를 통한 거래소 상장이었다. 2005년 IPO를 통해 32.8억 달러를 조달하고 같은 해 6월 15일 홍콩거래소에 정식 상장되었다. 그리고 2년 뒤인 2007년 10월 9일에는 상하이거래소에 상장하면서 665.82억 위안(약 88.7억 달러)을 조달함으로써 홍콩거래소 IPO에 비해 3배 가량 많은 자금을 조달하였다.

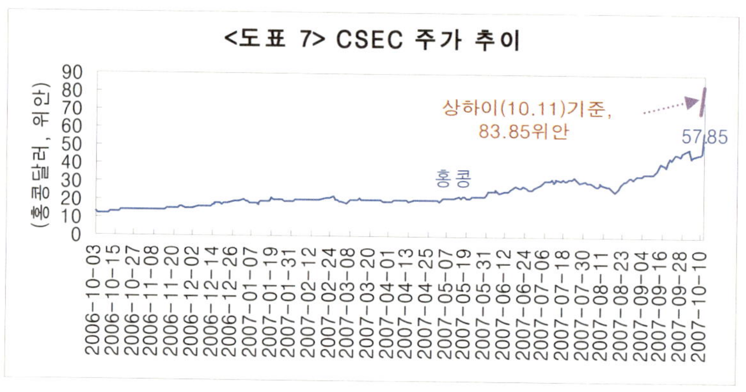

㈜ 각 거래소 자료로부터 KSERI 작성

선화에너지의 두 거래소 주가 추이는 <도표 7>에 나타난 바와 같이 2007년 10월 11일 종가 기준으로 홍콩거래소는 57.85 홍콩달러(약 6,832원), 상하이거래소는 83.85위안(약 10,232원)에 마감하였다.

14. 완커(VANKE)주식회사

최근 중국경제는 "3高(높은 집값, 높은 주가, 높은 물가)"에 시달리고 있다. 2007년 8월 중국 소비자물가지수는 11년 만에 사상 최고치인 6.5%를 기록하였다. 물가가 가파르게 상승함에 따라 연초 3%대를 확신하던 중국정부는 무척이나 당황한 모습을 보이고 있다. 또 잠시 주춤하던 주요 도시의 부동산 가격이 다시 상승하기 시작하였고, 주가 역시 거침없이 치솟고 있다. 상하이종합주가지수는 2006년 11월 20일 이후 거의 3개월 단위로 1천 포인트씩 갱신하고 있는 양상을 보이고 있다. 2007년 8월 23일에는 5천 포인트 대에 진입하였으며, 9월 28일에는 5,552.3 포인트로 장을 마감하였다.

이에 중국 인민은행은 1개월 사이에 예대금리를 두 차례나 인상하는 특단의 조치를 내렸지만, 시중에 넘쳐나고 있는 현금의 유동성을 잠재우기에는 역부족이였다. 더군다나 금리인상으로 외자유입마저 증가하고 있어 중국정부는 진퇴양난에 처해 있다고 할 수 있겠다.

이런 가운데, 10월 8일 홍콩 증시에 정식 상장되는 SOHO중국이 투자자들의 집중 주목을 받고 있다. 중국 부동산개발회사인 SOHO중국은 주당 8.3홍콩달러(약 980.7원)에 15.5억 주를 공개 발행하여 대략 128.6억 홍콩달러(약 1조5,181억 원)를 조달할 것으로 알려지고 있다. 이에 이번 중화경제동향에서는 중국 부동산개발 시장규모 및 중국 최대 부동산개발회사인 완커주식회사(万科企业股份有限公司, VANKE)의 경영현황에 대해 살펴보고자 한다.

중국 부동산시장의 개발규모 및 성장잠재력은 엄청난 인구와 도시화에 바탕을 두고 있다. 아래의 <도표 1>에 나타난 바와 같이, 중국 인구는 2005년 말 기준 13.1억 명에 달하고 있으며, 도시화가 빠르게 진행되고 있다. 현재 전체 인구의 43%인 5.6억 명 가량이 도시에서 생활하고 있으며, 이런 추세대로라면 4년 뒤인 2012년에는 도시인구가 농촌인구를 앞지를 것으로 보인다. 이에 따라 중국의 부동산개발 투자도 매년 지속적으로 증가하고 있는데, 전체 고정자산투자대비 17~18%대에 이르고 있다. 2007년에는 부동산개발투자가 더욱 가속화되어, 8월까지 전체 고정자산투자 6조6,659억 위안 가운데 부동산개발투자가 1조4,277억 위안에 달한 것으로 나타나고 있다.

<도표 1> 중국 부동산개발 규모 현황

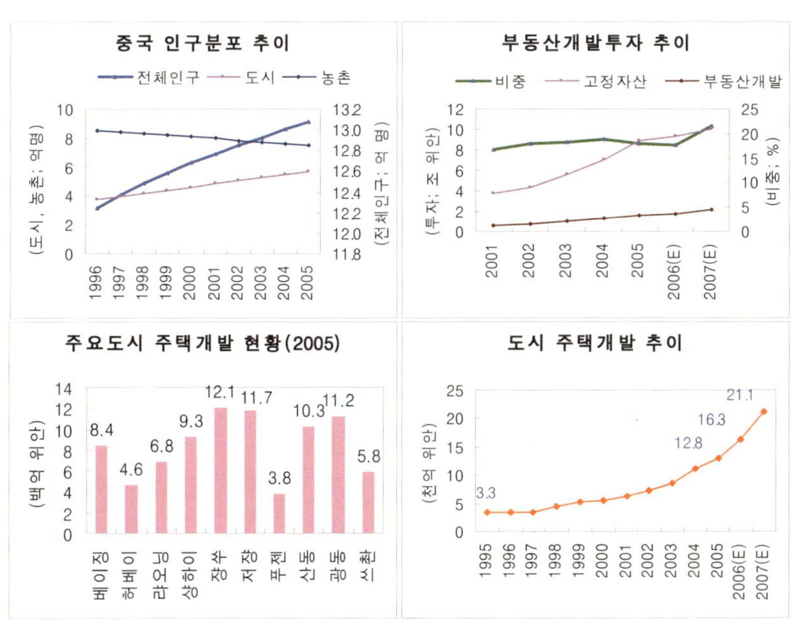

(주) 중국 통계국 자료로부터 KSERI 작성.

특히 전체 부동산개발의 90% 이상이 도시지역 주택개발에 집중되고 있는 것으로 나타나 도시화에 따른 도농간의 격차는 더욱 심화되고 있다. 위 도표에서 2005년의 주요 도시별 주택개발 투자를 살펴보면, 쟝쑤(江苏)성이 1,211억 위안으로 가장 많고, 이어서 저쟝(浙江)성 1,169억 위안, 광동(广东)성 1,121억 위안, 산동(山东)성 1,029억 위안, 상하이 930억 위안, 베이징 844억 위안 등의 순으로 나타나고 있다.

이처럼 경제발전과 도시화에 따른 부동산개발이 급증하면서 관련기업들이 계속해서 생겨나고 있다. 이미 본 중화경제동향에서도 설명한 바 있듯이, 현재 중국에는 부동산관련 기업수가 5만여 개가 넘으며, 상위 10개사의 시장점유율은 전체의 6%에도 미치지 못할 정도로 작다. 그야말로 중국 부동산업계는 춘추전국시대이라고 할 수 있다. 이 중에서 중국 최대 부동산개발기업으로 완커(VANKE)가 선정되어 수년째 1위를 지켜오고 있으나, 완커의 시장점유율 역시 1% 안팎에 지나지 않는 실정이다.

<도표 2> 완커(VANKE)의 지배구조 현황

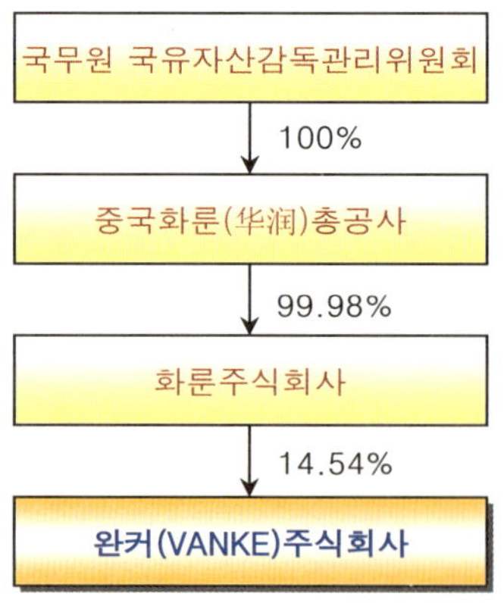

㈜ 회사 자료로부터 KSERI 작성

1984년 5월에 설립된 완커주식회사는 1988년부터 주택개발사업에 본격적으로 참여하기 시작하여 현재는 중국 최대 주택개발회사로 자리잡고 있다. 선전시에 자리하고 있는 완커의 대표이사는 왕쓰(王石)이며, 회사의 지배구조는 앞의 <도표 2>와 같다.

완커의 최대주주는 화룬주식회사(华润股份有限公司)로 14.54%의 지분을 소유하고, 화룬주식회사의 자회사인 화룬(홍콩)이 1.76%를 소유하여 화룬총공사가 16.3%의 지분을 가지고 있다. 국무원 국유자산감독관리위원회가 100% 가까운 지분을 가지고 있는 화룬주식회사의 지배를 받고 있는 완커의 2006년 개발실적은 시공 501만m^2, 준공 328만m^{2}를 기록하고 있다.

또, 완커주식회사의 최근 경영실적을 살펴보면, 아래 <도표 3>에 나타난 바와 같다. 먼저 중국 부동산개발기업들의 전체 매출액 추이를 살펴보면, 2000년부터 가파르게 성장 하고 있는 모습을 보이고 있다. 이는 중국 의 주택정책 변화에 기인한 것으로 보인다. 중국의 주택정책은 지난 1998년 국무원이 발표한 23호령을 근간으로 그 동안 유지해온 주택분배제도를 폐지하고, 2000년부터 이 제도가 완전히 폐지되면서 주택 사유화가 허용되기 시작하였다. 이를 계기로 주택개발사업이 붐을 이루면서 군소 개발업체들이 우후죽순으로 생겨나기 시작했다고 할 수 있다.

2005년 부동산개발업체들의 매출 세부내역을 보면, 전체 매출액의 90%인 1조3,317억 위안이 주택/건물 매매에서 발생했고, 나머지는 토지분양과 임대사업에서 발생한 것으로 나타났다. 이를 기준으로 중국 최대 부동산개발업체인 완커(VANKE)의 2005년 매출액 시장점유율을 추산해보면 대략 0.7%에 불과한 것으로 추정된다.

2006년 완커의 매출액은 178억 위안(약 2조1,538억 원)으로 전년대비 68%의 성장률을 기록하였고, 경상이익과 당기순이익도 72%, 59%가 각각 증가한 34억 위안, 21.5억 위안을 기록하였다. 2000년부터 시작된 도시지

<도표 3> 완커의 최근 경영 현황

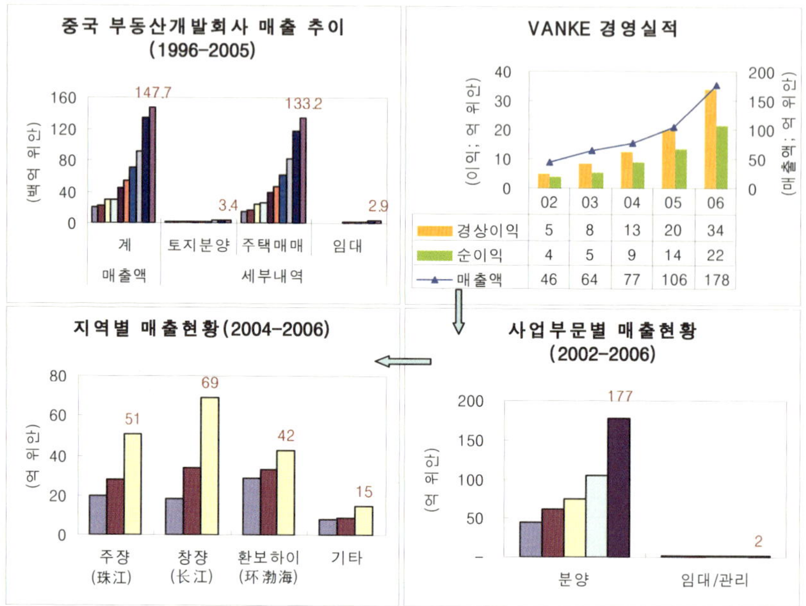

(주) 통계국 및 완커사 자료로부터 KSERI 작성

역 주택개발 붐에 편승하여 완커의 경영실적도 가파르게 증가하고 있다고 할 수 있다.

또 사업부문별 매출실적을 살펴보면, 분양(176.7억 위안)이 99%로 대부분을 차지하고 있다. 또 지역별 매출분포를 살펴보면, 창장(长江) 삼각주권역이[15] 68.69억 위안으로 가장 많은 비중을 차지하고 있고, 이어서 주장(珠江) 삼각주권역이[16] 50.88억 위안, 환보하이(环渤海) 권역이[17] 42.26억 위안을 기록한 것으로 나타나고 있다. 이 3개 권역은 현재 중국 부동산개발이 집중

---

[15] 상하이, 쑤저우(苏州), 항저우(杭州), 난징(南京), 난창(南昌), 우시(无锡) 지역이 이에 해당한다.

[16] 선전(深圳), 광저우(广州), 동꽌(东莞), 중산(中山), 포산(佛山)이 이에 해당한다.

[17] 베이징, 톈진(天津), 선양(沈阳), 따롄(大连), 창춘(长春), 안산(鞍山) 지역이 이에 해당한다.

되고 있는 지역으로, 이 3개 권역을 중심으로 개발업체들이 집중적으로 몰려 있다.

국영기업의 형태로 일찍이 부동산 개발사업에 참여했던 완커의 거래소 상장은 1991년에 이루어졌다. 당시 선전발전은행에 이어 선전거래소에 두 번째로 상장한 완커는 2006년 말 기준, 672.3억 위안(약 8조1,348억 원)의 시가총액을 기록하여 선전거래소 시가총액 1위에 올라있다. <도표 4>에서 최근의 완커사 주가추이를 살펴보면, 2007년 9월 28일 기준 주당 30.2위안(약 3,688원)에 거래되어 1년 전에 비해 5.4배 가량 급등한 것으로 나타나고 있다.

㈜ 선전거래소 자료로부터 KSERI 작성

15. 금융계(China Finance Online)

서브프라임 모기지론 사태로 유럽과 미국 금융시장의 신용경색 현상이 계속되고 있는 가운데, 주가도 급등락을 반복하고 있다. 이런 동요에도 불구하고 중국 상하이 종합주가지수는 서브프라임론 사태 이후에도 오히려 1,000 포인트 가까이 급등하였다. (2007년 10월 기준)

아래의 <도표 1>에서 최근 2년 동안 상하이종합주가지수 추이를 살펴보면, 2006년 11월 20일 2,017 포인트를 돌파하면서 5년 만에 2,000 포인트를 회복하였고, 그 후 2007년 2월 26일에는 3,040 포인트를, 그리고 5월 17일에는 4,048 포인트를, 8월 23일에는 5,032 포인트를 기록하는 급등세를 보였다. 2006년 연말부터 2007년 9월까지 거의 3개월 단위로 1,000 포

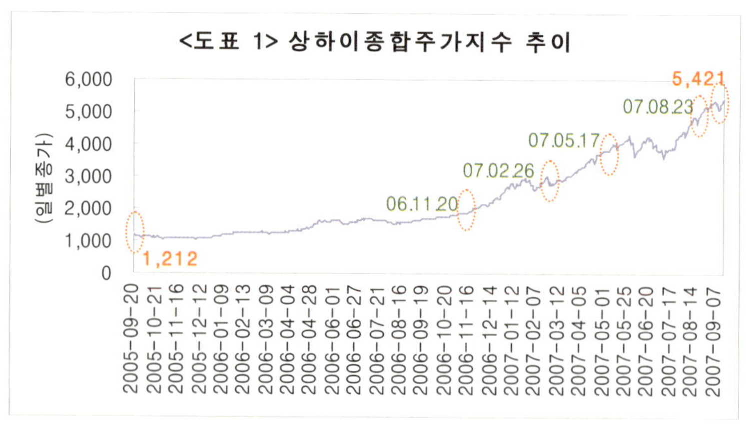

㈜ 상하이거래소 자료로부터 KSERI 작성

인트씩 최고가를 경신하고 있는 셈인 것이다.

이처럼 중국 증시가 초강세를 보임에 따라 홍콩과 뉴욕에 상장했던 주요 대기업들의 국내상장(IPO)이 잇따르고, 중국 증권사들의 영업실적도 전례 없는 호황을 누리고 있는 것으로 나타났다. 특히 증시 열기에 편승되어 관심을 끌고 있는 분야가 바로 온라인 금융서비스업 분야이다.

온라인 금융서비스업의 급속한 발전은 <도표 2>에서 볼 수 있는 것처럼 급증하는 인터넷 보급률과 네티즌들의 급증 그리고 주식 투자열기 등에 기인한다고 할 수 있다. 중국의 인터넷 이용자 증가 추이를 보면, 2002년부터 연평균 20% 이상에 달하는 높은 증가세를 기록하면서 2007년 6월 말 현재 1.62억 명을 돌파하였다.

<도표 2> 중국 온라인 금융서비스 시장 규모

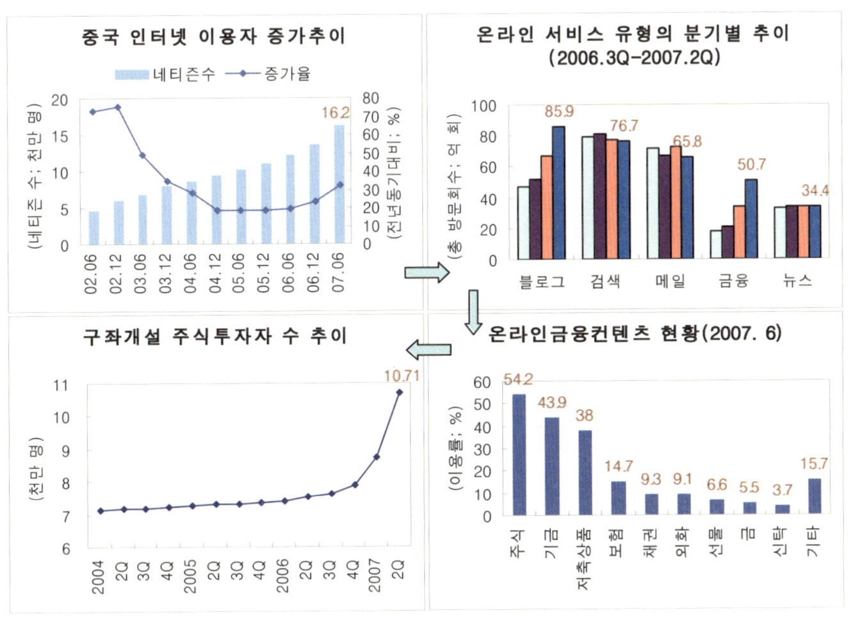

㈜ CNNIC 및 중국 증감위 자료로부터 KSERI 작성

그리고 이들 인터넷 이용자들이 가장 많이 접속하고 있는 컨텐츠로는 블로그를 비롯한 검색서비스, 메일, 금융, 뉴스 검색 등으로 나타나고 있다. 특히 블로그와 온라인 금융 서비스 이용률은 급증세를 보이고 있다. 블로그는 2007년 2분기에만 월 평균 29억 회에 달하는 방문회수를 보이고 있다. 2006년 8월 말 기준으로 중국 전체 네티즌의 14%에 해당하는 1,749만 명이 블로거(blogger)로 등록되어 있고, 총 3,375만 개의 블로그가 형성되어 있어 1인당 평균 2개 정도의 블로그를 가지고 있다고 할 수 있다.

또 온라인 금융서비스 관련사이트를 방문한 횟수는 월 평균 17억 회로 나타났으며, 전기대비 51%의 가장 높은 증가율을 나타내고 있다. 이에 반해, 검색, 메일, 뉴스 등의 컨텐츠 활용도는 정체 내지는 감소세를 보이고 있다. 구체적으로 중국 네티즌들의 온라인 금융서비스 이용 현황을 살펴보면, 주식관련 서비스가 54.2%로 가장 많은 이용률을 나타내고 있고, 이어서 기금 43.9%, 저축상품 38%, 보험 14.7%, 채권 9.3% 등의 순으로 나타나고 있다. 특히 중국 주식 투자자(2007년 6월 기준)의 82%에 해당하는 8780만 명 가량이 온라인을 통해 주식관련 거래 및 정보를 습득하고 있는 것으로 보인다.

이상에서, 중국 증시의 열기와 인터넷 확산이 온라인 금융서비스 시장의 확대로 이어지고 있음을 알 수 있는데, 중국 온라인 금융서비스 업계를 대표하는 '금융계(金融界, China Finance Online)'의 경영현황을 예로 들어 중국 온라인 금융산업 현황을 살펴보기로 하자.

금융계는 1999년 8월 미국의 IDG와 싱가폴의 VERTEX가 공동 출자하여 2000년 1월 1일 차이푸네트워크(財富网络科技(北京)有限公司)를 설립하면서 공식 출범한 회사이다. 금융계는 2000년 2월 18일에 온라인 서비스를 개통하고 중국어를 기반으로 한 온라인 금융서비스를 제공하기 시작하였

다. 그 후 따찬카오(大参考), 따펑바오(大风暴), 따랑타오사(大浪淘沙) 등 각
종 증권투자분석 서비스를 출시하면서 중국 최고의 온라인 금융서비스 회사
로 평가 받아 2004년 10월에는 미국 나스닥에도 상장을 하였다.

금융계는 2006년 하반기부터 본격적인 몸집 불리기에 나선 것으로 보이
는데, 최근까지 벌써 3개 기업을 인수한 것으로 나타났다. 우선 2006년 7
월, 중국 최초의 데이터베이스 회사인 선전쥐링정보기술회사(Genius, 深圳
巨灵信息技术有限公司)를 100만 달러에 인수하여, 중국 증권사와 투자회사
에 금융 관련 데이터 서비스를 제공해주고 있다.

이어서 2006년 8월에는 중국의 유명 온라인 주식사이트인 스탁스타
(Stockstar, 证券之星)를 800만 달러에 인수하였다. 스탁스타는 1996년부
터 온라인 금융서비스를 시작한 중국 최초의 금융사이트로 실시간 정보 업
데이트가 가장 빠르기로 유명하다. 골드만삭스가 2000년에 1천만 위안을
투자하여 상장을 시도하였으나 여의치 않자 금융계에 매각하는 쪽으로 방향
선회를 한 것으로 알려지고 있다.

또 2007년 9월에는 홍콩의 투자회사인 르파투자회사(Daily Growth

<도표 3> 금융계(China Finance Online)의 지배구조 현황(2007. 9)

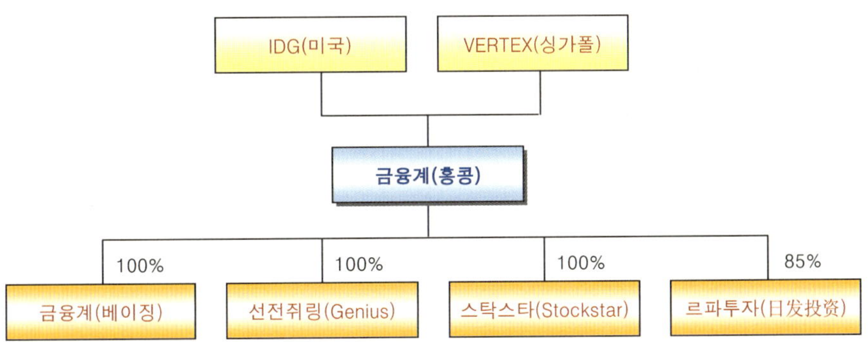

㈜ KSERI 작성

Investment Company Limited, 日发投资有限公司)를 300만 달러에 인수한 것으로 알려지고 있다. 9월 7일 양사가 계약을 체결하고 우선적으로 지분 85%를 인수한다고 발표했다. 이로써 금융계의 지배구조는 <도표 3>에 나타난 바와 같다고 할 수 있겠다.

이처럼 금융계가 M&A를 통해 공격적인 사업확장에 나서고 있는 이유는 경영실적이 좀처럼 개선되지 않고 있는데 기인한 것으로 보인다. <도표 4>에서 금융계의 경영현황을 살펴보면, 2006년 1,2분기 매출액이 악화되고 있는 모습을 보이고 있다.

이에 앞서 중국의 주요 온라인금융 사이트의 방문자수 현황을 살펴보면, 2007년 상반기 현재 종합 온라인 금융서비스를 제공하는 허쉰(和讯)이 가

<도표 4> 금융계의 분기별 경영실적

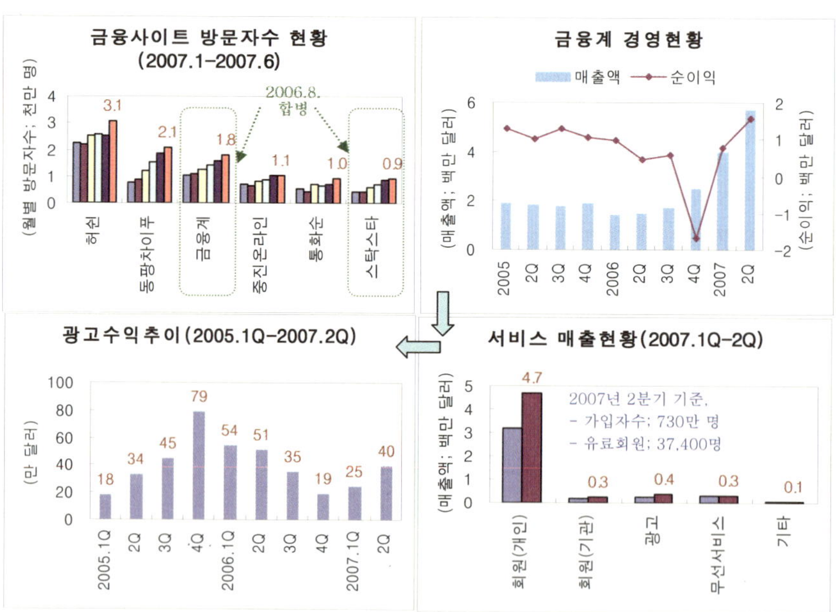

㈜ 회사 자료로부터 KSERI 작성

장 많은 방문자 수를 기록하고 있고, 이어서 동팡차이푸(东方财富), 금융계, 중진온라인(中金在线), 통화순(同花顺), 스탁스타 등의 순으로 나타나고 있다. 이 중 금융계와 스탁스타는 앞서 설명했듯이 2006년 합병을 하였기 때문에 허쉰에 이어 두 번째로 많은 방문자수를 기록하고 있다고 할 수 있다.

금융계의 2006년 총매출액은 713만 달러(약 65.8억 원)로 전년대비 5% 가까이 감소하였다. 2006년 분기별 매출 실적을 살펴보면, 1분기 매출이 141만 달러로 전기대비 25.8% 감소하였고, 2분기 역시 147만 달러로 부진을 면치 못하였다. 이에 매출액이 좀처럼 개선될 기미가 보이지 않자, 3분기에 데이터베이스회사 및 스탁스타를 연이어 인수하면서 매출규모가 크게 증대하였다. 2007년에는 중국 증시의 투기열풍으로 상반기에 970만 달러(약 89.6억 원)의 매출을 기록하여 급신장세를 보이고 있다. 이런 추세대로라면 2007년 매출액은 2천만 달러(약 185억 원)에 달할 것으로 전망된다.

사업부문별 매출 현황을 살펴보면, 유료 회원제 사업이 831만 달러로 전체 매출액의 86%를 차지하고 있으며, 광고 수입은 64.3만 달러로 6.6%에 그치고 있다. 매출의 대부분을 차지하고 있는 유료회원제 사업의 경우, 37,400명이 유료회원에 가입하여 전체 이용자수의 0.5%에 해당한 것으로 나타났다. 또 광고수입은 2005년 4분기를 정점으로 하락세를 나타내고 있다. 2007년에는 다소 개선되는 모습을 보이고 있지만, 이는 스탁스타 인수에 의한 것으로 전년에 비해 크게 늘어나지 않고 있다고 할 수 있다.

한편, 2004년 10월 나스닥에 상장한 금융계는 당시 IPO를 통해 8천만 달러의 자금을 조달하였다. 특히 2007년 들어서면서는 <도표 5>에 나타난 바와 같이 중국 증시 투기열풍을 반영하여 미국에서 거래되고 있는 금융계의 주가 역시 3배 가까운 급등세를 보이고 있다. 7월부터 서브프라임 사태의 여파로 8월 말까지 주춤하는 양상을 보였지만 9월에 다시 반등하는 모습을 보이고 있다. 9월 18일 기준으로 주당 15.12달러(약 13,936원)에 거래되고 있는 것으로 나타났다.

㈜ 나스닥 자료로부터 KSERI 작성

16. 블랙스톤그룹, 中 블루스타그룹 지분 인수

2006년부터 2007년 상반기까지 전세계적으로 헤지펀드들의 M&A 열풍이 최고조에 달했다가 미국의 서브프라임론 사태를 계기로 주춤하는 모습을 보이고 있다. 그런데 최근 이들 글로벌 헤지펀드들이 중국 시장에 진출하여 중국기업에 대한 투자가 가속화될 조짐을 보이고 있다. 이미 칼라일그룹(Carlyle Group)이나 워버그 핀커스(Warburg Pincus) 등 글로벌 헤지펀드들의 중국 기업들에 대한 투자가 성공적으로 이루어지고 있는 가운데, 최근 블랙스톤그룹(Blackstone Group)이 중국 블루스타그룹(藍星集团) 지분을 인수함으로써 더욱 가속화될 전망이다.

미국 최대 헤지펀드인 블랙스톤의 블루스타그룹 지분인수는 블루스타그룹의 3개 계열상장사(星新, 藍星清洗, 沈阳化工)가 9월 11일에 일제히 공시한 《전략적투자자참여에관한공고》를 통해 밝혀졌다. 블랙스톤그룹은 6억 달러를 투자하여 블루스타그룹의 지분 20%를 인수하게 되었다.

이에 앞서 중국 정부는 2007년 5월에 보유외환 30억 달러를 블랙스톤에 전격 투자하였으며, 8월에 열린 국유중앙기업 전략회의에 블랙스톤그룹의 슈워츠맨(Stephen A. Schwarzman) 회장이 참석한 것으로 알려졌다. 당시 슈워츠맨 회장은 블랙스톤그룹이 중국 중앙정부산하 국유기업과의 협력을 강화하고 싶다고 피력하였는데, 9월에 블루스타그룹의 지분인수가 결정된 것이다.

이번에 블랙스톤이 블루스타그룹의 지분을 인수한 근거법은 《국유주이양과관련한소유상장회사주식잠정관리법(国有股东转让所持上市公司股份管理

暫行办法)》이다. 이 법의 주요 골자는 국영기업 인수가격을 산정할 경우 기존의 주당순자산(BPS)[18] 방식에서 주식시가로 변경한다는 것이다. 인수가격 산정기준 변경을 계기로 최근 프랑스의 슈나이더 일렉트릭사(Schneider Electric)는 바오광(宝光)주식회사를, 칼라일은 산동하이화(山东海化) 인수를 포기하거나 잠정 중단하기도 하였다.

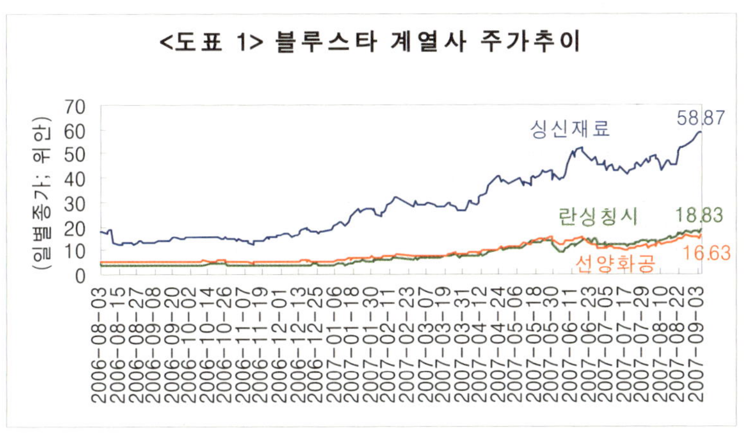

㈜ 각 거래소 자료로부터 KSERI 작성

블루스타그룹의 주식시가를 추론해보기 위해서 상기 <도표 1>에서 3개 상장사의 거래주가를 살펴보기로 하자. 2007년 9월 6일에 일제히 거래중지를 공시하였기 때문에 전날인 9월 5일자를 기준으로 살펴보면, 싱신재료(蓝星化工新材料)가 주당 58.87위안(약 7,241원), 란싱칭시(蓝星清洗)는 주당 18.83위안(약 2,316원), 그리고 선양화공(沈阳化工)이 주당 16.63위안(약

---

18 주당순자산이란 자본총계에서 자산성이 없는 항목(무형자산, 사외유출금)을 차감하고 기말의 발행주식수로 나누어 계산한다.
주당순자산(BPS)＝(자본총계−무형자산−사외유출금)/기말발행주식수

2,045원)에 거래를 마감하였다. 이를 기준으로 이들 3개 상장사의 유통주 시가총액을 추정해보면 대략 148.77억 위안으로 계산된다. 블랙스톤그룹이 투자한 6억 달러는 9월 5일자 위안화 환율인 달러당 7.554달러를 적용하면 45.32억 위안이 되며, 이는 정확히 블루스타그룹 유통주 시가총액의 30%에 해당한다.

일반적으로 사모펀드는 거래소를 통해 자금을 모집하는 공모방식과는 달리 보통 대형 연기금이나 기관 투자자들로부터 비공개로 투자 모집하여 자금을 확보한다. 그리고 주로 자산가치나 기업가치가 저평가되어 있는 기업을 대상으로 기업주 또는 기업 경영진에게 직접적인 M&A 위협을 가하거나 고배당 요구 등을 내세워 직접 협상에 나서도록 함으로써 투자기업을 인수하거나 막대한 시세차익을 얻는 방식을 취한다.

중국의 경우는 상당수 대기업들이 국영기업으로, 국가 전략산업에 대해서는 외국인 지분보유와 경영권 행사에 상당히 민감한 반응을 보이고 있기 때문에 글로벌 헤지펀드들의 중국 투자실적이 상대적으로 저조했던 것이 사실이다. 그러나 블루스타그룹은 국무원국유자산관리위원회가 100% 지분을 소유하고 있는 국영기업임에도 불구하고 블랙스톤의 지분 인수가 매우 신속하고 순조롭게 진행되었다는 것은 매우 이례적인 경우라고 할 수 있겠다. 이를 계기로 글로벌 헤지펀드들의 중국 기업들에 대한 지분투자가 한층 가속화될 가능성이 높아질 것으로 보여 귀추가 주목된다.

블랙스톤그룹은 1985년 피터 피터슨(Peter G. Peterson)과 스테판 슈워츠맨(Stephen A. Schwarzman)이 40만 달러로 공동 설립한 헤지펀드로, 현재는 기업사모펀드(Corporate Private Equity), 부동산투자, 대체자산(Alternative Asset)운용, 금융자문서비스 등으로 사업영역을 다각화하고 있다. 또, 헤지펀드로는 포트리트인베스트먼트에 이어 두 번째로 지난 6월 뉴욕증시에 상장하면서 IPO 를 통해 78억 달러를 조달하는데 성공하였다. 이 중 30억 달러는 앞서 언급했듯이 중국정부가 투자한 것이다.

이처럼 헤지펀드들이 상장하는 것에 대해 일각에서는 헤지펀드나 사모펀드에 대한 시장규제가 강화되면서 자금조달 환경이 악화되고 있다는 증거라고 주장하고 있다. 그런가 하면, 헤지펀드 업계의 구조조정 과정이라고 해석하는 사람도 있다. 어느 경우이든 서브프라임론 사태로 세계 경제가 불안해지고 각국 중앙은행이 유동성과잉 흡수를 위해 금리인상 움직임을 보임에 따라 그 동안 헤지펀드 붐을 부채질했던 초저금리 차입자금(캐리 트레이드)을 활용하기가 전처럼 용이하지 않은 데에 기인하고 있는 것으로 볼 수 있다.

다음의 <도표 2>는 블랙스톤의 기업사모펀드 투자현황을 정리한 것으로, 2000년 이후 투자 국가와 업종이 점차 다양해지고 있음을 보여주고 있다. 가장 최근의 중국 블루스타그룹 투자를 비롯하여 힐튼호텔, 얼라이언스데이터시스템즈(Alliance Data Systems), 프리스케일(Freescale)반도체, 닐슨(Nielsen), 센터팍스(Center Parcs), 덴마크의 텔레덴마크(Tele-Denmark) 등 인프라 산업에서부터 테마파크, 멀티플렉스, 레저시설, 호텔, 제약 등 다양한 산업에 걸친 투자가 이루어지고 있다.

우선 업종별 투자건수를 보면, 최근 들어서면서 건강/의료, 미디어, 엔터테인먼트 산업에 대한 투자가 빈번하게 이루어지고 있고, 통신산업의 경우는 2000년에 10건의 투자가 이루어졌을 뿐 2005년 이후에는 3건에 불과하다. 또, 투자규모 면에서는 IT 산업(반도체, 솔루션)에 대한 투자가 358억 달러(3건)로 가장 높게 나타나고 있고, 이어서 호텔(힐튼호텔)이 260억 달러, 미디어(4건) 163.1억 달러, 엔터테인먼트(5건) 161.1억 달러 등의 순으로 나타나고 있다.

<도표 2> 블랙스톤(Blackstone)그룹의 기업사모펀드 투자현황

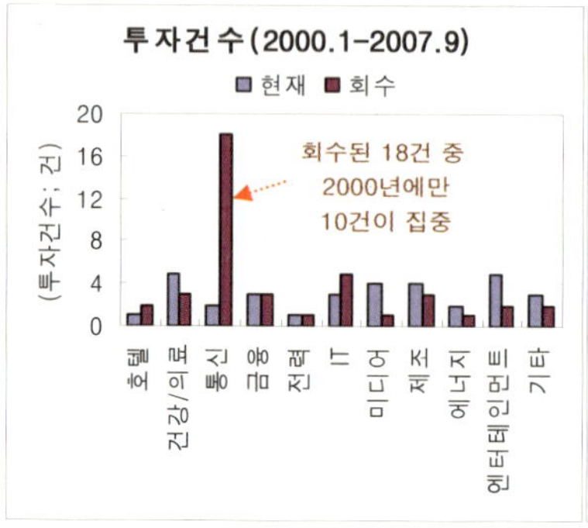

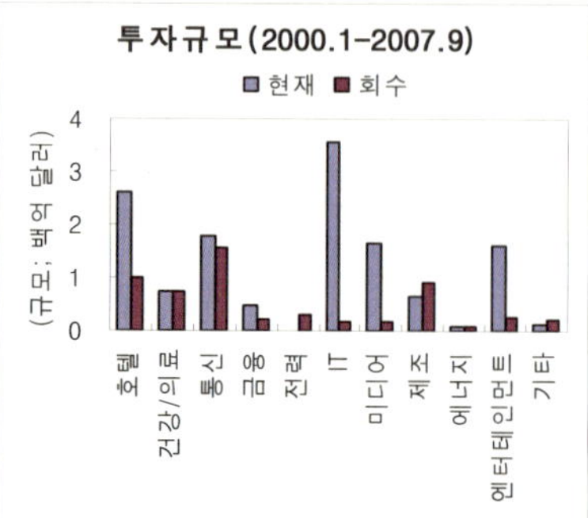

	투자대상	투자액 (억 달러)	사업영역
2007. 9	Bluestar	6	화공
2007. 7	Hilton Hotel	260	호텔
2007. 5	RGIS Inventory	–	소매
2007. 5	Alliance Data Systems	78	솔루션
2007. 4	Pharmaceutical Technologies and Services	32	제약
2006. 12	United Biscuits	31.95	제과
2006. 12	Freescale	160	반도체
2006. 12	Tragus	5.49	레스토랑체인
2006. 11	ReAble Therapeutics	9.03	건강/의료
2006. 10	Gold Toe-Moretz	4.66	소비재
2006. 10	Michaels Stores	60	예술품 판매
2006. 8	Travelport	45	여행
2006. 8	Emcure	3.66	건강/의료
2006. 8	US Shipping	5	정제유 운송
2006. 5	Cumulus Media Partners	12.72	미디어(라디오방송국)
2006. 5	Nielsen	127	미디어(시장정보)
2006. 5	Center Parcs	14.07	레저시설
2006. 4	HealthMarkets	18.71	보험
2006. 4	Deutsche Telekom	35.1	통신
2006. 2	Orangina	23	음료제조
2006. 1	Montecito	2.64	미디어(TV방송국)
2005. 12	Ariel	10.29	재보험
2005. 11	Team Health	10.37	건강/의료
2005. 11	TeleDanmark	144.35	통신
2005. 10	Sithe	0.7	전력설비
2005. 8/ 2006. 11	Merlin Entertainments Group	36	테마파크
2005. 8	SunGard	120	솔루션
2004. 12	Gerresheimer	7.03	유리포장
2004. 10	Cine-UK	5.99	멀티플렉스
2004. 9	Vanguard Health	18.95	의료시설
2004. 5	Freedom Communications	20.69	미디어(신문/TV)
2003. 3	Kosmos	3	에너지
2003. 12	FGIC	19.46	보험

	투자회수 기업	투자액 (억 달러)	사업영역
2005. 4	Global Tower	3.32	모바일통신
2004. 12	Texas Genco	30.28	전력판매
2004. 11	New Skies	9.08	통신(위성서비스)
2004. 9	Southern Cross	21.66	건강/의료
2004. 7	Foundation Coal	9.67	탄광
2004. 6	Primacom	0.25	통신(케이블)
2004. 5	Extended Stay America	36.02	호텔
2004. 4	Celanese	40.81	화학/제약
2004. 1	SULO	5.9	폐기물처리
2003. 11	Nalco	42.35	화학
2003. 11	Spirit Group	64.64	호텔/Pub
2003. 6	Kabel BW	1.16	통신(케이블)
2003. 6	Kabelnetz NRW	0.16	통신(케이블)
2003. 2	TRW Automotive	45.73	차량안전제품
2002. 12	Houghton Mifflin	16.72	출판(교육)
2002. 11	Nycomed	12.67	제약
2002. 9	Charter Communications	1.4	통신(케이블)
2002. 6	Columbia House	4.11	홈엔터테인먼트
2002. 6	Aspen	6.72	보험
2002. 5	Adelphia	1.18	통신(케이블)
2001. 11	Axis	15	보험
2001. 10	Crowley Digital Wireless/Salmon PCS	0.5	통신(이동통신)
2000. 11	LIFFE	0.96	금융(선물거래시스템)
2000. 6	iPCS	3.3	통신기기제조
2000. 6	Ish	52.05	통신(케이블)
2000. 6	Nupremis	0.46	인터넷데이터운영
2000. 6	Universal Orlando	20.65	테마파크
2000. 6	CTI Holdings	24.17	통신(이동통신)
2000. 5	Crowley Wireless	0.79	통신(이동통신)
2000. 5	PhoneFree	1.21	통신(인터넷전화)
2000. 4	AlphaDog	0.5	웹구매시스템
2000. 4	Novo Networks	12	인터넷서비스
2000. 3	StorageApps	2.3	스토리지솔루션
2000. 3	Abilizer Solutions	2.16	인트라넷포털구현
2000. 3	Axtel	6	통신
2000. 3	Viatel	34.65	통신
2000. 2	Western Integrated Networks	8.28	통신
2000. 2	PaeTec	3.59	통신
2000. 2	Knology	5.59	통신(케이블)
2000. 1	Utilicom	2.52	통신(케이블)
2000. 1	Sirius Satellite Radio	15.91	위성라디오서비스

㈜ KSERI 작성

이제 중국의 블루스타그룹에 대해 간략하게 살펴보기로 하자. 블루스타그룹은 중국화공그룹(ChemChina)이 관리하는 중앙정부 국영기업으로 케미칼

신재료 및 특수 케미칼 제품을 주로 생산하는 그룹으로, 본사는 베이징에 위치해 있고, 자산규모는 300억 위안(약 3.7조 원) 가량이다. 지난 1984년 9월 중국 원료화학공업부 부설연구소 연구원 8명이 중국 최초의 클리너회사를 설립하면서 시작되었으며, 1996년에 원료화학공업부의 지원을 받아 블루스타그룹으로 정식 출범하게 되었다. 이후 2004년 국무원 승인 하에 중국화공그룹이 설립되면서 아래 〈도표 3〉에 나타난 바와 같이 블루스타그

〈도표 3〉 블루스타그룹의 지배구조 현황

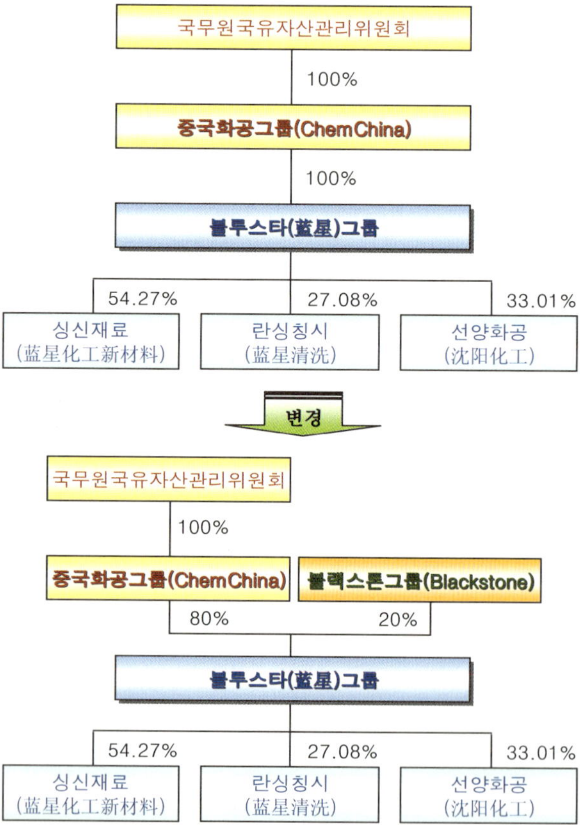

국무원국유자산관리위원회
100%
중국화공그룹(ChemChina)
100%
블루스타(藍星)그룹
54.27%
27.08%
33.01%
싱신재료
(藍星化工新材料)
란싱칭시
(藍星清洗)
선양화공
(沈阳化工)
변경
국무원국유자산관리위원회
100%
중국화공그룹(ChemChina)
블랙스톤그룹(Blackstone)
80%
20%
블루스타(藍星)그룹
54.27%
27.08%
33.01%
싱신재료
(藍星化工新材料)
란싱칭시
(藍星清洗)
선양화공
(沈阳化工)

㈜ KSERI 작성

룹은 화공그룹 계열사로 편입 구조조정되었고, 현재는 그룹 산하에 싱신재료, 란싱칭시, 선양화공 등 3개 상장계열사를 두고 있다. 이번 인수절차가 마무리되면 향후 지배구조는 <도표 3>의 하단과 같이 변경될 것이다.

다음에 <도표 4>에서 블루스타그룹의 경영실적을 살펴보면, 앞서 설명했듯이 중국화공그룹의 계열사인만큼 케미칼 제품 생산이 주류를 이루고 있다. 3개 상장사의 2006년 매출액을 살펴보면, 싱신재료는 전년대비 50%가 증가한 37.35억 위안을 기록하였고, 란싱칭시는 71%가 증가한 10.77억 위안을, 그리고 선양화공은 20%가 증가한 41.45억 위안을 기록한 것으로 나타나고 있다.

<도표 4> 블루스타의 최근 경영현황

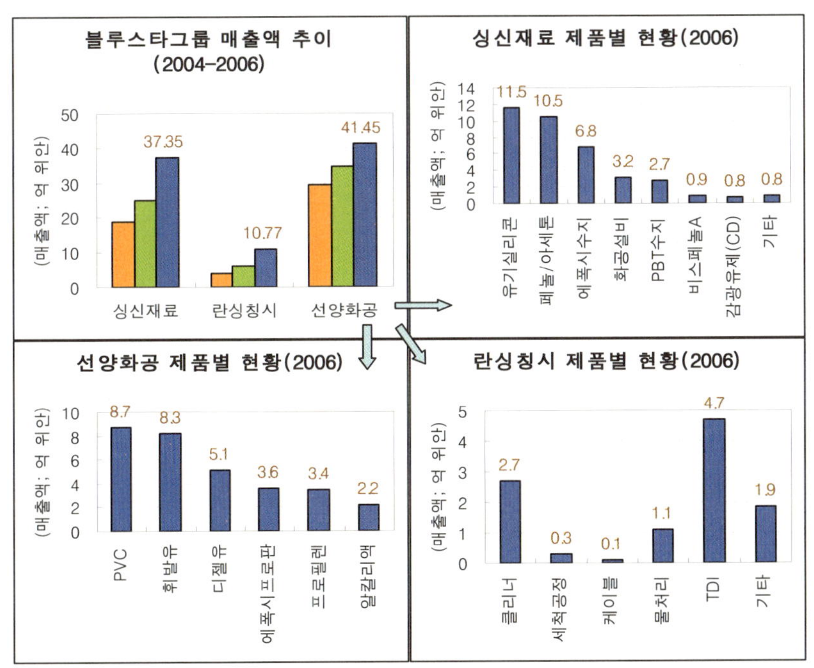

㈜ 각사 자료로부터 KSERI 작성

또 각 회사의 제품별 매출액을 살펴보면, 우선 케미칼 재료 및 합성원료를 주로 생산하고 있는 싱신재료는 유기실리콘이 전체 매출액의 31%에 해당하는 11.5억 위안으로 가장 많으며, 이어서 페놀/아세톤 28% 10.5억 위안, 에폭시수지 16% 6.8억 위안의 순으로, 이들 3개 제품이 회사 전체 매출액의 75%를 차지하고 있다.

란싱칭시는 클리너를 비롯한 세척제품 생산으로 출발하였으나, 최근에는 TDI 생산에 보다 중점을 두고 있는 듯하다. TDI 의 용도는 건축단열재, 의자, 자동차시트, 고무접착제, 섬유처리제, 인조가죽, 페인트 등의 원료로 사용되고 있다. 2006년 TDI 매출은 4.7억 위안으로 란싱칭시 매출액의 44%를 차지한 것으로 나타나고 있다.

마지막으로 석화제품 및 가공, 자동차도색제품을 전문으로 생산하고 있는 선양화공의 2006년 제품별 매출액은, PVC 가 8.7억 위안, 휘발유 8.3억 위안, 디젤유 5.1억 위안, 에폭시프로판 3.6억 위안, 프로필렌 3.4억 위안을 기록하였다.

17. 상하이시의약주식회사(SHAPHAR)

세계 대다수 국가들이 차세대 성장동력 산업으로 바이오산업을 강화하고 있으며, 우리나라 역시 10대 성장동력 산업군에 바이오산업이 포함되어 있을 만큼 전세계적으로 바이오산업에 대한 관심이 뜨겁다. 바이오산업은 바이오테크놀로지를 기반으로 하는 제품을 생산하는 산업을 의미하는 것으로, 무한한 발전 가능성을 내포하고 있는 동시에 막대한 예산과 오랜 시간을 투자해야 하는 고위험 산업이기도 하다. 바이오산업은 신약 치료제 개발을 중심으로 하는 바이오의약과 바이오기기, 바이오인포메틱스, 바이오매스, 바이오 에너지 등으로 다양하다. 이 중에서도 신약개발을 비롯한 생물의약 분야가 가장 큰 비중을 차지하고 있다. 이에 이번 중화경제동향에서는 세계 바이오산업의 동향과 중국 최대 제약회사인 상하이시의약주식회사(SHAPHAR, 上海市医药股份有限公司)의 경영현황에 대해 살펴보고자 한다.

우선 바이오산업의 핵심인 바이오테크놀로지(Biotechnology, BT)는 일반적으로 생물공학 또는 생명공학으로 알려져 있으나, 이에 대한 정의와 대상은 시대에 따라 크게 변화하고 있다. 현재는 생명과학 전체 분야를 학제간 구별 없이 연구하는 기초적 학문과 이를 기반으로 하는 새로운 기술개발을 목적으로 삼는 응용분야를 모두 내포하고 있다. 즉, 유전자의 재조합(rDNA)이나 세포융합 등의 기술을 바탕으로 의료, 농업, 환경 등 다양한 분야에 걸친 응용이 시도되고 있다.

<도표 1>은 OECD가 지난 2005년에 발간한 자료를 바탕으로 바이오산

<도표 1> 바이오산업의 분류

대상		응용 분야
인체 건강		유전자재조합(rDNA)에 의한 분자치료법 등
		기타 치료, 시약기술 등
		인공뼈, 인공피부 등
		진단
수의(Veterinary)		상동(上同)
농업	유전자 변형 (GM)	과실, 원예작물 등의 GM 식물
		농업 목적의 GM 동물
		GM 어류
		GM 나무
		농업 목적의 GM 미생물(예, 해충박멸)
	비유전자 변형 (non-GM)	과실, 원예작물 등의 non-GM 식물
		농업 목적의 non-GM 동물
		non-GM 어류
		non-GM 나무
		농업 목적의 non-GM 미생물
		진단
자연자원		채굴: 미생물을 이용한 채굴 등
		원유/에너지: 미생물을 이용한 채취 등
		기타 자원 응용
환경		진단
		식물환경정화를 포함한 토양정화
		폐수처리
		정화생성과정
산업가공		기업에 적당한 특정 바이오기술
불특정 응용		연구

㈜ OECD(2005) 자료로부터 KSERI 작성

업을 분류 정리한 것인데, 인체건강(Human Health)을 비롯한 농업, 자연자원, 환경, 산업가공 등 다양한 분야에 걸쳐 광범위하게 분포되어 있다. DNA/ rDNA를 기반으로 한 유전학이나 단백질 분자구조 복합체, 신약/치료제 개발 등이 인체 및 동물을 대상으로 하는 바이오산업으로 분류되고 있다.

또 농업에 있어서는 농산물 수확량을 획기적으로 증대시키는 유전자변형농작물(GM, Genetically Modified), 산업적 측면에서는 미생물을 이용한 석탄, 원유, 천연가스 채굴산업과 토양/폐수 정화과정 등이 모두 바이오산업의 범주에 포함된다.

이처럼 바이오산업의 응용분야가 확대되면서 세계 각국들은 막대한 예산을 투입하고 있다. 바이오산업은 여타 산업과 달리 오랜 시간의 연구개발과 대규모의 집중투자를 요하는 고위험 산업이기 때문이다. 예컨대 바이오 신약개발의 경우, 그에 소요되는 비용은 대략 9~12억 달러 정도가 소요되는 것으로 알려져 있다. 이렇게 막대한 투자가 소요되는 가운데, 실제로 상품화되어 환자에게 투여되기까지는 대략 12년 정도가 소요된다. 그런데 개발된 신약의 특허기간은 특허 취득 후 상용화까지 소요되는 개발기간을 포함하여 20년에 불과하므로, 제약회사 입장에서는 엄청난 부담일 수 밖에 없다. 바로 이런 점에서 바이오 산업은 선진국과 후진국, 대기업(다국적기업)과 중소기업간의 양극화가 심화되고 있는 대표적인 산업이라고 할 수 있다.

아래의 <도표 2>에서 세계 바이오산업의 현황을 살펴보면 국가간 양극화 현상이 더욱 분명해진다. 각국별 바이오관련 연구개발비용 규모(2003년 기준)를 보면, 미국이 168억 PPP달러(구매력 환산 달러가치)로 영국의 8배, 독일의 12배, 중국(상하이)과는 84배라는 엄청난 격차를 보이고 있다.

바이오산업에 종사하는 R&D인력을 보면, 미국이 7.4만 명 가량으로 압도적으로 많고, 영국이 1만 명, 독일 8천 명, 한국 7천 명, 캐나다 6천 명 등의 순으로 나타나고 있다. 중국(상하이 기준)의 경우는 대략 1천 명 정도가 연구인력으로 종사하고 있는 것으로 집계되었다. 분야별 R&D 투자현황을 살펴보면, 세계 3대 투자국인 미국, 영국, 캐나다와 중국 상하이 모두 인체건강분야 연구개발에 가장 많은 투자를 하고 있는 것으로 나타나고 있다. 중국의 경우에는 건강 이외에 농식품 연구개발비 비중이 여타 선진국가에

<도표 2> 세계 바이오산업 현황

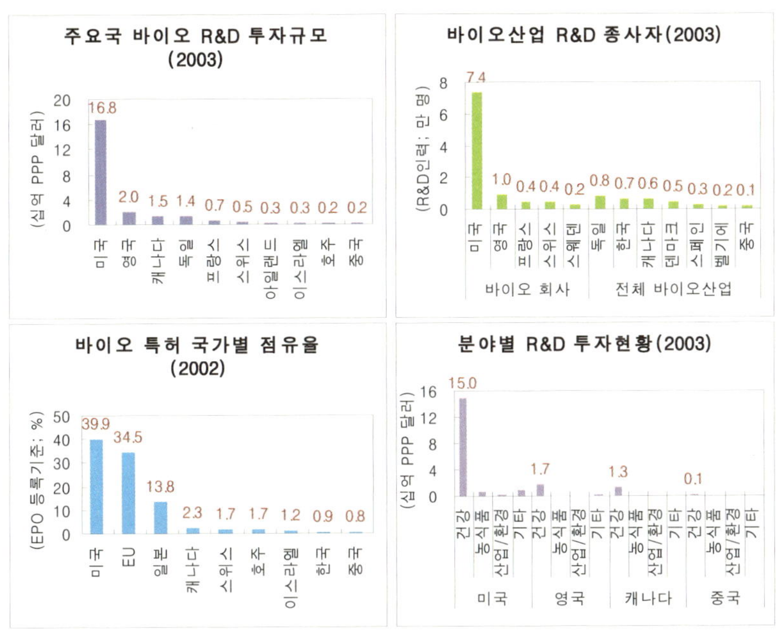

㈜ OECD(2006) 자료로부터 KSERI 작성. 중국은 상하이 기준임.

비해 상대적으로 높게 나타나고 있다.

이처럼 세계 바이오산업은 미국을 선두로 캐나다와 유럽 선진국들이 주도하고 있고, 중국의 바이오산업은 아직 초기단계라고 할 수 있겠다. 이는 중국 제약산업의 현황을 대변하고 있다고도 할 수 있다. 제11·5기간(제 11차 5개년 계획, 2006-2010년)의 의약산업 목표를 살펴보면, 신약개발보다는 의약완제품 및 유통질서 투명화에 역점을 두고 있다. 이를 위해 중국 정부는 세계 주요 다국적 제약사들의 적극적인 투자유치를 통해 기술이전에 지대한 관심을 보이고 있는데, 다국적 제약기업들 역시 아래의 <도표 3>에 나타난 바와 같이 중국시장에 계속 진출을 하고 있다. 하지만 이들 다국적

149

<도표 3> 주요 다국적 제약기업 중국 투자현황

다국적 제약기업	투자규모(억 달러)	중국회사명
Johnson & Johnson	0.41	上海强生制药有限公司
	–	西安杨森制药有限公司
Pfizer	5	辉瑞制药有限公司
	–	上海辉瑞投资公司
	0.35	苏州胶囊有限公司
GSK (GlaxoSmithKline)	2.3	葛兰素史克有限公司
	0.3	上海史克必成生物制品有限公司
Sanofi-Aventis	–	杭州赛诺菲安万特民生制药有限公司
	–	塞诺菲–按万特投资有限公司
Novartis	1	诺华公司
Roche	1.5	罗氏公司
	–	罗氏投资有限公司
AstraZeneca	1.7	阿斯利康公司
Merck(MSD)	0.3	杭州默沙东制药有限公司
Wyeth	0.3	惠氏制药有限公司

㈜ KSERI 작성

제약사들의 중국진출은 신약개발이나 기술이전 보다는 약품판매의 다원화 및 신규투자 발굴에 기인하는 것이 대부분이라고 할 수 있다.

이제 중국 최대 제약회사인 상하이시의약주식회사에 대해 살펴보기로 하자. 상하이시의약주식회사는 상하이의약그룹(上海医药集团)의 자회사였던 상하이시의약회사와 상하이의약공업판매회사, 그리고 상하이톈핑(上海天平) 제약회사가 구조조정을 거쳐 1998년 설립된 제약회사이다. 상하이시의약은 2006년 7월부터 지배구조 개혁을 시작하였는데, 현재의 지배구조는 다음의 <도표 4>에 정리된 바와 같이 모회사인 상하이의약그룹이 최대주주로

<도표 4> 상하이시의약주식회사 지배구조 현황

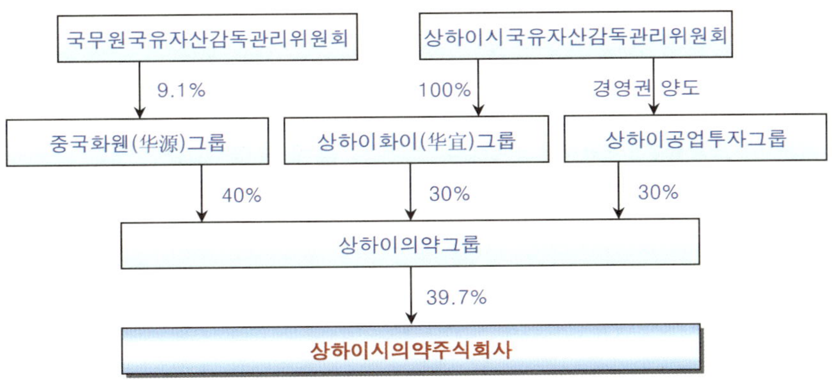

㈜ 회사 자료로부터 KSERI 작성

의 지분을 소유하고 있다.

주요 사업영역은 화학약품, 항생제, 바이오약품, 중의약, 의료기기, 제약설비 등을 생산하고 있으며, 최근 경영실적은 <도표 5>에 나타난 바와 같다. 먼저, 다국적 제약사와 상하이의약의 최근 매출액 추이를 보면, 2006년 말 기준으로 Johnson & Johnson사가 533억 달러로 가장 높은 매출을 기록하였다. 이어 Pfizer가 484억 달러, GSK(GlaxoSmithKline) 468억 달러, Sanofi-Aventis 387억 달러, Novartis 360억 달러로 세계 5위 제약업체를 형성하고 있다. 이에 비해, 중국 최대 제약회사인 상하이의약은 15억 달러 매출에 그쳐 다국적 제약기업들의 매출과는 현격한 격차를 보이고 있다.

상하이의약의 매출액은 증가세를 보이고 있지만, 원가 역시 상승하고 있어 영업이익은 오히려 감소하는 모습을 보이고 있다. 부문별 매출액 분포를 보면 약품 및 의료기기 판매가 전체 매출액의 96%를 차지하고 있는 것으로 나타나고 있다. 지역별로는 상하이 지역의 매출이 81% 가량으로 대부분을 차지하고 있다.

<도표 5> 상하이의약주식회사의 최근 경영현황

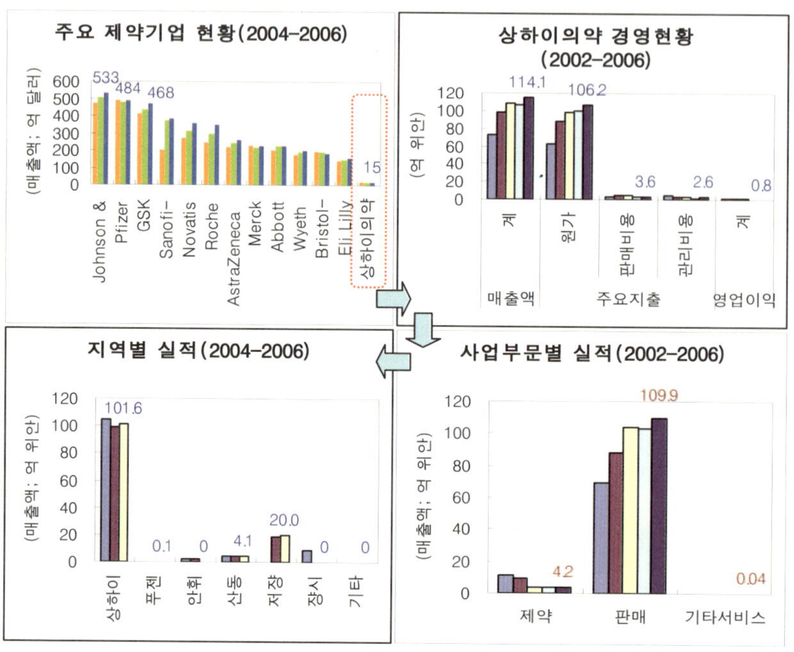

㈜ 회사 자료로부터 KSERI 작성

마지막으로 최근 주가 추이를 살펴보자. 1998년 구조조정을 통해 설립된 상하이의약주식회사는 같은 해 9월 9일 상하이거래소에 정식 상장하였다. 주가는 2007년 중국 증시의 과열에 힘입어 1년 전에 비해 대략 3배 가량 급등세를 보이고 있다. 2007년 9월 6일 기준으로 시가총액은 87.5억 위안(약 1조585억 원)이며, 주당 15.37위안(약 1,860원)에 거래되고 있다.

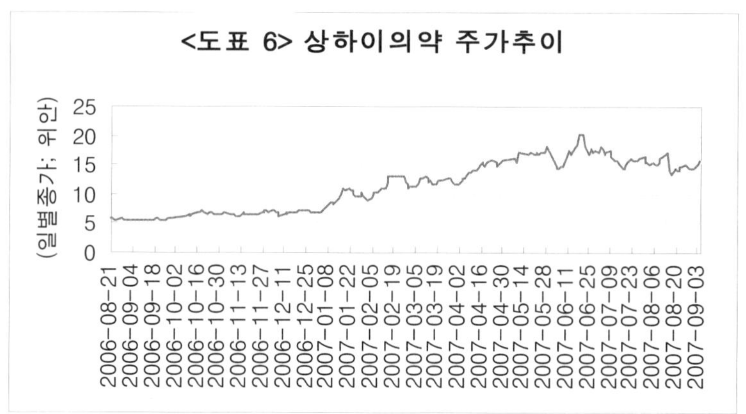

㈜ SSE 자료로부터 KSERI 작성

18. 천밍제지(Chenming Paper)

2007년 8월 23일 상하이종합주가지수가 사상 처음으로 5,000 포인트를 돌파한 후 5,100 포인트를 중심으로 등락을 반복하고 있다. 또, 상하이와 선전 두 거래소의 A주식 거래지수를 나타내는 SS300(沪深300)[19]의 경우는 8월 28일에 5,200 포인트마저 돌파하였다. 특히 2007년 SS300의 주가급등을 주도하고 있는 업종은 의약과 원자재, 소비재산업이라고 할 수 있는데, 이 중에서도 비철금속, 철강, 석탄, 제지업 관련주들이 투자자들의 높은 관심을 끌고 있는 것으로 나타났다. 이에 이번 중화경제동향에서는 중국 최대 제지업체이자 SS300에 포함되어 있는 천밍제지그룹(山东晨鸣纸业集团股份有限公司, Cheming Paper)에 대해 소개해보기로 한다.

제지산업은 생산활동과 문화생활에 필요한 소재산업이자 대규모 설비투자를 요하는 자본집약적 장치산업인 동시에, 자원(폐지) 재활용이 점차 중요시되는 환경산업이기도 하다. 종이제품이 만들어지기까지의 생성과정은 아래의 <도표 1>에 나타난 바와 같은데, 종이의 원료인 펄프는 크게 세 가지로 구분된다. 우선 종이의 주원료는 목재이고, 이 중에서 화학약품을 쓰지 않고 나무 그대로 사용하는 목재펄프는 대부분 나무를 갈아서 만들기 때문에 그라운드펄프 또는 기계펄프라고 불린다. 그리고 전세계 종이원료의

---

[19] SS300(沪深300)은 상하이와 선전거래소의 A주식에 상장되어 있는 기업 중 규모와 유동성, 그리고 사업실적을 기준으로 상위 300개 기업의 주가지수를 나타내는 지표로, 이들 기업의 시가총액은 두 거래소 시가총액의 60% 이상을 차지하고 있다. 즉, 두 거래소 A주식의 주가추이를 가늠할 수 있는 지수라 할 수 있다.

<도표 1> 종이 제조과정

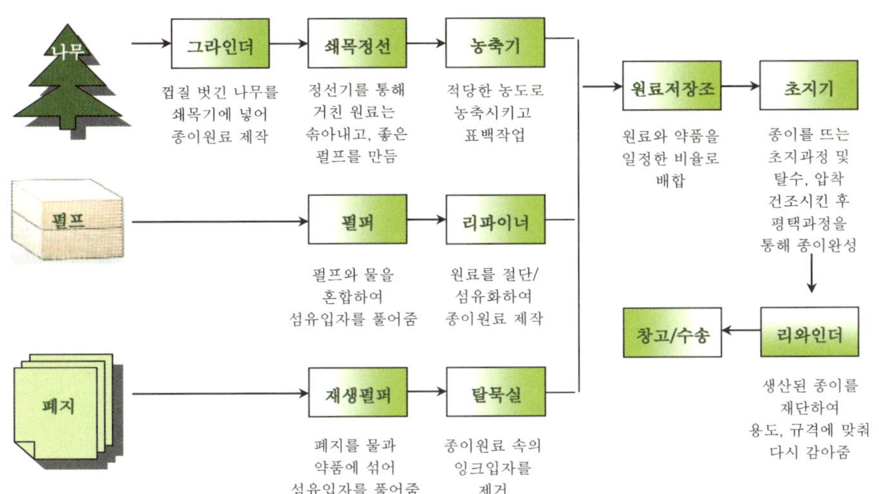

<도표 2> 종이의 분류

대분류	중분류	용 도
신문용지	권취지	신문인쇄용지(두루마리)
	평판지	평판으로 재단된 용지(속청갱지)
인쇄용지	백상지	고급서적, 고급인쇄물, 복사지 등에 이용
	아트지	달력, 카달로그 등에 쓰이는 코팅 종이
	중질지	신문용지와 백상지 중간품질로 일반서적, 교과서, 잡지 등에 사용
크라프트지	–	중포대(시멘트 등), 소포포장 등에 이용
기타지	위생용지	화장지, 미용지, 타올 등 위생관련 종이
	박엽지	사전, 유리그릇 포장 등에 이용되는 얇은 종이
	기타	인화지, 여과지, 도화용지 등 특수 종이류
백판지	도공백판지	약품, 의류, 신발상자 등 코팅된 포장용 종이
	비도공백판지	용도는 도공백판지와 같으나, 코팅되지 않음
골판지원지	라이너	전자제품, 농산물 등의 포장상자를 만드는 골판지 표면에 사용(외장/내장으로 구분)
	골심지	라이너와 함께 상자를 만드는 골판지의 중간부분
기타 판지	–	그림엽서 등에 이용되는 고급판지(아이보리)

㈜ 한국제지공업연합회 자료로부터 KSERI 작성

70% 가까이 사용되고 있는 화학펄프는 주원료인 목재에 화학 처리함으로써 얻어지는 섬유물질을 말하고, 최근 각광 받고 있는 재생펄프는 이미 만들어져 있는 종이를 재활용하여 펄프를 얻어내는 것이다. 재생펄프의 경우 제지공장에서 여러 공정을 거쳐 재활용 펄프로 만드는데, 인쇄잉크를 제거하는 탈묵 과정과 그것을 다시 정선하고 표백하는 과정이 가장 중요하다.

또 종이는 코팅의 유무, 펄프의 종류, 사용기능 등에 따라 분류할 수 있는데, 아래의 <도표 2>는 기능별로 분류한 종이 종류를 나타내고 있다. 이 중 인쇄용지와 골판지가 가장 널리 사용되고 있으며, 이 두 종류가 전세계 종이 생산량의 62.4% 가량을 차지하고 있다. 인쇄용지는 일반적으로 코팅의 유무에 따라 분류가 가능한데, 아트지는 코팅지로, 백상지는 비코팅지로 분류된다. 또, 골판지는 산업용 포장재로써 골판지 시트 안팎의 라이너와 중간 부분인 골심지로 구성되어 있는 골판지 원지에 대한 소비가 가장 많다.

이제, 세계 제지산업 및 중국 제지산업의 현황에 대해 살펴보기로 하자. 아래의 <도표 3>에서 볼 수 있는 바와 같이, 전세계적으로 제지산업은 북미 지역의 미국과 캐나다, 북유럽국가인 핀란드와 스웨덴, 그리고 아시아의 중국과 일본 등 삼림자원국가를 중심으로 발달되어 있다.

특히 미국과 중국이 세계 제지산업의 양대 산맥으로 분류되고 있다. 2005년 말 기준으로 미국은 8,263만 톤 생산에 8,970만 톤을 소비하였고, 중국은 5,600만 톤 생산에 5,930만 톤을 소비함으로써 중국의 종이 생산 및 소비규모는 미국의 2/3가량 수준으로 나타나고 있다. 그런가 하면 캐나다, 핀란드, 스웨덴, 브라질, 인도네시아, 러시아가 주요 제지 수출국으로 나타나고 있는 반면, 미국과 중국, 일본 등은 수요가 생산을 초과하여 수입국으로 나타나고 있다. 이 중 중국의 제지 수급 추이를 살펴보면, 전체적으로 수요가 생산을 초과한 가운데 생산량이 매년 지속적으로 증가하면서 수급불균형

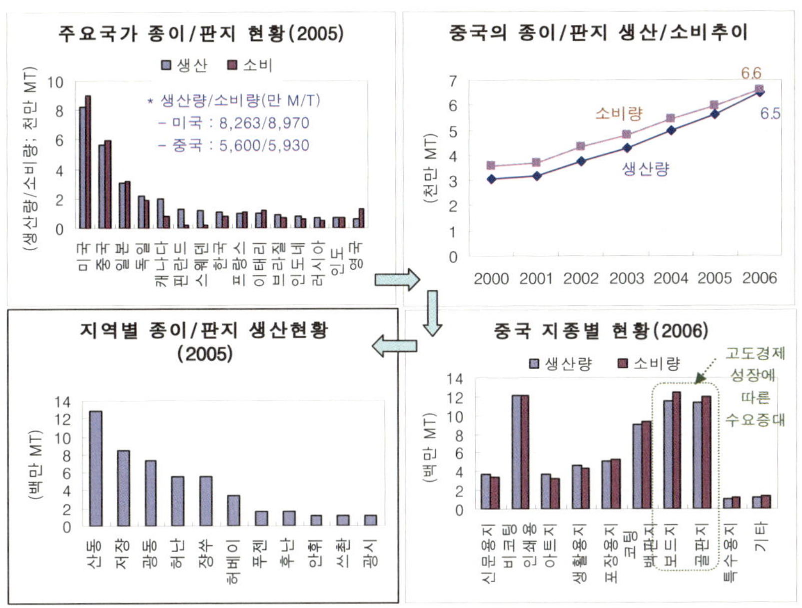

㈜ 각종 자료로부터 KSERI 작성

이 점차 해소되고 있는 모습을 보이고 있다.

또 2006년 중국의 지종별 생산 현황을 살펴보면, 인쇄용지(비코팅)가 1,220만 톤으로 가장 많이 생산되었고, 이어서 보드지(판지)와 골판지가 각각 1,150만 톤, 1,130만 톤 생산된 것으로 나타나고 있다. 이들 3 종류 종이제품 생산량이 중국 전체 제지생산량의 54%를 차지하고 있다. 소비 면에서도 보드지가 1,250만 톤, 인쇄용지(비코팅) 1,211만 톤, 골판지 1,193만 톤으로 나타나고 있으며, 인쇄용지를 제외한 보드지와 골판지 등 산업용 제지에 대한 수요가 상당한 비중을 차지하고 있는 것으로 나타났다.

한편, 중국의 지역별 제지산업 분포를 살펴보면 동쪽과 남쪽 연해지역을 중심으로 발전되고 있는데, 그 중에서도 산동(山东), 장쑤(江苏), 광동(广东),

저장(浙江), 푸젠(福建) 등이 제지산업의 메카로 꼽힌다. 특히, 중국의 주요 제지기업 상당수가 산동지역에 밀집되어 있고, 천밍제지그룹의 본사 역시 산동에 자리하고 있다.

이상의 제지산업 특징과 중국 제지산업 현황에 대한 설명을 바탕으로, 중국 최대 제지기업인 천밍제지그룹의 최근 경영실적에 대해 살펴보기로 하자.
먼저 <도표 4>는 세계 주요 제지기업들의 매출액 현황을 나타내고 있는데, 미국의 IP(International Paper)가 219.6억 달러로 가장 많으며, 와이어하우저(Weyerhaeuser)가 219억 달러로 거의 비슷한 매출을 기록하고 있다. 또, 1998년 핀란드의 엔소(Enso)와 스웨덴의 스토라(Stora)가 합병하여

<도표 4> 세계 제지기업 매출액 및 천밍제지그룹의 경영현황

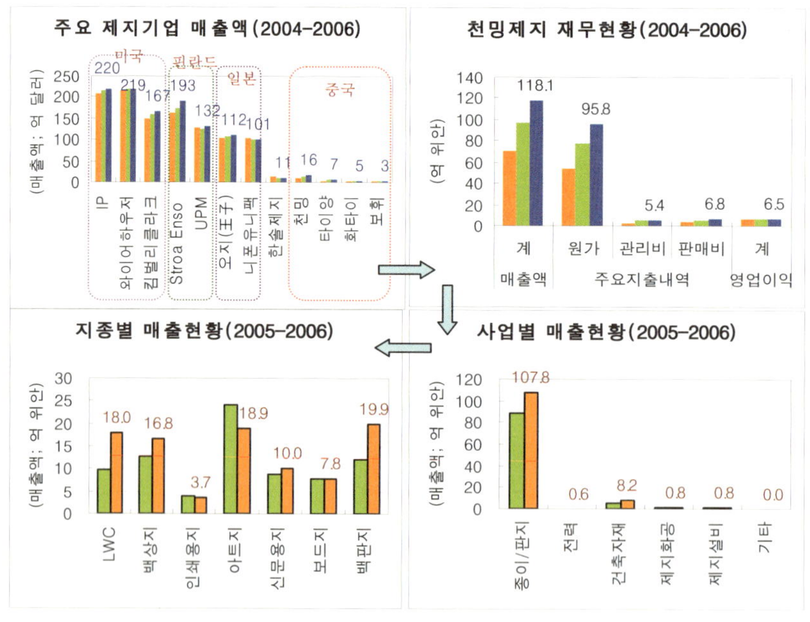

㈜ 각사 자료로부터 KSERI 작성

설립한 스토라엔소(Stora Enso)가 192.6억 달러로 나타나고 있다. 아시아 지역에서는 일본의 오지(王子)제지가 약 112억 달러(1조2,657억 엔)의 매출액을 기록하였고, 이어서 니폰유니팩(Nippon Unipac)이 약 101.4억 달러(1조1,753억 엔)를 기록하였으며, 한국의 한솔제지는 2004년(1조1,761억 원)을 정점으로 매년 매출이 감소하고 있다.

이에 비해, 중국 제지기업들은 꾸준한 매출 증가세를 보이고 있는데, 중국 최대 제지생산기지인 산동성의 4대 제지기업인 천밍제지와 타이양(太阳)제지, 화타이(华泰)제지, 보휘(博汇)제지의 매출이 증가세를 보이고 있는 것으로 나타나고 있다. 현재 산동성에는 250여 개에 달하는 군소 제지업체들이 난립하고 있는데, 이들 상위 4개 업체의 시장점유율이 50%에 육박하고 있으며 중국 전체로도 20% 가까운 시장점유율을 차지하고 있다. 하지만 세계적인 제지업체들과는 규모 면에서 상당한 격차를 보이고 있다.

위 도표에서 천밍제지의 매출액은 가파르게 증가하고 있는데, 2006년에는 전년대비 21.5%가 증가한 118.1억 위안(약 1조4,713억 원)을 기록하였다. 하지만 제조원가 역시 고유가 및 원자재가격 상승으로 증가세를 보이고 있어, 2006년에는 전년대비 23.6% 늘어난 95.8억 위안에 달했다. 특히, 최근 3년간의 원가 증가율이 매출 증가율을 앞지르고 있다. 그 결과, 영업이익은 감소세를 지속하고 있는데, 2006년에는 12.5%가 감소한 0.9억 위안에 그친 것으로 나타났다. 사업부문별 매출액을 살펴보면, 종이/판지부문이 107.8억 위안으로 회사 전체 매출액의 91.3%를 차지하고 있으며, 지종별로는 백판지, 아트지, 백상지, LWC(Lightweight Coated Paper; 주로 카탈로그나 잡지에 사용되는 종이)가 주류를 이루고 있는 것으로 나타났다.

이처럼 중국의 제지산업이 급속한 성장을 하고 있는 것은 고도경제성장에 다른 수요 증가가 결정적 요인이라고 할 수 있지만, 여타 원자재산업과 마찬가지로 중앙 및 지방정부의 육성정책에 힘입은 바도 크다고 할 수 있다.

중국정부가 몇몇 대형 제지기업들에 대해 집중적인 지원을 하고 있으며, 천 밍제지그룹이 그 중심에 있다는 점을 감안할 경우 향후 2010년까지 천밍제 지그룹은 지속적인 성장세를 유지할 것으로 보인다. <도표 5>의 《산동성 11·5기간제지산업발전목표》에 나타난 바와 같이, 산동성 정부는 2010년까 지 제지산업에 총 600억 위안(약 7.5조 원)을 투자하고, 대형 제지기업의 생산능력을 향상시키겠다는 목표가 설정되어 있다.

<도표 5> 《산동성11·5기간제지산업발전목표》 주요 내용

구 분	목 표
펄프 생산량	* 연산 520 ~ 570만 M/T
종이/판지 생산량	* 연산 1,500만 M/T
제지기업	* 평균 8만 ~10만 M/T 　- 300만 MT : 1개 기업 　- 100만 ~ 300만 MT : 5개 기업 　- 50만 ~ 100만 MT : 7개 기업
경제지표	* 매출액 : 800억 위안/ 이윤총액 : 50억 위안
투자규모	* 총 600억 위안 　- 원료생산라인 : 40 ~ 60억 위안 　- 펄프 : 100 ~ 140억 위안 　- 제지 : 200 ~ 240억 위안 　- 환경보호 : 50억 위안

㈜ 산동제지공업협회 자료로부터 KSERI 작성

2006년 말 현재 천밍제지그룹의 연간 생산능력은 아래의 <도표 6>에 나 타난 바와 같이 대략 210만 톤 수준을 기록하고 있어 산동성 정부의 정책 적 지원 아래 2010년까지 300만 톤 수준에 무난하게 도달할 것으로 예상 된다.

마지막으로, <도표 7>은 천밍제지의 최근 주가추이를 나타내고 있다. 1958년 산동성 연안지역에 위치해 있는 쇼광(寿光)시에서 출발한 천밍제지

<h3 align="center"><참조> 천밍제지의 지배구조 및 생산라인/자회사 현황</h3>

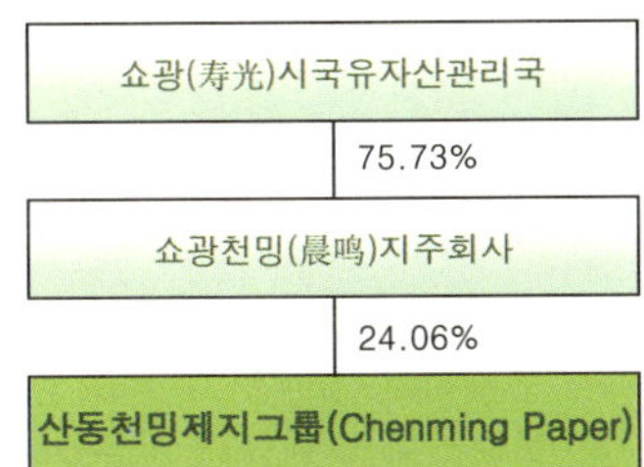

생산라인/자회사	지분(%)	연산능력(만 M/T)	주요생산제품
쇼광쟈오반(寿光胶版)	-	15(종이)/12(펄프)	펄프, 인쇄용지, 교재지도용지, 백상지 등 19종
쇼광칭투(寿光轻涂)	-	17	LWC, 신문용지, 아트지, 사전용지, 잡지용지 등
쇼광퉁반(寿光铜版)	-	30	아트지
쇼광바이카(寿光白卡)	-	30	백판지
우한천밍(武汉晨鸣)	50.93	20	인쇄용지, 신문용지, 아트지, LWC 등
치허천밍(齐河晨鸣)	99.95	30	판지
쟝시천밍(江西晨鸣)	47.15	40	LWC 생산 (한국 신무림제지 투자)
츠비천망(赤壁晨鸣)	51	7	골판지, 인쇄용지, 컴퓨터용지 등 20종
천밍반차이(晨鸣板材)	100	60만 ㎡	섬유용지(4-35mm)
옌벤천밍(延边晨鸣)	76.73	15.5	펄프
지린천밍(吉林晨鸣)	100	10	펄프, 판지 등
하이라얼천밍(海拉尔晨鸣)	75	3	골판지, 인쇄용지 등

㈜ 회사 자료로부터 KSERI 작성

는 1993년 주주개혁을 실시하고, 1997년 선전거래소에 B주식(외국인대상)을 먼저 상장했다. 이어서 2000년에는 동 거래소에 A주식을 상장하였으며, 2007년 8월 현재 SS300에 포함되어 있는 중국 A증시의 주요 종목중의 하나이다. 8월 28일 기준, 주당 13.3위안(약 1,658원)에 거래되고 있어 천밍제지의 주가는 1년 전에 비해 3배 가량 급등한 모습을 나타내고 있다.

㈜ 선전거래소 자료로부터 KSERI 작성

19. 건설은행(CCB)

중국의 4대 국유은행 중 하나인 건설은행(CCB, 中国建设银行)의 임시주총이 2007년 8월 23일 칭다오에서 열렸다. 건설은행이 임시주총을 소집한 이유는 국내주식(A주식) 공개발행과 관련된 것으로 보인다.

주지하는 바와 같이, 공상은행, 중국은행, 건설은행, 농업은행을 중국의 4대 국유(상업)은행으로 분류하고 있다. 이 중 공상은행과 중국은행은 이미 A주식과 H주식 모두를 발행하고 있는 데 반해, 가장 먼저 홍콩거래소에 상장한 건설은행은 국내주식(A주식)을 발행하지 못하고 있었다. 건설은행의 A주식 공개발행과 관련하여 몇 개월 전에 이미 이사회에서 동 안건이 통과한 상태로써, 임시주총 역시 순조롭게 통과했다. 이에 이번 중화경제동향에서는 4대 국유은행의 구조개혁 현황에 대해 간단히 살펴본 다음, 2007년 IPO를 통해 A주식 상장이 가능한 건설은행의 경영현황에 대해서도 살펴보기로 한다.

우선, 국유은행의 주주개혁은 회진(汇金)공사의 설립을 통해 이루어지고 있다. 회진공사는 중국 정부가 국유은행을 개혁하기 위해 지난 2003년 12월 16일에 설립한 일종의 국가금융자산위원회로 중국 최대의 금융투자회사로서, 2006년 12월 현재 자본금은 3,725억 위안(약 45조 원)이다. 설립취지는 국유은행들의 과거 국가 재정적자와 연관된 부실채권을 매입함으로써 자본 건전성 확보를 통한 국유은행들의 주식상장을 돕고 있다고 할 수 있다.

<도표 1>에 정리된 바와 같이, 현재 회진공사의 감사 및 이사회는 재정부, 인민은행, 외환관리국 파견인원으로 구성되어 있고, CEO는 전 인민은행 연

구팀 팀장 겸 금융연구소 소장을 역임했던 시에핑(谢平)이 맡고 있는 것으로 나타났다. 회진공사가 가장 먼저 착수한 일은 4대 국유은행 중 중국은행과 건설은행의 부실채권을 매입한 것이다. 각각 225억 달러씩 총 450억 달러의 자금을 투입하여 두 은행의 자본건전성을 높이고 대주주로 참여하면서 주식회사체제로의 전환을 유도하였다.

<도표 1> 회진(汇金)투자공사 조직도 및 투자현황

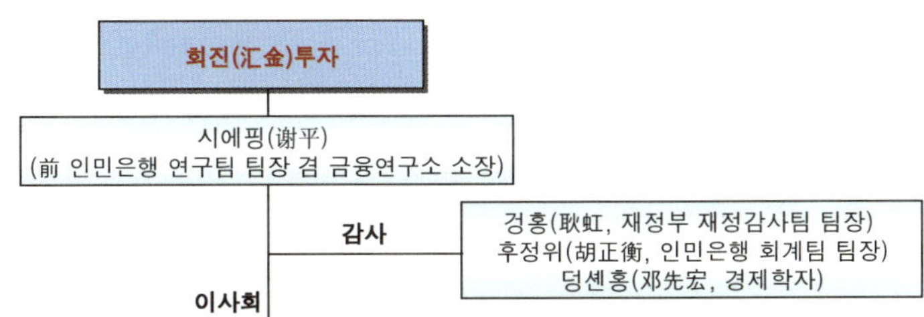

2003.12.	중국은행 (225억 달러)
	건설은행 (200억 달러 + 25억 달러)
2004.6.	교통은행 (30억 위안)
2005.4.	공상은행 (150억 달러)
2005.6.	인허(银河)증권사 (100억 위안)
2005.7.	수출입은행 (50억 달러)
2005.8.	선인완꿔(申银万国)증권사 (25억 위안)
	꿔타이쥔안(国泰君安)증권사 (10억 위안)
	인허(银河) 증권사 (55억 위안)
2005.9	광따(光大)은행 (100억 위안)
2006.12.	광따(光大)은행 (200억 위안)

㈜ 각종 자료로부터 KSERI 작성. 노란색은 4대 국유은행 부실채권 매입자금임.

　그 결과, <도표 2>에 나타난 바와 같이 2005년 10월에 건설은행이 4대 국유은행 중 가장 먼저 홍콩거래소에 상장하였고, 이어서 중국 최대의 국유은행인 공상은행(ICBC)도 2006년 10월에 상하이와 홍콩거래소 동시 상장을 하면서 역대 최대 규모인 190억 달러를 조달하였다. 또, 중국은행 역시 2006년 6월과 7월에 H주식과 A주식을 차례로 공개 발행하였다.[20] 다만 농업은행의 경우는 2006년 11월에 구조개혁안을 작성하여 중앙정부에 제출하였으나 받아들여지지 않아 현재 다른 방안을 강구하고 있는 것으로 알려

<도표 2> 4대 국유(상업)은행 현황

	A주식 상장일	H주식 상장일	조달규모
공상은행	2006.10.	2006.10.	190억 달러
건설은행	X	2005.10.	80억 달러
농업은행	X	X	–
중국은행	2006.7.	2006.7.	138억 달러

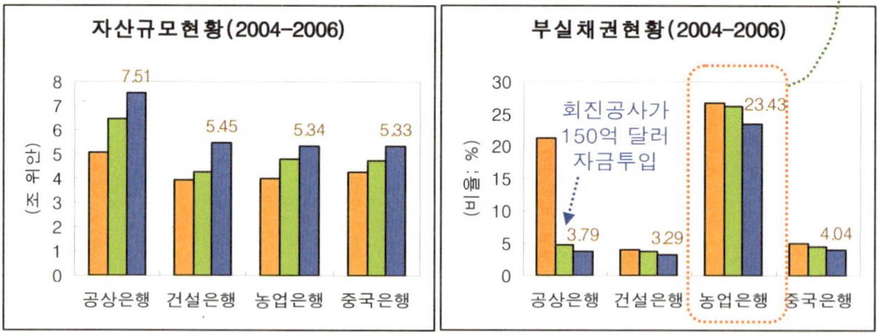

㈜ 각종 자료 및 각 은행 자료로부터 KSERI 작성

---

[20] 최근 외신보도에 의하면, 중국은행은 미국 서브프라임론 관련 증권화 상품을 112.5억 달러 보유하여 아시아권 금융기관 중에서 가장 많이 보유한 것으로 알려지고 있다. 이와 관련한 손실 피해가 적지 않을 것으로 예상된다. 또 공상은행도 12.3억 달러의 서브프라임론 관련 증권화 상품을 보유한 것으로 알려지고 있으며, 건설은행을 포함한 많은 중국계 은행들 역시 서브프라임론 관련 증권화 상품을 보유하고 있는 것으로 추정되고 있다. 그 영향으로 지난 주말 홍콩시장에 상장된 이들 은행들의 주가가 급락세를 보였다.

지고 있다.

농업은행의 구조개혁안이 받아들여지지 않은 이유는 상기 <도표 2>에 나타나 있는 것처럼 농업은행의 부실채권(NPL) 비율이 23.4%(2006년 말 기준)에 달할 정도로 자본건전성이 크게 악화되어 있기 때문으로 보인다. 중국 금융당국은 농업은행을 분할하여 실적이 좋은 사업부문만을 상장하거나, 또는 회진공사를 통해 공적 자금을 투입할 가능성도 있는 것으로 예상된다. 그 근거로는 공상은행 역시 지난 2004년에 부실채권비율이 21.5% 달할 정도로 매우 자본건전성이 크게 악화되었으나, 2005년 4월 회진공사가 150억 달러를 투입하면서 자본건전성이 크게 개선되었다는 점을 들 수 있다.

한편, 중국 4대 국유은행들의 자산규모 추이를 살펴보면, 공상은행이 7.5조 위안(약 923조 원)으로 중국 최대 은행으로 나타내고 있고, 건설은행은 전년대비 27%가 급증한 5.5조 위안(약 677조 원)을 기록하면서 4위에서 2위로 뛰어 올랐다. 건설은행이 A주식을 상장하게 되면 중국 두 번째 규모의 은행으로써의 위치를 확고히 할 것으로 보인다.

이제 건설은행의 경영현황에 대해 살펴보기로 하자. 건설은행은 2003년 12월 30일에 국무원의 승인을 거쳐 4대 국유은행 중 가장 먼저 구조조정에 돌입하였다. 이듬해 9월 17일에 주주개혁을 마무리하고 주식회사로 전환하였다. 건설은행의 지배구조를 살펴보면, 아래의 <도표 3>에 나타난 바와 같이 2006년 12월 현재 회진공사가 전체 지분의 61.49%를 소유하고 있으며, 건설은행투자회사(建银投资)가 9.21%를 소유하고 있다. 그리고 미국은행(BAC)과 아시아금융지주회사(AFH)가 전략적 투자자로써 각각 8.52%와 5.88%의 지분을 소유하고 있는 것으로 나타났다.

회진공사의 CEO를 역임했던 꿔수칭(郭树清)이 2005년 3월부터 건설은행 CEO에 취임한 것으로 나타났다. 꿔수칭은 인민은행 부총재와 외환관리

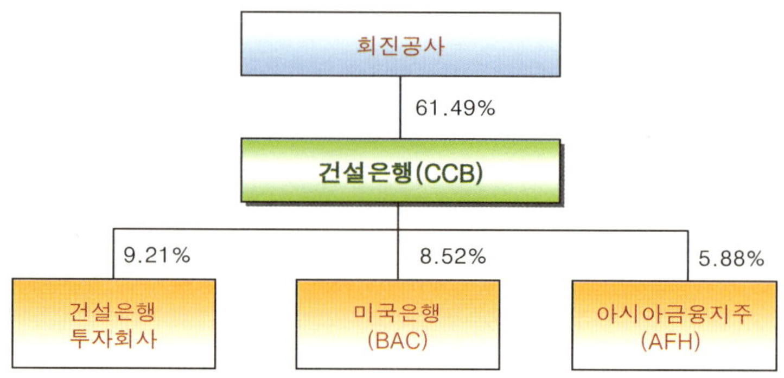

<도표 3> 건설은행의 지배구조 현황

㈜ 회사 자료로부터 KSERI 작성

국 국장을 거쳤으며, 회진공사 CEO를 역임하면서 건설은행에 250억 달러 구조조정 비용 투입을 결정한 인물이다. 또 건설은행 CEO로 부임하면서 홍콩 증시 상장을 추진하였고, 2007년 현재 국내주식(A주식) 상장을 추진하고 있다.

이제 건설은행의 최근 경영실적에 대해 살펴보기로 하자. 아래의 <도표 4>에서 4대 국유은행의 당기순이익 추이를 먼저 살펴보면, 공상은행이 전년대비 30%가 증가한 487.2억 위안으로 가장 높게 나타나고 있다. 또 건설은행 463.2억 위안(약 5.7조 원), 중국은행 418.9억 위안, 농업은행 58.1억 위안의 순으로 나타나고 있다. 이 중 건설은행을 제외한 나머지 3개 은행은 전년에 비해 순이익이 증가한 반면, 건설은행은 2004년부터 계속해서 감소하고 있는 모습을 보이고 있다. 또, 2006년 자기자본비율 역시 12.11%로 전년과 비교해 1.46% 감소하면서 자본확충에 대한 필요성도 생겨나고 있는 것으로 보인다.

한편, 2006년 이자수입은 2,152억 위안을 기록한 반면, 지급된 이자는 748억 위안으로 1,404억 위안(약 17.3조 원)의 이자수지 흑자를 나타내고

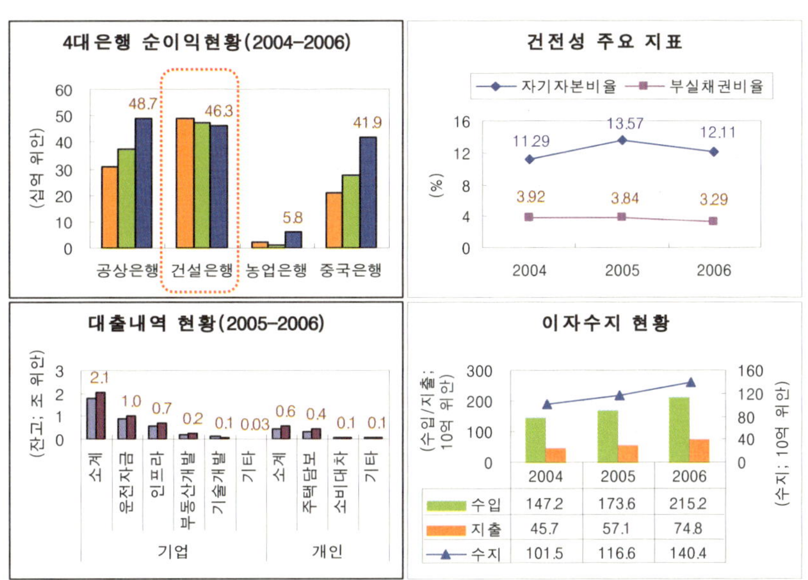

<도표 4> 건설은행의 주요 경영현황

㈜ 각 은행 및 건설은행 자료로부터 KSERI 작성

있다. 이 중 건설은행의 대출내역을 살펴보면, 기업대출이 2조580억 위안으로 전체 대출의 71.6%를, 개인대출이 5,851억 위안으로 20.4%를 차지하고 있고, 나머지는 할인어음(1,594억 위안, 5.6%)과 해외대출(712억 위안, 2.5%)로 나타났다. 기업 대출부문에서는 운전자금이, 그리고 개인 대출부문에서는 주택담보대출이 가장 높은 비중을 차지하고 있다.

이상에서 살펴본 바와 같이, 건설은행은 최근 감소세를 보이고 있는 순이익과 자기자본비율 감소에 대한 부담감, 그리고 4대 국유은행으로서의 자존심을 국내주식(A주식) 상장을 통해 회복하려는 듯하다. 2005년 10월에 홍콩증시에 상장한 건설은행의 최근 1년간 주식거래 추이를 살펴보면 <도표

169

5>와 같다. 2007년 8월 23일 기준, 일별종가는 주당 5.86 홍콩달러(약 707원)으로 마감되었고, 5.48억 주 가량이 거래되었다. 건설은행의 국내상장이 이루어질 경우 발행가격은 홍콩증시 가격이 기준이 될 것으로 보인다.

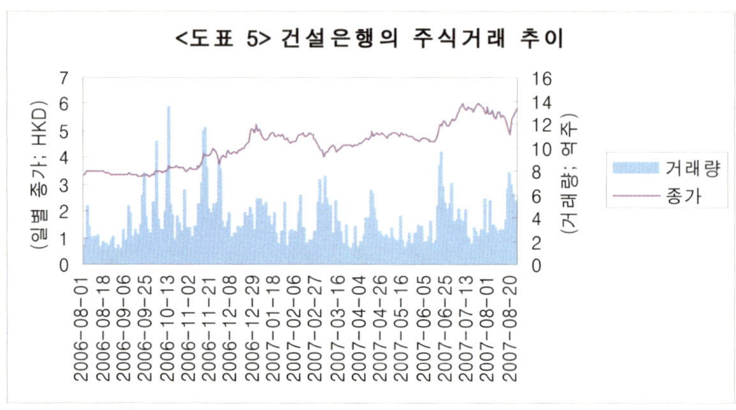

㈜ HKEx 자료로부터 KSERI 작성

20. 차이나알루미늄(Chalco)

　2007년 8월 15일, 중국의 비철금속 공룡기업인 차이나알루미늄 (Chinalco)은 '페루코퍼(Peru Copper)'사에 대한 인수작업이 거의 마무리 단계에 접어들었다고 자사 홈페이지 및 중국 언론을 통해 공식 발표했다. 캐나다 밴쿠버에 본사를 두고 있는 페루코퍼사는 2007년 6월에 차이나알 루미늄의 인수제안을 받아들이기로 최종 결정한 이래로 두 달도 안된 짧은 기간에 양사간의 M&A를 마무리해가고 있다. 인수조건은 차이나알루미늄이 페루코퍼사 주식 100%를 주당 6.6 캐나다달러(CAD)에 인수하기로 합의하 고 8월 1일까지 91%의 주식을 인수하였으며, M&A 규모는 총 8.6억 달러 (약 8천억 원)에 이를 것으로 알려지고 있다. 이에 이번 중화경제동향에서는 중국의 알루미늄 생산현황과 차이나알루미늄의 최근 경영 현황에 대해 살펴 보기로 한다.

　차이나알루미늄은 중국의 경제에 있어 아주 중요한 비철금속 원재료 수급 을 담당하고 있는 핵심 국영기업이다. 차이나알루미늄은 지난 2001년 국무 원이 제출한 《중국알루미늄회사설립문제에관한회답》에 근거하여 국가공 상관리총국의 승인을 거쳐 2003년 4월에 설립되었다. <도표 1>은 차이나 알루미늄의 계열사 현황을 나타내고 있는데, 2007년 현재 총 134개의 계열 사를 거느리고 있으며, 그룹의 자산규모는 3,100억 위안(약 38.9조 원)으로 중국의 10대 기업 중의 하나로 꼽히고 있다.

　현재 차이나알루미늄(Chinalco)은 그룹의 주력기업인 찰코(Chalco,

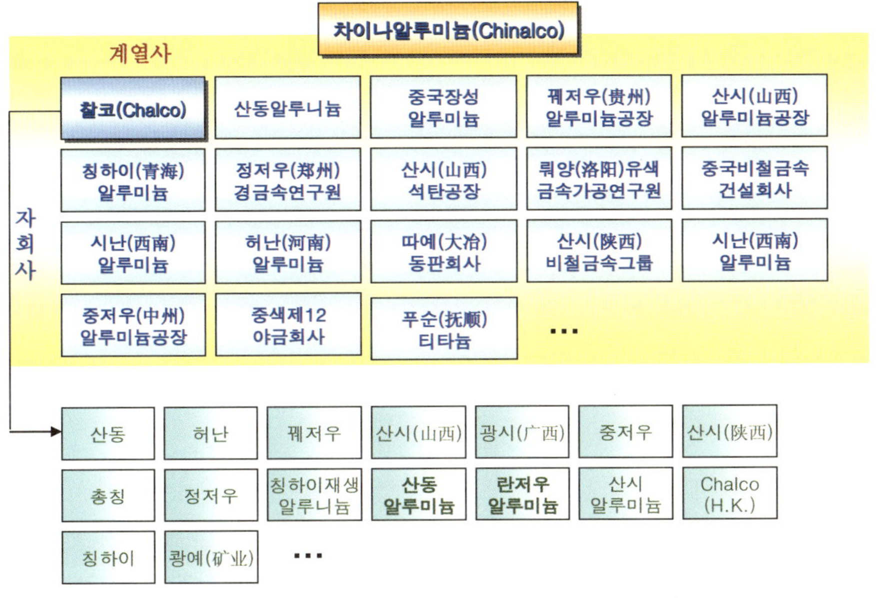

<도표 1> 차이나알루미늄(Chinalco) 그룹 계열사 현황(2007년)

차이나알루미늄주식회사)를 중심으로 그룹 산하에 난립해 있는 알루미늄 제련업체 계열사들을 통폐합하는 구조조정을 통해 알루미늄 수급을 그룹차원에서 완전 통제할 계획임을 시사하고 있다. 이는 찰코가 4월 30일에 상하이 거래소에 상장하면서 알루미늄 상장업체였던 산동알루미늄과 란저우알루미늄의 지분 100%를 인수하여 찰코 자회사로 이미 흡수한 데서 알 수 있다.

2006년 중국의 비철금속 생산량은 1,917만 톤으로 전년대비 17.5% 증가함으로써 5년 연속 세계 1위를 기록하고 있다. 이 중 알루미늄 생산량은 아래의 <도표 2>에서 볼 수 있는 바와 같이 934.9만 톤으로 중국 비철금속 생산량의 48.8%로 가장 높은 비중을 차지하고 있다. 이어서 아연 315만 톤, 동 300만 톤, 납 274만 톤을 생산하고 있는 것으로 나타나 이들 4대 비철

<도표 2> 중국 알루미늄생산 현황

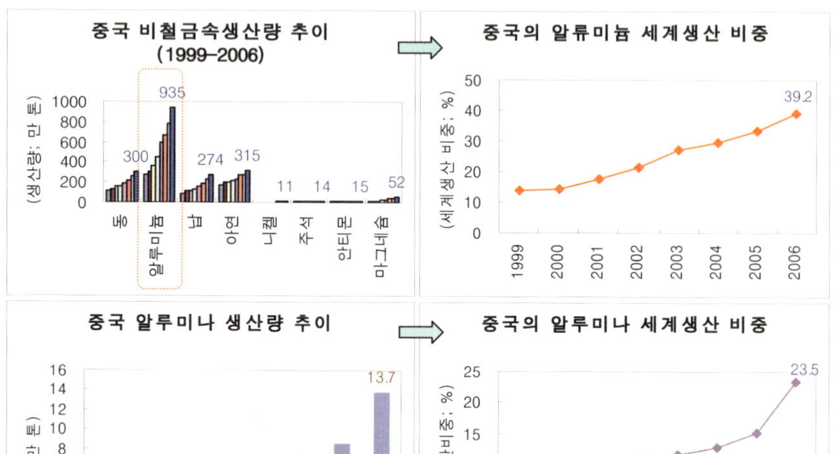

㈜ 각종 자료로부터 KSERI 작성

금속 생산이 중국 전체 비철금속 생산의 95.1%를 차지하고 있다. 특히, 세계 알루미늄 생산에서 중국이 차지하는 비중은 매년 꾸준히 증가하여 아래의 <도표 3>에서 볼 수 있는 바와 같이 2006년에는 전세계 알루미늄 생산량의 26.3%를 중국이 차지하였다.

또 알루미늄과 산소가 결합되어 산업용 원자재로 널리 사용되는 알루미나(산화 알루미늄)[21]의 경우는 2006년 세계 전체로 5,840만 톤이 생산된 것으로 집계되었는데, 이 중 23.5%인 1,369.6만 톤이 중국에서 생산된 것으

---

[21] 알루미나(Al_2O_3, 산화알루미늄)는 땅 껍질에서 실리카(Silca, SiO_2) 다음으로 많은 성분으로, 원료로 사용하기 위해서는 고도의 물리, 화학적 정제기술을 필요로 한다. 용도는 비교적 저렴한 가격으로 인해 산업용 다이아몬드 대체제로 사용되고, 분쇄기에 널리 사용되며, CD/DVD 클리닝 도구로도 이용되고 있다.

로 나타나고 있다. 특히 2006년 중국의 알루미나 생산량은 전년대비 무려 61%나 증가했다. 2000년부터 중국 정부가 알루미나 산업에 대해 구조조정을 실시하고 있지만 오히려 2006년에는 공급과잉 현상이 심화되는 양상을 보이고 있다. 바로 이것이 중국 정부가 찰코를 중심으로 알루미늄산업을 구조조정 하려고 하는 배경이라고 할 수 있다.

<도표 3> 세계 주요국별 알루미늄 생산

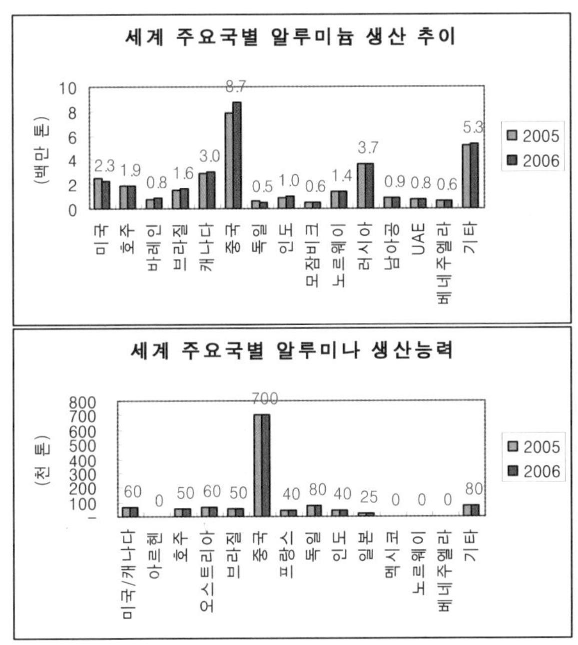

(주) 미국 내무성 지질조사청 자료로부터 KSERI 작성

2006년 차이나알루미늄 그룹이 생산하는 알루미늄 생산량은 중국 전체 생산량의 81.6%, 그리고 알루미나는 70%를 차지하고 있다. 특히 주력기업인 찰코(Aluminum Corporation of China Limited, 中国铝业股份有限公司)

175

는 차이나알루미늄과 광시(广西)투자그룹, 그리고 꿰저우(贵州)물자개발투자
회사가 공동으로 투자하여 2001년 9월에 설립된 주식회사로, 세계 2위의
알루미나 생산업체이자 중국 최대의 알루미늄 및 알루미나 생산업체이다.

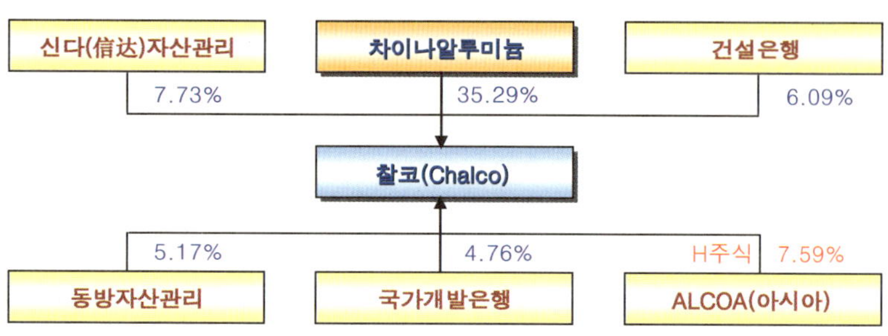

<도표 4> 찰코 지배구조 현황 (2006.12)

㈜ 회사 자료로부터 KSERI 작성

<도표 4>에서 찰코의 지배구조를 살펴보면, 모기업인 차이나알루미늄이
35.29%를 소유하고 있어 최대주주로 나타나고 있으며, 최초 투자자였던 광
시투자그룹과 꿰저우물자개발투자회사의 지분은 각각 1.69%와 1.11%로
줄었다. 또 신다(信达)자산관리회사가 7.73%로 두 번째로 지분이 많은 것으
로 나타나고 있으며, 미국의 ALCOA사도 H주식 형태로 7.59%를 소유하고
있는 것으로 나타났다.

다음으로 찰코의 최근 경영현황을 살펴보기로 하자. 우선 2006년 중국의
알루미늄 및 알루미나 생산 급증은 차이나알루미늄의 생산 증가에 기인한
것이다. 아래의 <도표 5>를 보면 이를 쉽게 확인할 수 있는데, 차이나알루
미늄 그룹 전체의 전해알루미늄 생산은 763만 톤으로 중국 전체 생산량의
81.6%를 차지하였고, 탄소제품은 전년대비 36% 증가한 247만 톤, 알루미
늄가공제품은 38% 증가한 120만 톤 등으로 나타나고 있다. 즉 차이나알루

<도표 5> 찰코의 최근 경영현황

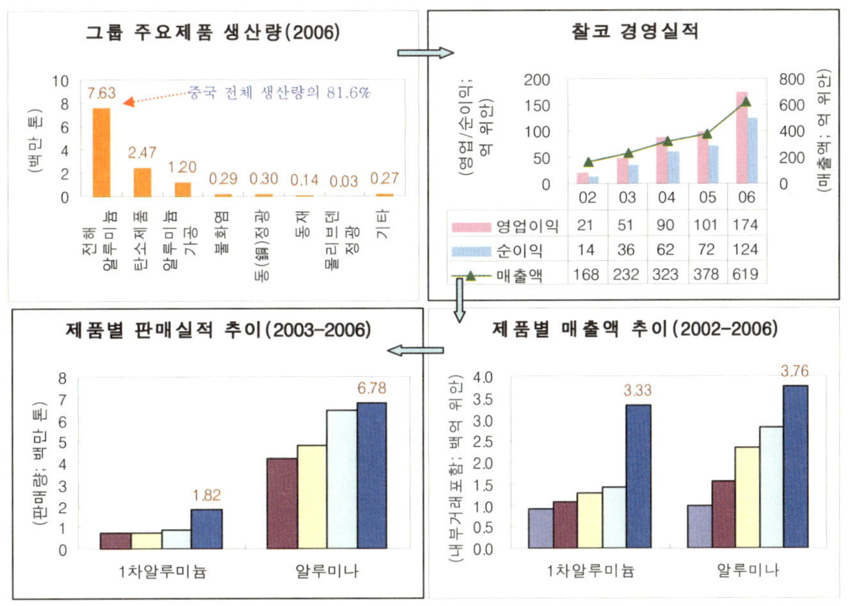

㈜ 회사 자료로부터 KSERI 작성

미늄그룹에서 생산하고 있는 거의 모든 비철금속 생산량은 전년에 비해 평균 30% 이상 급증하였다.

이처럼 생산이 급증함에 따라 차이나알루미늄의 최대 계열사인 찰코의 매출액 역시 전년대비 63.7% 증가한 619억 위안(약 7.7조 원)을 기록하였다. 또, 영업이익은 72.3%가 증가한 174억 위안, 당기순이익은 72.2%가 증가한 124억 위안을 각각 기록한 것으로 나타나고 있다. 찰코의 주요 생산제품은 1차 알루미늄과 알루미나로 양분할 수 있는데, 2006년 알루미나 매출액은 전년대비 34% 증가한 376억 위안을 기록한 반면, 1차 알루미늄은 135%나 급증한 333억 위안의 매출증가를 기록했다. 이처럼 1차 알루미늄 매출이 2배 이상 급증한 것은 중국의 고도 경제성장을 배경으로 1차 알루미늄에 대한 수요가 계속 증가하고 있기 때문이다.

특히 최근 중국의 전력, 건설, 통신 등 투자확대가 지속적으로 이루어짐에 따라 중국내 알루미늄에 대한 수요는 당분간 계속될 전망이다. 전해알루미늄의 경우, 2007년 상반기 생산량이 2006년 생산량의 74%에 해당하는 565만 톤을 생산하고 있으며, 여타 비철금속 생산량 역시 전년동기대비 24.1% 증가한 1,097만 톤을 생산한 것으로 나타나고 있다. 중국 정부 역시 오는 2010년까지 1차 알루미늄 생산목표를 1,550만 톤 정도로 설정하고 있어 찰코의 매출 증가세는 당분간 지속될 것으로 보인다.

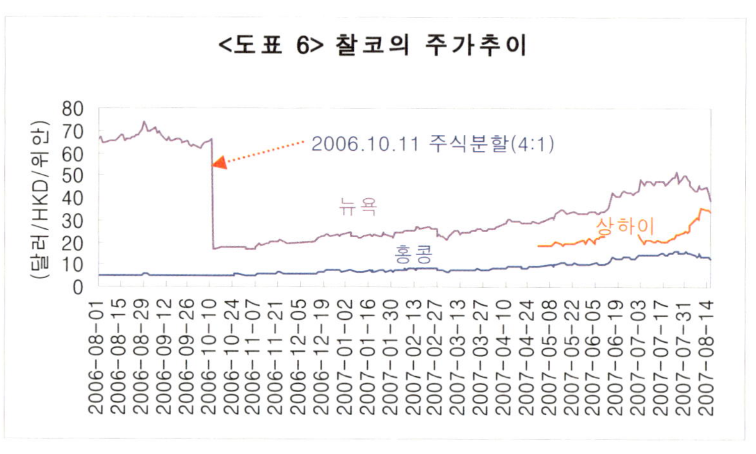

㈜ 각 거래소 자료로부터 KSERI 작성

한편, 찰코는 2001년 9월에 회사가 설립된 지 3개월 여 만인 2001년 12월에 홍콩과 뉴욕에 동시 상장하였고, 2007년 4월에는 상하이거래소에도 상장하였다. 찰코의 주당 거래가는 8월 15일 기준으로 뉴욕이 39.11달러(약 3.7만 원), 홍콩 12.82홍콩달러(약 1,575원), 상하이 34.2위안(약 4,275원)에 각각 거래되고 있다.

21. TFT-LCD 업계의 M&A

2006년 말 중국의 3개 LCD 제조업체가 합병을 통해 대형 TFT-LCD 제조업체로 재편될 것이라는 소문이 나돌았다. 주지하는 바와 같이 LCD 산업은 현재까지 한국과 일본, 그리고 타이완 등 3개국이 세계시장을 주도하고 있다. 하지만 TFT-LCD는 잠재시장 규모가 매우 큰 반면, 반도체 제조기술과 거의 유사하여 반도체 메이커들이라면 누구든지 쉽게 진입할 수 있다는 점에서 진입장벽이 상대적으로 낮다. 그 결과 TFT-LCD 산업은 후발업체와의 경쟁에 쉽게 노출되기 쉬운데, 이런 점에서 최근 중국 LCD 제조업체들의 합병 움직임은 주목할 만하다.

특히 이번에 합병을 추진하고 있는 업체들은 중국에서 유일하게 5세대 라인을 갖추고 있는 3개 제조업체이다. 중국의 최대 LCD업체인 SVA-NEC(상하이)와 BOE-OT(베이징), 그리고 IVO(쿤산)가 그것인데, 이번 합병으로 각각 30%, 27%, 7%의 지분을 배정 받게 되며, 나머지 36%는 중국 정부가 소유하는 것으로 알려지고 있다. 이에 이번 중화경제동향에서는 중국 LCD 산업을 대표하고 있는 SVA(上海广电信息产业股份有限公司)와 BOE(京东方科技集团股份有限公司)에 대해 간략하게 살펴보고자 한다.

이미 TFT-LCD는 컴퓨터 모니터와 휴대폰, 텔레비전, 디지털카메라 등의 디스플레이로 널리 사용되고 있다. 따라서 중국의 LCD제품 수요를 살펴보기 위해 휴대폰과 텔레비전, 컴퓨터모니터, 그리고 디지털카메라의 생산 추이를 살펴볼 필요가 있다. 아래의 <도표 1>은 이를 나타내고 있다.

먼저 휴대폰 생산량을 살펴보면, 거의 매 분기마다 가파른 상승곡선을

<도표 1> 중국의 정보통신 제품 수요와 LCD 추이

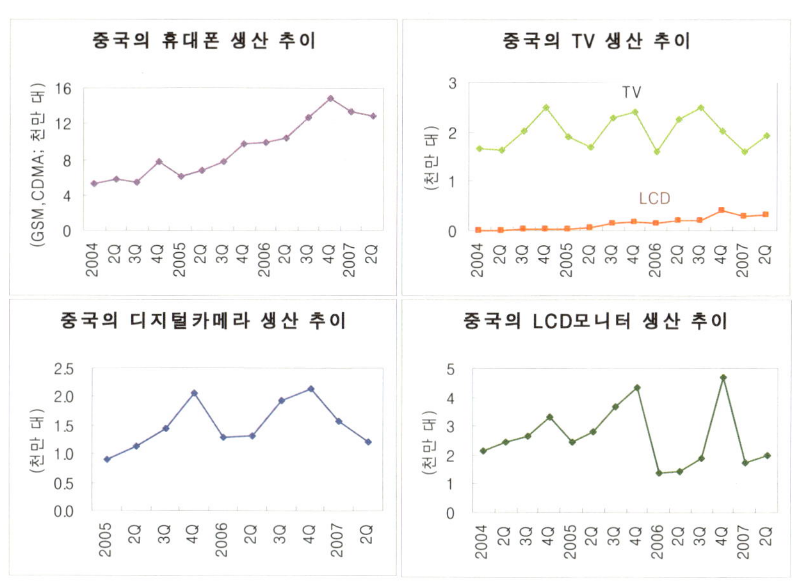

㈜ 각종 자료로부터 KSERI 작성

그리고 있다. 2006년 4분기의 경우는 1.48억 대가 생산됨으로써 분기별 기준으로는 최대 생산을 기록한 것으로 나타나고 있다. 2007년 역시 휴대폰 생산량은 변함없는 강세를 띠면서 1,2분기 모두 전년동기대비 39.5%와 23.3%씩 증가한 1.34억 대와 1.29억 대가 생산된 것으로 나타났다.

이에 비해, 컬러TV 생산량은 변동이 심하고 해마다 서서히 줄어들고 있을 뿐 아니라, 특히 2007년 1,2분기에는 상황이 더욱 안 좋은 것으로 나타나고 있다. 하지만, LCD-TV 생산량은 안정적인 성장세를 보이면서 2007년 상반기 동안 634.4만 대가 생산된 것으로 나타났다. 그 결과, 전체 TV 생산량에서 LCD-TV가 차지하는 비중도 2004년 1분기의 0.8%에서 2007년 2분기에는 17.4%까지 증가하였다.

또 디지털카메라 생산량은 2,141.8만 대를 생산한 2006년 4분기를 정점으로 2007년 1,2분기 연속 감소하고 있는 모습을 띠고 있다. 그리고 컴퓨터용 LCD모니터 생산 추이를 살펴보면, 2006년부터 생산량이 크게 줄어든 가운데 2006년 4분기에 생산량이 크게 증가하였을 뿐 분기별 생산량이 2천만대를 밑돌고 있는 모습을 나타내고 있다.

이상으로부터 휴대폰과 LCD-TV, 디지털카메라, LCD모니터 등 LCD제품의 주 수요처인 소비자용 정보통신 단말기의 중국내 생산이 2007년부터 감소하고 있는 것으로 나타나고 있다. 특히 컴퓨터용 LCD모니터는 2006년부터 이미 공급과잉 상태에 빠진 것으로 보인다. 이처럼 중국내 LCD제품 수요가 2006년부터 둔화되기 시작하고 단가도 하락함에 따라 중국 LCD업계의 경영실적도 매우 악화되었을 것으로 추정된다. 바로 이런 점들이 중국 3개 LCD업체들의 합병을 촉진하는 배경이 된 것으로 보이기도 한다.

이는 SVA(上海广电)와 BOE(京东方)의 최근 경영실적을 통해서도 확인할 수 있다. 먼저, 아래의 <도표 2>에서 SVA의 경영실적 추이를 살펴보면, 2006년 매출액은 전년대비 23%가 증가한 41.8억 위안(약 5,058억 원)을 기록하였으며 영업이익도 33%가 증가한 2.8억 위안을 기록하였다. 그러나, 당기순이익은 2003년부터 급감하기 시작하여 2006년에는 겨우 적자를 면한 1천만 위안에 그친 것으로 나타나고 있다. 특히 2005년부터 급격히 당기순이익이 줄고 있는데, 이는 업체간 설비투자 경쟁으로 영업이익이 증가하고 있음에도 불구하고 금융부담 증가로 당기순이익이 크게 감소한 것으로 추정된다. 이는 주요 제품별 매출이익률 면에서도 확인할 수 있는데, 전체 매출액의 33%를 차지하고 있는 TV제품의 이익률은 7.5%, 컴퓨터 4.4%, VCD 6.1% 등에 불과한 것으로 나타나 나타나고 있다. 이것은 중국내 IT제품 제조업체의 수익률이 매우 악화되고 있음을 강력히 시사하는 것이라고 할 수 있다.

<도표 2> SVA 및 BOE 주요 경영현황

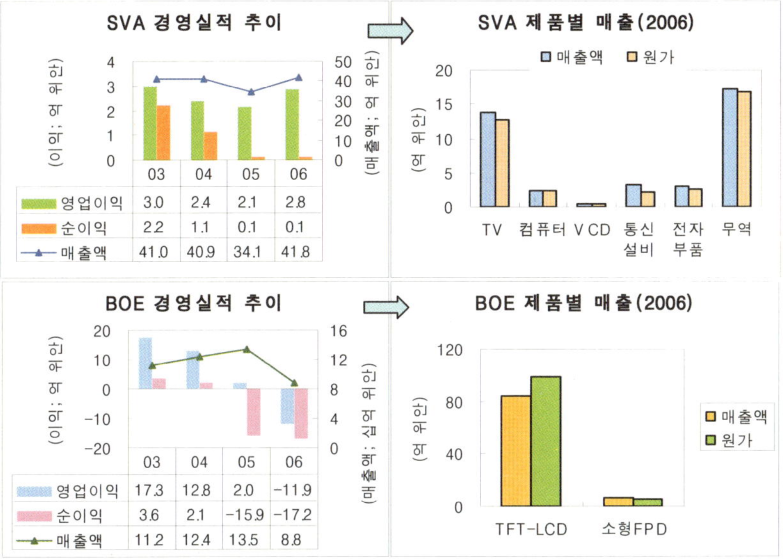

㈜ 회사 자료로부터 KSERI 작성

이런 현상은 BOE의 경영실적 추이를 보면 보다 분명해진다. 2006년 매출액은 전년동기대비 34.8% 감소한 8.8억 위안(약 1,065억 원)을 기록하였다. 영업이익은 2005년부터 급감하고 있는 가운데 2006년에는 11.9억 위안의 대폭적인 적자를 기록하였으며, 당기순손실도 2005년부터 큰 폭의 적자를 지속하고 있다. 이로부터 BOE는 2005년부터 경영난에 빠진 것으로 보이며 쉽사리 돌파구를 찾지 못하고 있는 것으로 보인다. 이 회사 매출액의 95%를 담당하고 있는 TFT-LCD제품의 매출액이익률을 보면, 매출액 83.8억 위안에 매출원가는 98.7억 위안으로 이미 원가경쟁력을 상실한 것으로 보인다.

바로 이런 배경으로 중국 정부가 중국 LCD산업 회생을 위한 합병 등 구조조정과 자금지원에 나선 것으로 보인다. 이번 3개 LCD업체의 합병에 중국 정부의 지분이 36%에 달하는 것이 그 증거라고 할 수 있다. 중국 정부는 환경산업과 함께 최첨단산업을 미래 성장동력 산업으로 키우기 위해 각종 정책적 지원을 강화하고 있다.

이번 합병은 중국 신식산업부(한국의 정보통신부에 해당)의 "FPD산업의 대형화" 정책의 일환으로 추진되고 있는 만큼 지방정부 역시 적극적인 지원에 나서고 있다. 합병 후 회사의 이름은 '중국광전패널회사(中国光电显示总公司)'로 알려지고 있는데, 연산 능력은 대략 최대 27.5만 장을 생산할 수 있을 것으로 예상된다. 2006년 기준(5세대)으로, SVA-NEC가 최대 10만 장t, BOE-OT는 최대 8.5만 장, 그리고 IVO가 최대 9만 장의 생산능력을 보유하고 있기 때문이다.

진입장벽이 상대적으로 낮고 대규모 설비투자가 필요한 TFT-LCD 산업의 생산라인 수명주기는 업체간 경쟁이 치열하여 대략 3,4년으로 매우 짧기 때문에 지속적인 투자가 필요한 산업이다. 그 이유는 기판(Substrate) 사이즈가 크면 클수록 원가경쟁력 면에서 유리하기 때문에 기존의 생산라인에 재투자를 하는 것보다는 신규라인을 설립하는 것이 훨씬 유리하기 때문이다. 2007년 이미 삼성전자가 8세대 라인을 가동하고 있는 점을 감안하면, 중국의 LCD산업은 한국과 일본, 대만에 비해 기술 및 원가경쟁력 면에서 크게 뒤지고 있다고 할 수 있다. 중국 정부는 이번 합병을 가능한 한 빨리 추진해서 홍콩거래소 상장 등을 통해 대규모 자금조달을 계획하고 있다.

SVA는 상하이시국유자산감독관리위원회가 최대 주주이며, 지난 1993년 3월 16일에 상하이거래소에 상장되었다. 2007년 8월 1일 기준으로 주당 7.71위안(약 933원)에 거래되고 있으며, 주가는 2006년 연말과 비교해 약 2.3배 가량 올랐다. 또 BOE의 경우는 베이징시인민정부국유자산감독관리위원회가 최대 주주이며, 2001년 1월 12일에 선전거래소에 상장하였다. 2007년 8월 1일 현재 주당 5.82위안(약 704원)에 거래되고 있으며, 합병

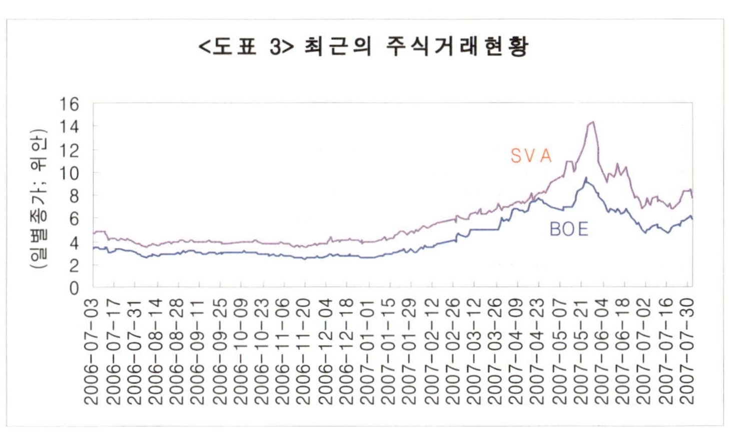

㈜ 각 거래소 자료로부터 KSERI 작성

발표 전의 주가에 비해 약 2.3배 가량 오른 가격으로 거래되고 있다.

이처럼 중국의 IT산업 역시 중국내 내수 둔화와 가격하락 그리고 원가경쟁력 상실로 적지 않은 경영난에 직면하고 있는 것으로 보인다. 그런 가운데 중국 증시는 계속 폭등세를 지속하고 있다. 아무리 중국 내수시장의 잠재력이 크다고 해도 구슬도 꿰어야 보배인 것이다. 기술과 원가경쟁력이 부족하고 내수 역시 일차적인 내수 성장의 한계에 부딪히고 있다. 현재로서는 이 조정국면이 어느 정도 지속될지는 미지수이지만 적어도 세계 IT시황 회복과 맞물려 돌아갈 수 밖에 없을 것으로 보인다.

인텔, 삼성전자, 도시바 등 미국, 일본, 한국 등 세계 IT산업 강국의 기업들조차 고전을 하고 있는 상황에서 하물며 기술력과 원가경쟁력이 부족한 중국기업이 어찌 나홀로 성장을 계속할 수 있겠는가! 착각일 뿐이다. 중국 증시가 이런 착각에서 빠져 나올 수 있을 지는 모르겠지만 그러나 이런 착각이 지속되면 될수록 중국경제의 부실은 안으로 더욱 심화될 수 밖에 없다는 점을 명심할 필요가 있다. 중국정부의 지원이 모든 문제를 해결해줄 수 있는 전가傳家의 보도寶刀라면 모르겠지만 부패와 비효율이 만연한 중국 정부의 실정을 감안하면 그런 기대는 당분간 무리가 아니겠는가?

최근 베이징에서 개최된 미중간 고위급전략대화에서 중국 왕이 대표가 미 폴슨 재무장관에게 "중국은 여전히 가난한 나라로 미국에 아무런 위협도 되지 않는다"며 위안화 절상 압력을 중지해줄 것을 호소한 것은 현재 중국경제가 처한 허와 실의 양면성을 잘 보여주는 대목이라고 하지 않을 수 없다.

22. 칭다오(靑島) 맥주

해마다 본격적인 한여름의 무더위로 접어들면 많은 사람들이 한잔의 시원한 맥주로 더위와 갈증을 달래려 한다. 주식시장에도 흔히 '계절주'라는 것이 있다. 즉 계절에 따라 매출과 이익 등 영업실적 변화가 큰 상장기업들의 주식을 말하는데, 이러한 계절주들은 회사 주력제품의 성수기가 임박해지면 주가가 상승하는 경향을 보인다. 특히 여름철이 되면 수요가 급증하는 맥주회사나 청량음료회사의 주식들을 하계주의 대표로 꼽을 수 있다. 이번 중화 경제동향에서는 세계적으로 중국 맥주를 대표하고 있는 칭다오맥주주식회사(靑島啤酒股份有限公司)에 대해 살펴보고자 한다.

칭다오맥주의 전신은 1903년 8월 영국과 독일 상인이 합작으로 설립한 노르딕맥주회사(Nordic Brewery Co.)로서, 당시에는 독일에서 원료를 직수입해 맥주를 만들었던 중국 최초의 유럽식 맥주공장이었다. 이후 1993년 6월 16일 정식으로 회사법인 등록을 하고 동년 7월에 홍콩거래소에 상장함으로써 해외증시에 상장한 중국 최초의 기업으로도 기록되고 있다. 같은 해 8월에는 상하이거래소에도 상장하였다. 2006년 12월 현재 칭다오맥주의 지배구조는 아래의 <도표 1>과 같다.

이 도표에서 볼 수 있는 바와 같이, 칭다오맥주는 중국의 대표적인 중외합자기업이라고 할 수 있다. 청도시국유자산관리위원회가 칭다오맥주의 최대 지분인 30.56%를 소유하고 있으며, 해외투자자로는 HKSCC(홍콩중앙예탁기관)와 A-B JADE(홍콩)지주회사, 그리고 Law Debenture Trust가

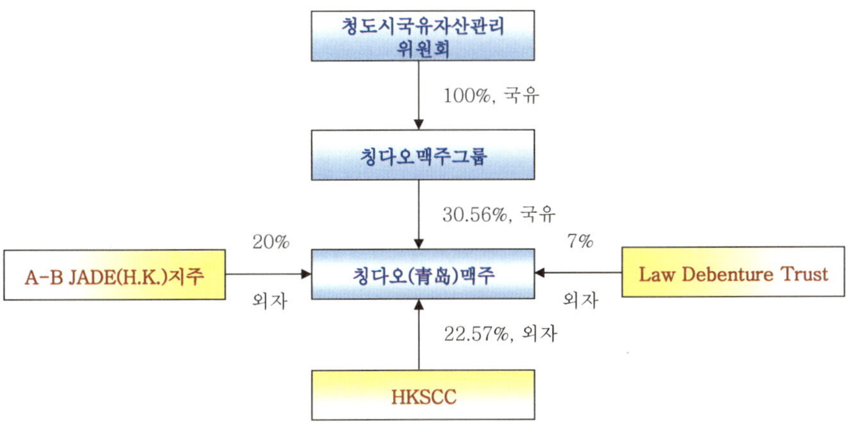

㈜ 회사 자료로부터 KSERI 작성

총 49.57%의 지분을 보유하고 있다.

이처럼 여타 산업과 비교해 상당히 일찍 해외자본과 기술을 받아들인 중국의 맥주산업은 아래의 <도표 2>에 나타난 바와 같이 현재 세계 최대 인구수에 걸맞게 세계 1위의 소비량을 기록하고 있다. 중국은 2003년부터 세계 최대 맥주소비국가였던 미국을 처음으로 앞지르기 시작하여 2005년까지 3년 연속 세계 최대 맥주소비 국가로 자리하고 있다. 하지만 1인당 소비량에 있어서는 세계 40위권으로 한국(38.5리터, 2004년 기준)에도 뒤처져 있는 것으로 나타나고 있다.

연도별 맥주 생산량 역시 지난 2002년부터 세계 1위의 생산국이었던 미국을 처음으로 앞지른 이래 까2006년 지 연속 1위를 유지하고 있다. 2006년 기준으로 중국의 맥주 생산량은 전년대비 14.7%가 증가한 3,515만㎘를 생산한 것으로 나타나고 있다. 이를 기준으로 하여 중국의 상위 맥주업체별 시장점유율을 살펴보면, 화룬쉐화맥주(华润雪花)가 529만㎘판매로 15%의 시장점유율 1위를 차지하고 있으며, 이어서 칭다오맥주가 454만㎘로

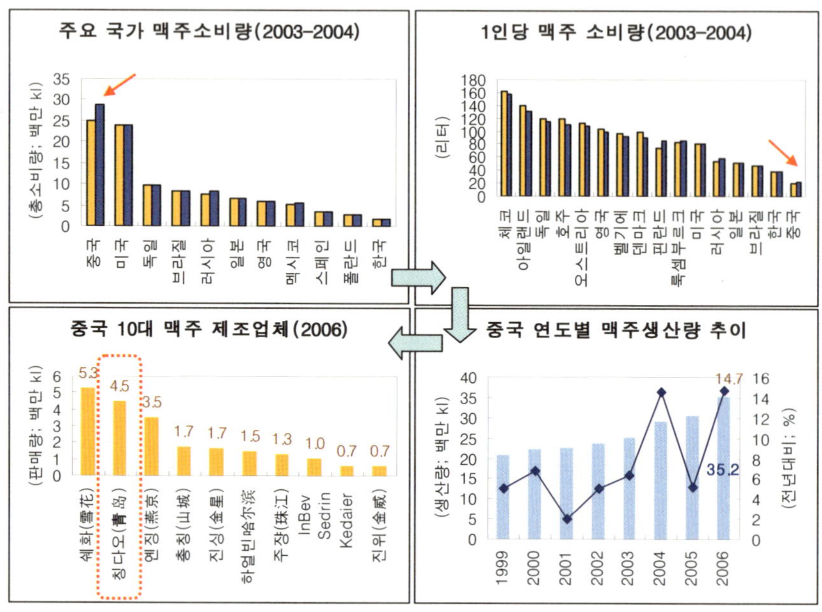

㈜ 각종 자료로부터 KSERI 작성

12.9%, 베이징옌징맥주(北京燕京) 353만kℓ에 10%, 총칭산청맥주(重庆山城) 173만kℓ에 4.9%, 허난진싱맥주(河南金星) 166만 kℓ에 4.7% 등 상위 10개 맥주업체의 판매량이 중국 전체 맥주시장의 62.4%를 점유하고 있는 것으로 나타났다. 다만 2006년 칭다오맥주 판매량은 화룬쉐화맥주에 이어 2위를 기록하고 있지만, 브랜드 가치에 있어서는 동종 계열에서 매년 최고를 기록하고 있다. 2006년 기준으로 칭다오맥주의 브랜드가치는 224.7억 위안(약 2.7조 원)으로 평가 받고 있다.

그 동안 중국의 맥주산업은 다른 산업과 마찬가지로 지방분권화 및 독점적 유통구조로 인해 지역 군소제조업체들이 해당 지역을 독점하는 형태였다. 그러나 2000년으로 들어오면서부터 칭다오, 옌징, 화룬 등 상위 업체들이

각 지역 맥주업체들을 계열사로 인수하면서 중국 전 지역으로 시장을 확대
하기 시작하였고, 그 결과 맥주산업 역시 전국규모의 대형화가 빠르게 진행
되고 있다고 할 수 있다.

다음에 <도표 3>에서 칭다오맥주의 최근 경영현황을 살펴보기로 하자.
우선 2006년 매출액(연결 재무제표 기준)은 전년대비 16.54% 증가한

<도표 3> 칭다오맥주의 최근 경영현황

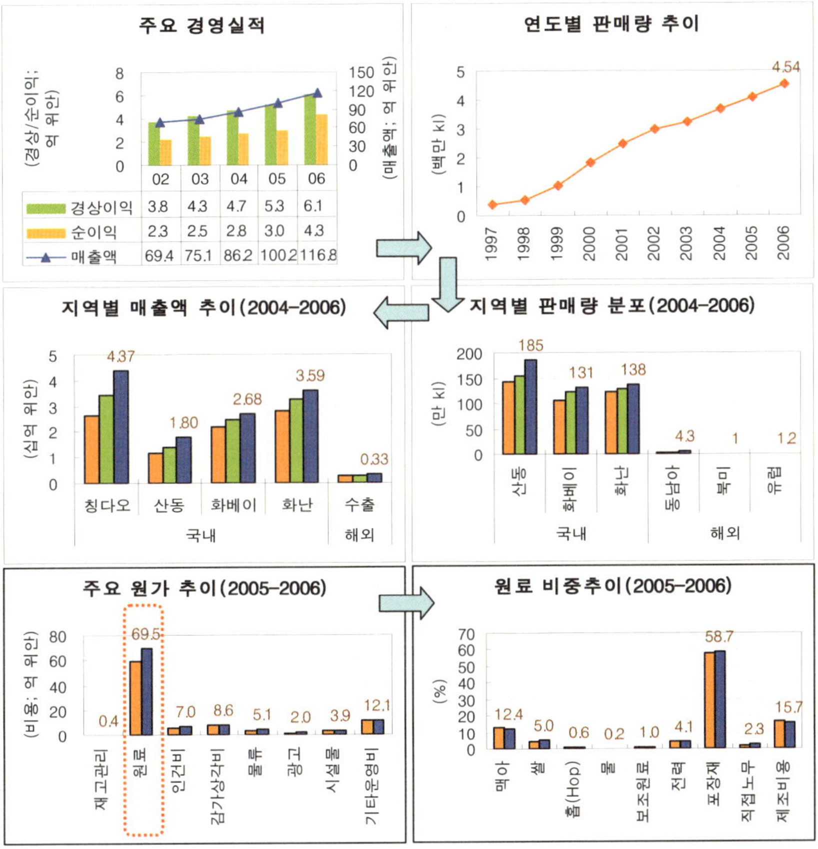

㈜ 회사 자료로부터 KSERI 작성

116.8억 위안(약 1조4,187억 원)을 기록하였으며, 경상이익은 16.4% 증가한 6.1억 위안, 그리고 당기순이익은 43.1% 증가한 4.3억 위안을 각각 기록하고 있다. 칭다오맥주는 맥주만을 생산 판매하기 때문에 회사의 매출액은 맥주 판매량에 완전히 비례한다고 할 수 있는데, 2000년 이후 매년 평균 10% 이상의 판매량 증가율을 보이면서 2006년에는 454만kℓ가 판매된 것으로 나타나고 있다. 즉 2006년 한 해 동안 대략 128억 병(355mℓ기준) 정도가 판매된 것으로 보인다.

지역별 판매량 및 매출액 분포를 살펴보면, 칭다오를 포함한 산동지역의 판매량이 전체 판매의 41%를 차지하면서 185만kℓ에 61.7억 위안의 매출을 차지하였고, 이어서 화난(华南)지역이 138만kℓ에 35.9억 위안, 화베이(华北)지역이 131만kℓ에 26.8억 위안의 매출을 각각 차지한 것으로 나타났다.

또 주요 비용내역 추이를 살펴보면, 원료비가 전체 지출의 64% 가량인 69.5억 위안을 차지하고 있으며, 인건비는 7억 위안으로 6.5%, 광고비는 2억 위안으로 1.8%를 차지하고 있는 것으로 나타나고 있다. 특히 원료비의 경우, 포장재(병, 알루미늄 캔)가 58.7%로 가장 높은 비중을 차지하고 있고, 이어서 제조비용, 맥아, 쌀 등의 순으로 나타나고 있다. 한편, 맥주의 주원료인 보리의 주요 수출국가인 호주의 2007년 보리 생산량은 전년대비 1/3 수준인 대략 370만 톤에 그칠 것으로 예상되어, 보리가격 상승으로 인한 제조원가 부담이 높아질 것으로 예상된다.

앞서 언급한 바와 같이 칭다오맥주는 A주식과 H주식을 동시에 발행한 중국 최초의 기업으로 1993년 7월에 홍콩거래소에 상장하였고 동년 8월에는 상하이거래소에 상장하였다. <도표 4>에서 홍콩거래소의 주식거래 현황을 살펴보면, 7월 25일 현재, 주당 18.82홍콩달러(약 2,218원)에 거래되어 1년 전의 주가에 비해 2.1배나 상승한 것으로 나타나고 있다. 또 상하이거래소의 경우도 7월 25일 현재 주당 27.51위안(약 3,354원)에 거래되고 있으며, 1년 전에 비해 2.3배 가량 상승한 것으로 나타나고 있다.

<도표 4> 칭다오맥주의 주식 거래현황

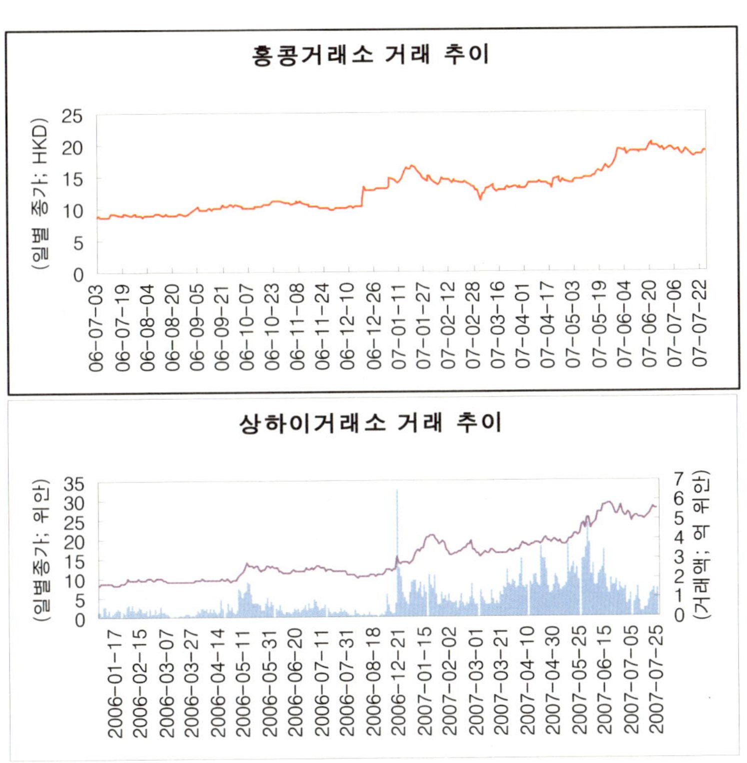

㈜ 각 거래소 자료로부터 KSERI 작성

23. 따친철도주식회사

중국의 철도산업이 WTO 가입의정서에 의거하여 단계적으로 민영화를 추진하고 있는 것 같다. 물론 여전히 국영 중심이기는 하지만, 11 · 5기간의 원년인 2006년부터 투자를 다원화하여 민자유치를 적극 유도하고 있기 때문이다. 《"11 · 5"철도투융자시스템개혁추진방안》을 살펴보면, 대규모의 합자철로건설, 철도회사 주주개혁 및 상장유도, 철도건설채권발행, 외국인투자 확대 등을 주된 내용으로 담고 있다. 이 중 철도회사 상장과 관련해서는 중국 철도국과 증감위가 앞장서서 상위 2개 회사를 시범적으로 상장시켰다. 2006년 8월 1일에 따친회사(大秦公司)가, 그리고 12월 22일에 광선회사(广深公司)가 각각 상하이증권거래소에 상장된 것이 그것이다. 이에 이번 중화경제동향에서는 중국의 최초의 증시상장 철도회사인 따친철도주식회사(大秦铁路股份有限公司, Daqin Railway)에 대해 살펴보고자 한다.

<도표 1> 따친철도회사의 지배구조 현황

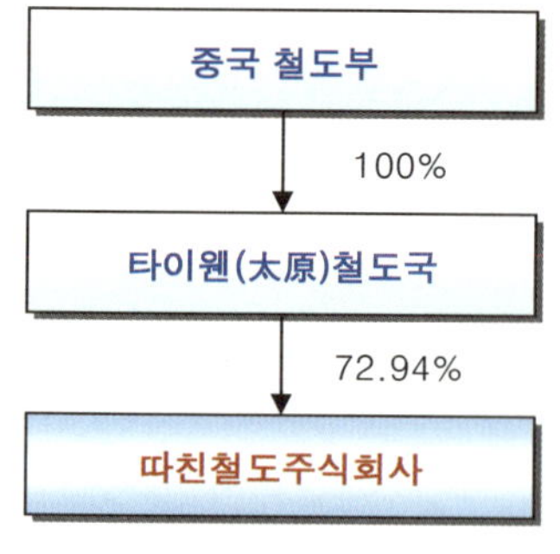

㈜ 회사 자료로부터 KSERI 작성

따친철도회사는 2004년 10월 26일 산시(山西)성 따통(大同)철도국에 대한 구조조정 과정에서 베이징철도국이 최대주주로 나서면서 설립된 회사이다. 이듬해인 2005년 3월, 중국 철도부는 11·5철도계획을 기획하면서 직영 철도국에 대한 구조조정의 일환으로 따친철도회사의 최대주주였던 베이징철도국의 지분 모두를 타이웬(太原)철도국으로 이양하였고, 그 결과 현재의 지배구조가 완성되었다. 앞서의 <도표 1>에 나타난 바와 같이, 따친철도회사의 최대주주는 타이웬철도국으로 전체 지분의 72.94%를 소유하고 있지만 실질적으로는 중국 철도부의 통제를 받고 있다.

중국 정부가 국가 5개년 계획에 이처럼 따친철도회사를 별도로 언급하고 있는 것은 철도가 중국 석탄운송에 있어서 절대적으로 중요한 역할을 하고 있기 때문이다. 중국경제의 고도성장을 견인하고 있다고 할 수 있는 중국 석탄산업은 "서탄동운(西煤东运; 서쪽의 석탄을 동쪽으로 운송한다)"으로 대변될 수 있는데, 바로 따친철도회사가 있는 산시(山西)성이 중국 최대의 석탄 생산기지이다.

석탄의 용도는 발전용과 제철용, 그리고 시멘트 산업용 등으로 쓰이고 있기 때문에 중국의 석탄 수요량은 매년 급증하고 있는 추세이다. 아래의 <도표 2>에 정리된 바와 같이, 중국의 전력생산량과 조강생산량을 통해 석탄수요량의 추이를 추정할 수 있다.

먼저, 세계 주요국별 발전량 추이를 살펴보면, 중국은 미국에 이어 세계 2대 전력 생산국가라고 할 수 있다. 특히 2006년 연료별 전력생산 현황을 보면, 화력 발전량이 2조3,573억kwh로 전체 발전량의 83.17%를 차지할 정도로 압도적이고, 이어서 수력 4,167억kwh, 원자력 543억kwh, 풍력 27억kwh 등의 순으로 나타나고 있다.

다음에, 주요국별 조강 생산량 추이를 살펴보면, 2005년 기준으로 중국이 전년대비 26.8%가 증가한 3.56억 톤을 생산하였고, 일본은 1.12억 톤, 미

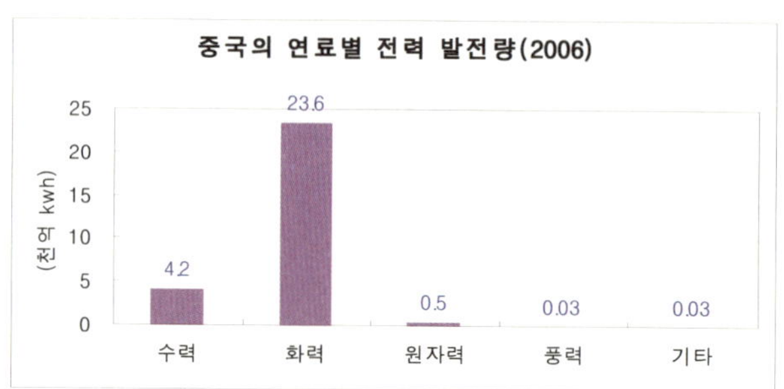

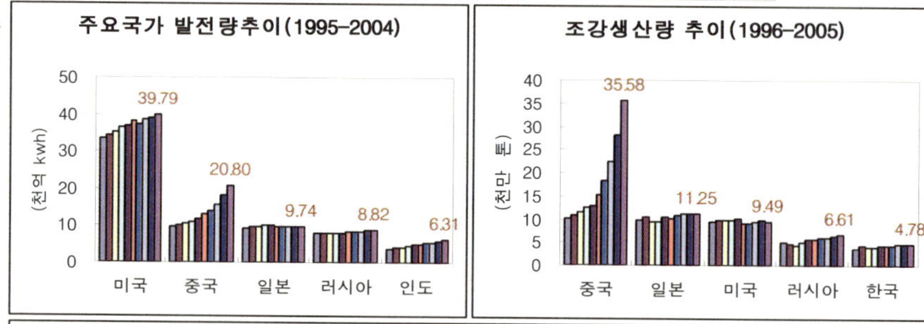

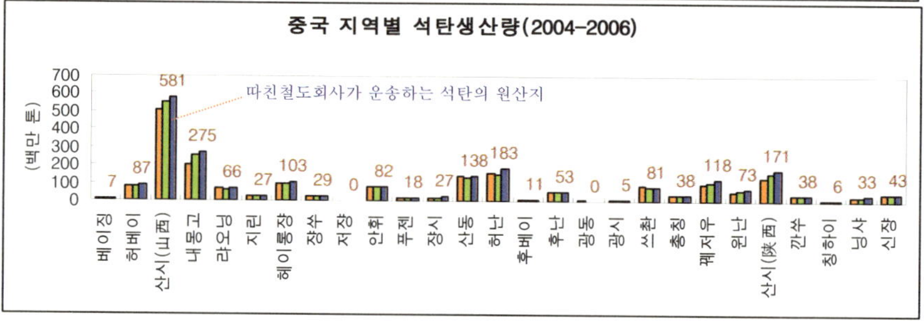

㈜ 각종 자료로부터 KSERI 작성

국 0.95억 톤, 러시아와 한국은 각각 0.66억 톤과 0.48억 톤을 생산하였다. 현재 중국은 전세계 조강시장의 30% 이상을 생산하고 있는 것으로 추정된다. 이어서 중국의 지역별 석탄생산량 분포를 보면, 거의 중국 전역에 걸쳐 탄광이 존재하고 있는 것으로 나타나고 있는고, 이 중 따친철도회사가 위치해 있는 산시(山西)성이 중국 전체 석탄생산량의 25% 이상을 생산하고 있는 것으로 나타나고 있다.

이제 따친철도회사의 경영현황을 살펴보기로 하자. <도표 3>에서, 따친철도회사의 주요 사업영역은 여행객 운송 및 화물 수송, 하역, 창고운영으로, 5개의 철로를 별도로 관리하고 있다. 또 회사의 최대 수입원은 석탄수송으로, 따친철도가 중국 최대의 석탄생산기지인 산시(山西)성과 내몽고지역의 석탄을 동쪽으로 운송하는 최대 주요통로로 이용되고 있으며, 중국 전체 석탄운송량의 20% 정도를 책임지고 있다.

<도표 3> 따친철도(Daqin Railway)의 최근 경영현황

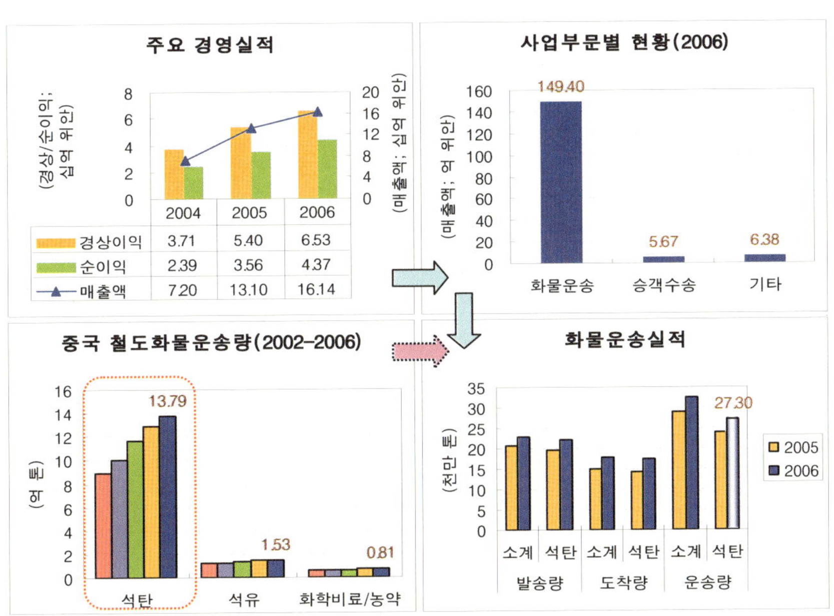

㈜ 중국 철도부 및 회사 자료로부터 KSERI 작성

2006년 매출액은 전년대비 23.2%가 증가한 161억 위안(약 1조9,285억 원)으로 나타났으며, 경상이익은 20.9% 증가한 65.29억 위안을, 당기순이익은 22.7% 증가한 43.71억 위안을 기록하였다. 사업부문별 매출액 분포를 살펴보면, 2006년 전체 매출액의 92.5%에 해당하는 149억 위안(약 1조 7,846억 원)이 화물운송사업 부문에서 발생했고, 나머지는 승객수송사업 5.7억 위안, 철로이용금 등 기타사업부문에서 6.4억 위안의 매출이 발생했다.

이처럼 매출의 대부분을 차지하고 있는 화물운송사업의 2006년 실적은 전년대비 평균 13% 신장을 기록하였다. 화물운송량은 3.27억 톤을 기록하였는데, 이 중 석탄운송량이 전체 화물운송량의 83.5%에 해당하는 2.73억 톤을 차지하였다. 이는 중국이 2006년 철도를 이용해 운송한 석탄총량(13.8억 톤)의 19.8%에 해당하는 수치이다.

현재 따친철도회사가 운송하고 있는 석탄의 산지는 앞서 <도표 2>에 나타난 바와 같이 산시성의 진베이(晋北)와 내몽고자치구의 멍시(蒙西)지역으로, 이 두 지역 물량의 92.1%가 따친철도회사를 통해 외지로 운송되고 있다. 이로부터 따친철도회사의 향후 매출액은 산시성과 내몽고지역의 석탄생산량에 의존한다고 할 수 있으며, 다시 산시성과 내몽고지역의 석탄생산량은 석탄산업 11·5계획을 통해 유추할 수 있다. 중국 정부의 석탄산업 11·5계획에 의하면, 이 두 지역의 중국내 석탄생산량 비중은 2010년까지 지속적인 증산으로 42.3%에 달할 것으로 예상된다. 2006년의 경우 대략 37% 수준이었던 점을 감안하면 향후 산시성과 내몽고지역에 대한 석탄생산량 의존도는 계속해서 높아지게 될 것으로 보이며 따라서 따친철도회사의 매출 역시 2010년까지는 안정적으로 증가할 것으로 보인다.

한편, 2006년 8월 1일 상하이거래소에 상장한 따친철도회사는 발행 당시 주당 4.95위안에 30.3억 주를 발행함으로써 150억 위안(약 1.8조 원) 가까이 조달한 것으로 알려지고 있다. 2007년 7월 19일 현재 주가는 14.29위안에 거래되었으며, 최초 발행가 대비 3배 가량 오른 것으로 나타났다.

<도표 4> 따친철도회사의 주식 거래현황

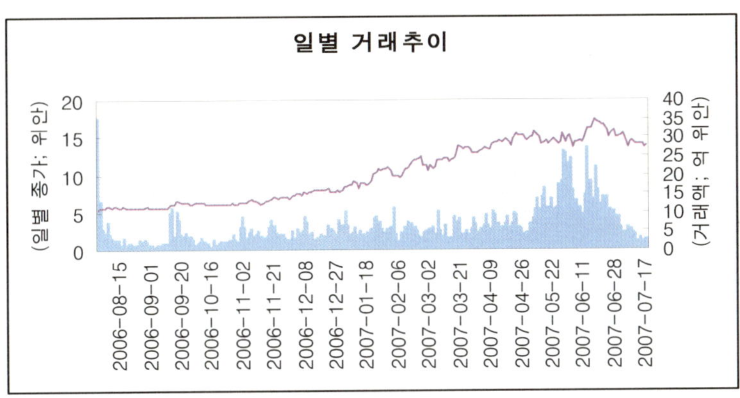

㈜ SSE 자료로부터 KSERI 작성

24. 홍하이(Foxconn)그룹

타이완을 대표하는 기업이자 컴퓨터, 통신, 전자부품 설계 및 제조업체인 홍하이그룹(Hon Hai, 鴻海集團)에 대해 소개하고자 한다. 팍스콘(Foxconn)으로 유명한 홍하이그룹은 2006년 말 현재 시가총액 2.3조 신타이완달러(대략 697억 달러)로 타이완거래소 1위에 올라 있고, 창립자인 꿔타이밍(郭台銘)은 포브스(Forbes) 아시아가 뽑은 중화경제권 부호 8위에 올라 있다. 팍스콘은 중국어로 "푸스캉(富士康)"이라 쓰여지며, 홍하이(鴻海, Hon Hai) 그룹의 상표명이다.

창립자이자 그룹의 회장 겸 대표이사로 자리하고 있는 꿔타이밍은 1950년 출생으로 1973년 군대를 제대하자마자 푸싱항운(復興航運)에서 사회 생활을 시작하였다가 이듬해인 1974년에 친구와 함께 자본금 30만 위안으로 '홍하이플라스틱' 회사를 창업하였다. 하지만 사업경험이 없었던 탓에 1년 만에 자본금을 모두 날리고 동업하던 친구마저 떠났다. 이에 홀로서기를 시작한 꿔타이밍은 당시 타이완에서 붐이 일기 시작한 흑백TV에 관심을 갖고 회전손잡이를 제작하면서 사업을 본격적으로 전개하였다. 1982년 '홍하이 정밀공업주식회사(鴻海精密工業股份公司)'로 사명을 변경하고 1,600만 위안을 투자해서 컴퓨터 부품제작으로 사업영역을 확대하였으며, 1985년에는 미국에 계열사를 설립하면서 팍스콘이라는 자체 브랜드를 갖기 시작하였다.

하지만 홍하이그룹의 성공 요인은 자체 브랜드제품을 내세우기 보다는 HP, 노키아, 모토롤라, 인텔, 애플, 소니 등 세계적인 기업들의 OEM생산을 통해 역으로 브랜드 이미지를 확고히 하고 있다고 할 수 있다. 그 동안 애플

컴퓨터의 Mac Mini, 아이팟(iPod), 인텔컴퓨터의 본체기판(Motherboard), 델컴퓨터와 HP의 부속품, 소니의 플레이스테이션 2,3 등 철저하게 기업고객이 원하는 제품을 완벽하게 설계하고 제작해줌으로써 글로벌기업들과 지속적으로 긴밀한 관계를 유지하고 있다.

현재 수십 개에 달하는 자회사 및 계열사를 거느리고 있는 홍하이그룹의 주요 사업영역은 3C(Computer, Communication, Consumer Electronics)로 대표되며, 컴퓨터 케이스와 본체, 그래픽 카드, 자판 등 컴퓨터 부품을 비롯하여 휴대폰, 자동화설비, 정밀기계, 자동차부품 등을 생산하고 있다. 또1985년 미국에 처음으로 진출한 이래로 1993년부터 중국, 일본, 영국, 아일랜드, 핀란드, 체코, 헝가리, 한국 등 세계 각국에 생산라인을 갖추고 있거나 해당 국가의 기업들을 합병 인수하면서 사업영역을 계속해서 넓혀가고 있다.

아래의 <도표 1>은 홍하이그룹의 주요 자회사 및 계열사간의 지배구조 현황을 나타낸 것으로, 지주회사인 홍하이정밀공업이 대부분 계열사들의 100% 지분을 소유하고 있다. 그룹의 지주회사는 홍하이정밀공업이며 최대 주주는 창립자인 꿔타이밍으로 13.42%의 지분을 소유하고 있는 것으로 나타났다. 그룹은 2006년 카메라와 광학기계를 제조 생산하는 푸리얼(普力爾)을 인수하기로 결정하고 12월에 인수작업을 완료했으며, 최근에는 반도체 메모리 사업에까지 진출할 계획이라는 소식이 타이완 증권가에서 나돌고 있다.

다음에, <도표 2>는 홍하이그룹의 최근 경영실적을 나타내고 있다. 매출액은 2001년부터 2006년까지 한 해 평균 50%에 가까운 성장률을 보이고 있다. 그룹 매출액의 대부분은 3C사업에서 창출되고 있다고 할 수 있는데, 특히 커넥터(Connectors), 케이블어셈블리(TV 등 전자제품의 후방에 돌출되어 있는 안테나 잭에 착탈 가능한 장치), 백플레인(Backplane, 시스템의

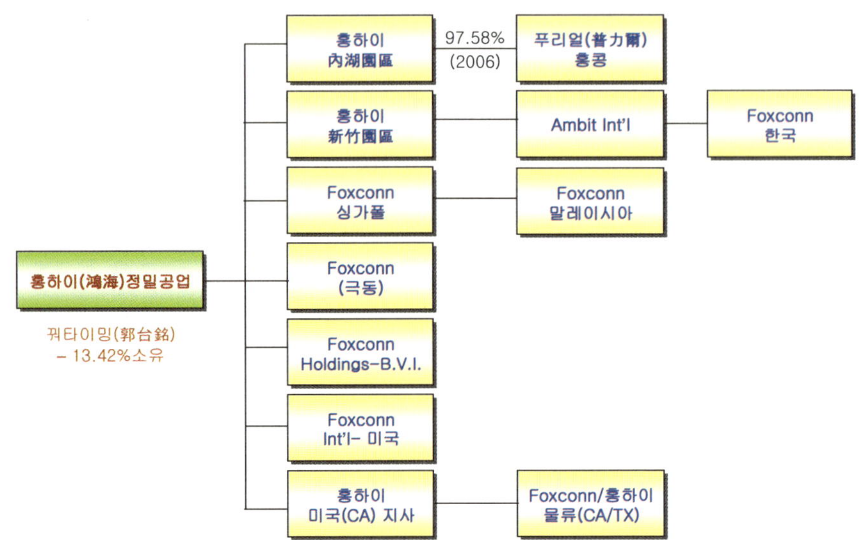

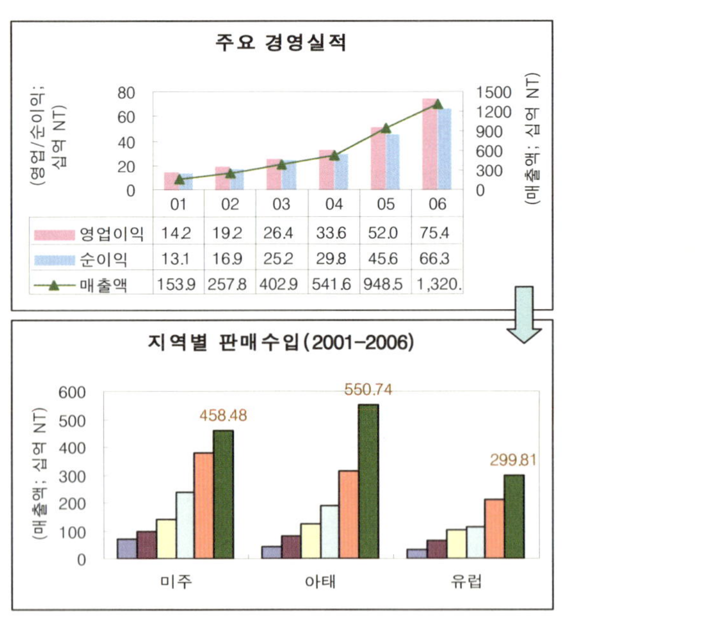

	01	02	03	04	05	06
영업이익	14.2	19.2	26.4	33.6	52.0	75.4
순이익	13.1	16.9	25.2	29.8	45.6	66.3
매출액	153.9	257.8	402.9	541.6	948.5	1,320.

본체기판에 보조기판들을 연결하기 위한 전기 및 기계적 장비), 인터커넥트
(Interconnect) 등과 같은 연결장치 사업부문에 주력하고 있다. 2006년 그
룹의 연결매출액은 전년대비 39.2%가 증가한 1조3,204억 신타이완달러(대
략 36조9,705억 원)를 기록했으며, 영업이익은 44.9%가 증가한 754억 신
타이완달러(대략 2조1,102억 원), 당기순이익은 45.3%가 증가한 663억 신
타이완달러(대략 1조8,557억 원)를 기록하였다.

<도표 3> 홍하이(Foxconn) 주요 계약실적

계약종류	회사명	계약기간
판매계약	Nokia Mobile Phone Ltd.	2001.6 ~ 2004.6
	Intel	2000.2 ~ 2005.2
	Apple Computer Inc.	1999.12 ~
	Compaq Computer Corp.	2000.8 ~ 20005.8
	Sony Computer Entertainment Inc.	2005.7 ~ 2006.3
	Sony Corp.	2004.11 ~ 2005.11
	Motorola Inc.	2003.5 ~ 2006.4
	HP	2003.5 ~ 2008.5
	International Business Machine Corp.	2005.3 ~ 2008.3
	Gateway Companies, Inc.	2005.3 ~ 2008.3
	SOFTBANK BB Corp.	2004.10 ~ 2005.9
	Cisco Systems International	2006.2 ~ 2011.2
특허권계약	The Whitaker Corp.	1997.11 ~
	I-PEX Co., Ltd.	2000.3~
	Tekcon Electronics Corp.	2000.8 ~
	Tyco Electronics Corp.	2000.2 ~
	Methode Electronics, Inc.	1998.9 ~
	Tyco Electronics Logistics AG	2000.11 ~
	FCI USA, Inc, & FCI America	2004.3 ~
	Macrovision Licensing & Holding	2004.1 ~
	MPEG LA.	2004.7 ~
기술계약	HP	2005.3 ~

㈜ 홍하이그룹 자료로부터 KSERI 작성

한편, 지역별 매출액 분포를 살펴보면 그룹의 OEM 사업방식과 궤를 같이 하고 있다고 할 수 있다. 끊임없는 M&A를 통해 세계적인 OEM업체로 성장해가고 있는 홍하이그룹은 3C 제품의 생산물량을 확대함으로써 규모의 경제에 입각한 저렴한 가격경쟁력을 내세워 기존 경쟁업체들을 압도하고 있다. 그 결과 상기 <도표 3>에 나타난 바와 같이 세계적인 기업들과의 안정적인 장기계약으로 이어지고 있다.

주요 고객은 미주, 유럽, 아태지역으로 크게 나누어지는데, 이 중 아태지역 매출이 전체 매출액의 41.7%인 5,507억 NT달러로 가장 많으며 전년대비 무려 78.3%나 신장한 것으로 나타나고 있다. 미주지역 매출은 전년대비 21.3%가 증가한 4,584.83억 NT달러를, 유럽지역은 42.4% 증가한 2,998.08억 NT달러를 기록하였다.

이처럼 그룹은 매년 빠르게 성장하고 있는 매출액을 바탕으로, 향후 '글로벌R&D본부'를 설립하고, 본부 산하에 정밀기계연구소, 나노연구소, 신성장발전연구소 등 3개 연구소를 두어 연구기능을 한층 강화할 것으로 알려지고 있다. 또, 이미 앞서 언급했듯이, 대만 최대 OEM업체로서 새로운 사업영역인 반도체조립 사업에 새롭게 뛰어들 준비를 하고 있다는 소식도 전해지고 있다. 이는 MS, HP 등 주요 글로벌 고객기업들의 브랜드 영역을 침해하지 않는 범위 내에서 외주 제작업체로서의 자리매김을 확실히 하겠다는 포석으로 해석할 수 있겠다.

마지막으로, <도표 4>는 그룹의 지주회사라 할 수 있는 홍하이정밀공업 주식회사의 최근 1년간 주식거래 추이를 나타내고 있다. 홍하이정밀공업은 1991년 6월 타이완증권거래소(TSEC)에 처음 상장되었는데, 2006년 말 현재 시가총액 2.3조 NT달러(대략 64조 원)로 타이완거래소 1위에 올라 있다. 최근 세계 주가의 동반상승과 함께 홍하이(Foxconn)에 대한 시장의 기대심리가 고스란히 반영되고 있다고 보여지는데, 2007년 1월부터 현재까지 하루 평균 1,214만 주, 29억 NT달러가 거래되고 있는 것으로 나타나고 있다. 또, 주가 역시 1년 전과 비교해 50% 가까이 상승한 주당 300 NT달러 수준에서 거래되고 있는 것으로 나타나고 있다.

<도표 4> 홍하이정밀공업의 주가추이

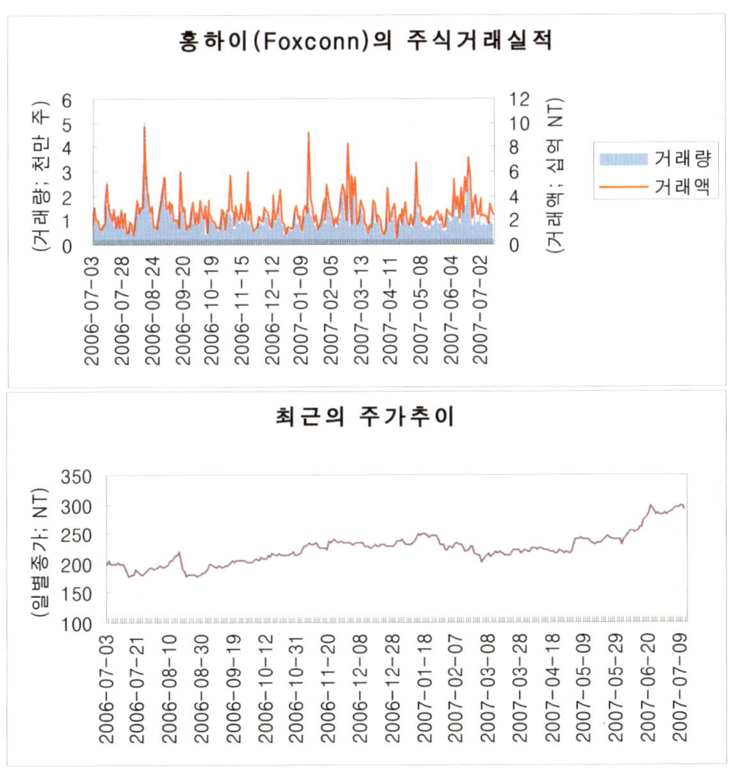

㈜ TSEC 자료로부터 KSERI 작성

25. 청콩그룹(長江集團)

2007년 3월 《포브스(Forbes)》가 매년 선정하는 '올해의 세계부호'명단에서 빌 게이츠가 560억 달러로 13년간 세계 최고의 갑부자리에 올랐었다. 하지만 3개월이 6월 말, 멕시코 통신재벌 카를로스 슬림(Carlos Slim Helu)이 빌 게이츠의 개인자산 592억 달러를 훌쩍 뛰어넘는 678억 달러를 기록하면서 단번에 세계 최고의 갑부로 등극하였다고 한다. 그렇다면 아시아 최고의 갑부는 누구일까? 포브스 발표에 의하면, 인도 미탈-아르셀로 철강그룹의 최고경영자인 락시미 미탈(Lakshmi Mittal)이 320억 달러로 전세계 5위에 올라 있고, 뒤이어 홍콩의 부동산재벌 리카싱(李嘉誠)이 230억 달러로 9위에 올라 있다. 리카싱은 중화권 최고의 갑부로 홍콩경제뿐 아니라 중국경제에도 엄청난 영향력을 행사하고 있는 인물이라고 할 수 있다. 이에 이글에서는 리카싱이 소유하고 있는 청콩그룹(長江集團, Cheung Kong Group)에 대해 살펴보기로 한다.

리카싱은 1928년 광동성 차오저우(潮州) 출신으로 2008년 만 80세가 되었다. 1940년 일본 침략으로 부모와 함께 홍콩으로 이주를 하였으나, 15세 되던 해에 부친이 별세하자 플라스틱무역회사에 취직하면서 사회생활에 첫발을 내딛었다. 그리고 23세인 1950년에 처음으로 설립한 청콩(長江)플라스틱회사는 1972년에 홍콩거래소에 제1호로 상장을 하였다. 이후 허치슨왐포아(和記黃埔有限公司, Hutchison Whampoa)와 홍콩전등그룹 (香港電燈集團, Hong Kong Electric Group)을 각각 1979년과 1985년에 인수하면서 본격적으로 사업확장을 시작하였다. 리카싱은 아들 둘을 두고 있는데, 장남인 빅터 리(李澤鉅)는 청콩그룹의 대표이사 겸 부회장으로 동시에 허치슨왐포아의 부회장직과 청콩인프라스트럭처(長江基建集團, Cheung Kong Infrastructure Holdings) 회장직, 그리고 CK생명공학(長江生命科技集團, CK Life Science Int'l)의 회장직을 맡으면서 리카싱의 후계자 구도를 공고

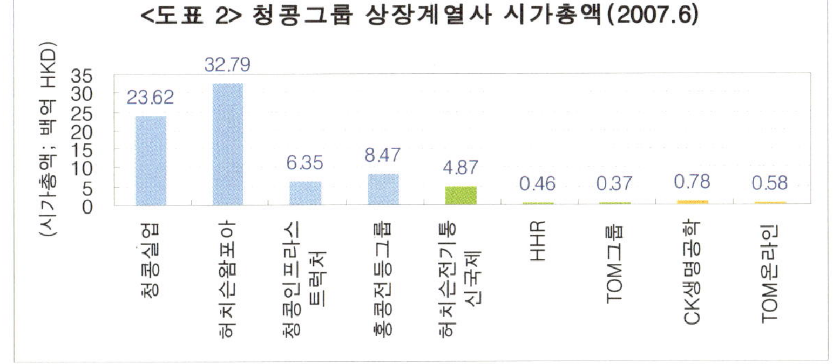

<도표 1> 청콩그룹의 상장 계열사 지배구조현황

<도표 2> 청콩그룹 상장계열사 시가총액(2007.6)

㈜ 청콩그룹 자료로부터 KSERI 작성

히 다지고 있다.

청콩그룹은 부동산개발 및 임대, 관리, 부두항만서비스, 통신, 호텔, 유통, 에너지, 인프라구축, 금융, 투자, 건축자재, 미디어, 바이오 등 거의 모든 분야에 걸쳐 사업을 전개하고 있으나, 주력 사업은 허치슨왐포아를 중심으로 한 부동산개발, 호텔, 유통, 인프라건설 및 투자사업 등이다.

상기 <도표 1>은 청콩그룹의 9개 상장회사 지배구조를 나타내고 있는데, 청콩실업(長江實業有限公司, Cheung Kong (Holdings) Ltd.)을 지주회사로 하여 홍콩의 대표기업격인 허치슨왐포아의 지분 49.97%를 소유하고 있다. 그리고 허치슨왐포아는 청콩인프라스트럭처의 지분 84.58%를, 허치슨전기통신국제(和記電訊國際有限公司, Hutchison Telecommunicational Int'l)의 지분 49.75%를, HHR(和記港陸有限公司, Hutchison Harbour Ring Ltd)의 지분 61.97%, TOM그룹의 지분 24.47%를 각각 소유하고 있다. 또, 청콩인프라스트럭처는 다시 홍콩전등그룹의 지분 38.87%를 소유하면서 항생지수를 구성하고 있는 주요 종목으로 자리잡고 있다.

또 <도표 2>는 9개 상장회사들의 시가총액을 2007년 6월 기준으로 정리한 것인데, 그룹의 전체 시가총액은 7,828억 홍콩달러(약 92조3,726억 원)로 추산된다. 이 중 허치슨왐포아가 3,276억 홍콩달러(약 38조6,867억 원), 청콩실업이 2,362억 홍콩달러(약 27조8,774억 원)로 그룹 전체 시가총액의 72.1%를 차지하고 있는 것으로 나타나고 있다.

이제 청콩그룹의 지주회사인 청콩실업의 최근 경영현황을 살펴보기로 하자. 아래의 <도표 3>에서, 청콩실업의 2006년 매출액은 전년대비 6.8%가 상승한 153억 홍콩달러(약 1조8,108억 원)를 기록하였으며, 영업이익과 당기순이익은 각각 28.6%와 28.7% 증가한 93억 홍콩달러와 183억 홍콩달러를 나타내고 있다. 그런데 청콩실업 2006년 매출액의 90% 이상이 자산매각(합자기업 배당수입 포함)에서 발생하고 있는데, 이는 2005년에 완공한

<h2 align="center"><도표 3> 청콩실업의 주요 경영현황</h2>

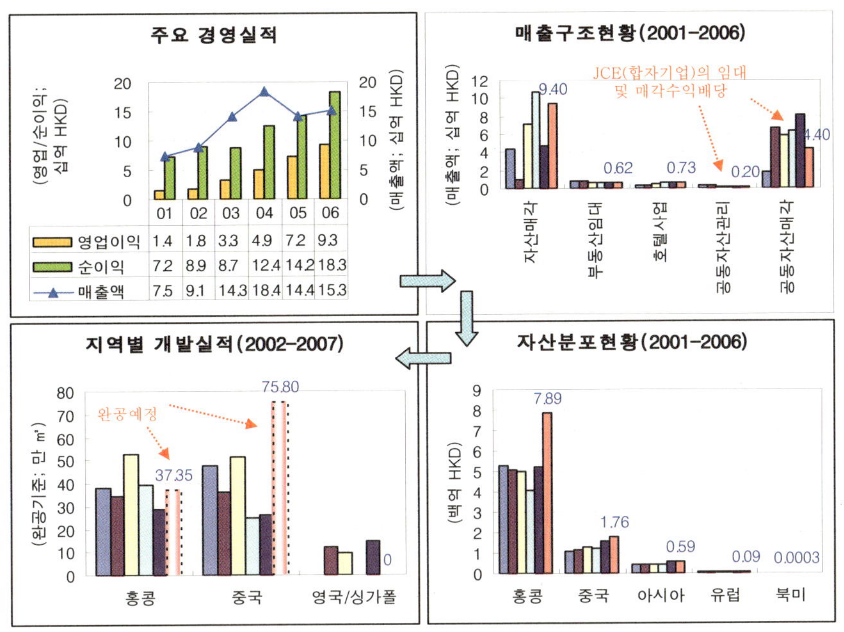

㈜ 청콩그룹 자료로부터 KSERI 작성

홍콩의 퍼시피카(Pacifica) 레지덴셜과 싱가폴의 케언힐 크레스트(Cairnhill Crest)의 매각 등에 힘입어 총 137.96억 홍콩달러의 수익을 올렸기 때문이다. 또, 호텔서비스사업도 매년 꾸준한 성장세를 보이고 있는데, 이는 최근의 경기호황으로 여행이 활기를 띠면서 객실 점유율이 높아진 것에 기인한 것으로 추정된다.

현재 청콩실업의 총자산은 1,033억 홍콩달러(약 12조1,927억 원)로 추정되는데, 이 중 홍콩에 76.3%, 중국에 17% 가량이 분포되어 있다. 특히, 중국내 자산소유가 매년 꾸준히 증가하고 있는데, 청콩실업은 자산매각 수익의 50% 가량을 중국내 개발사업에 투자하는 형태로 중국내 사업을 확대하고 있다. 2007년에도 중국에서 이미 11건(완공기준; 75.8만m^2)의 개발사업에 참여하면서 전년대비 3배 가까운 급신장을 나타내고 있으며, 향후 개발시장 완전개방에 대비해 여러 가지 대응책을 모색하고 있는 것으로 알려지고 있다.

다음에, <도표 4>는 청콩그룹의 대표기업인 허치슨왐포아의 최근 경영실적을 정리한 것이다. 2006년 매출액은 전년도와 비슷한 1,838억 홍콩달러(약 21조6,898억 원)를 기록하였고, 영업이익과 당기순이익은 전년대비 각각 85.1%와 39.7%가 증가한 277억 홍콩달러와 200억 홍콩달러를 나타내고 있다. 내역별 매출액 분포를 살펴보면, 상품 및 개발사업, 서비스제공(항

<도표 4> 허치슨왐포아의 주요 경영현황

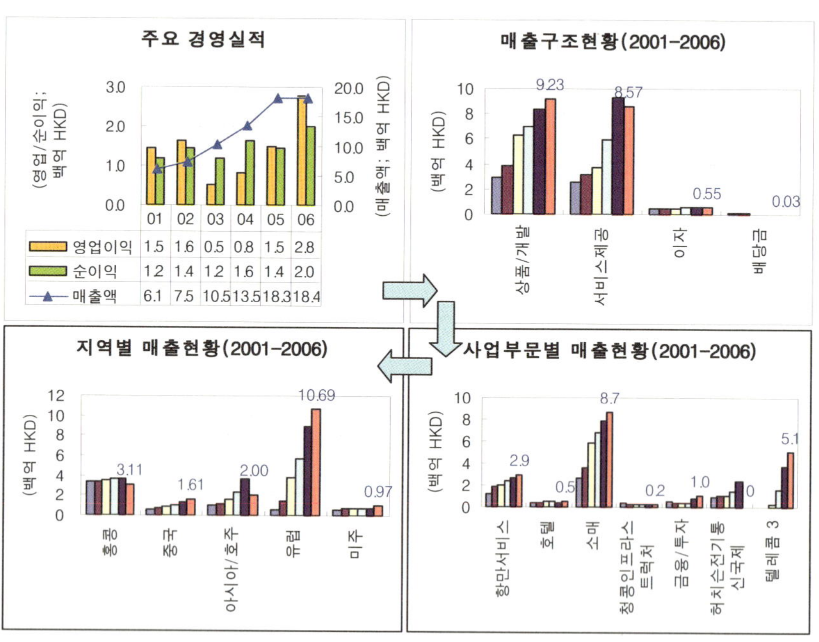

㈜ 청콩그룹 자료로부터 KSERI 작성. JCE(합자기업)의 매출은 포함하지 않음.

만, 통신)사업, 투자수익, 자산이자수입 등으로 구성되어 있는데, 이 중 상품
/개발사업과 서비스제공사업이 전체 매출액의 96% 이상을 차지하고 있는
것으로 나타나고 있다. 이는 허치슨왐포아가 자본집약형인 항만사업과 사회
인프라사업을 운영하고 있으며 계열회사에도 많은 투자를 하고 있고, 산업
적 특성상 국영회사 형태로 운영되고 있다는 점에 기인하기 때문으로 보인
다.

또 지역별 매출분포를 살펴보면, 유럽지역이 1,070억 홍콩달러로 전체 매
출의 58.1%를 차지하고 있으며, 이어서 홍콩, 호주, 중국 등의 순으로 나타
나고 있다. 이처럼 유럽지역의 매출이 가장 많은 이유는 허치슨왐포아가 최
초 영국자본으로 시작한 탓에 유럽내 소매/유통, 호텔사업을 전개하고 있을
뿐만 아니라, 계열사인 텔레커뮤니케이션-3를 통해 영국, 이탈리아, 스웨덴,
오스트리아, 덴마크, 노르웨이, 아일랜드 등에서 3G 서비스를 제공하고 있
기 때문이다.

이상으로 홍콩의 대표적 기업인 청콩그룹의 주력회사인 청콩실업과 허치
슨왐포아에 대해 간단히 살펴보았다. 이상의 분석 결과로부터 청콩실업은
그룹의 지주회사로써 주로 부동산 개발사업에 중점을 두고 있으며, 허치슨
왐포아는 그룹내 주요 계열사들의 실질적 투자를 담당하면서 항만, 통신, 전
기 등 인프라사업과 유통사업에 중점을 두고 있는 것으로 나타났다.

마지막으로, 청콩그룹은 상기 2개 주력계열사 외에도 7개 계열사가 홍콩
거래소에 상장되어 있는데, 2007년 6월 말 기준 이들 기업의 시가총액은
총 7,828억 홍콩달러로 홍콩주식시장 시가총액의 5% 정도를 차지하고 있
다.

아래의 <도표 5>는 청콩그룹 9개 상장회사들의 최근 주가추이를 나타내
고 있는데, 7월 3일 기준으로 청콩실업은 주당 102.4 홍콩달러에, 허치슨왐

<도표 5> 청콩그룹 상장계열사 주가 추이

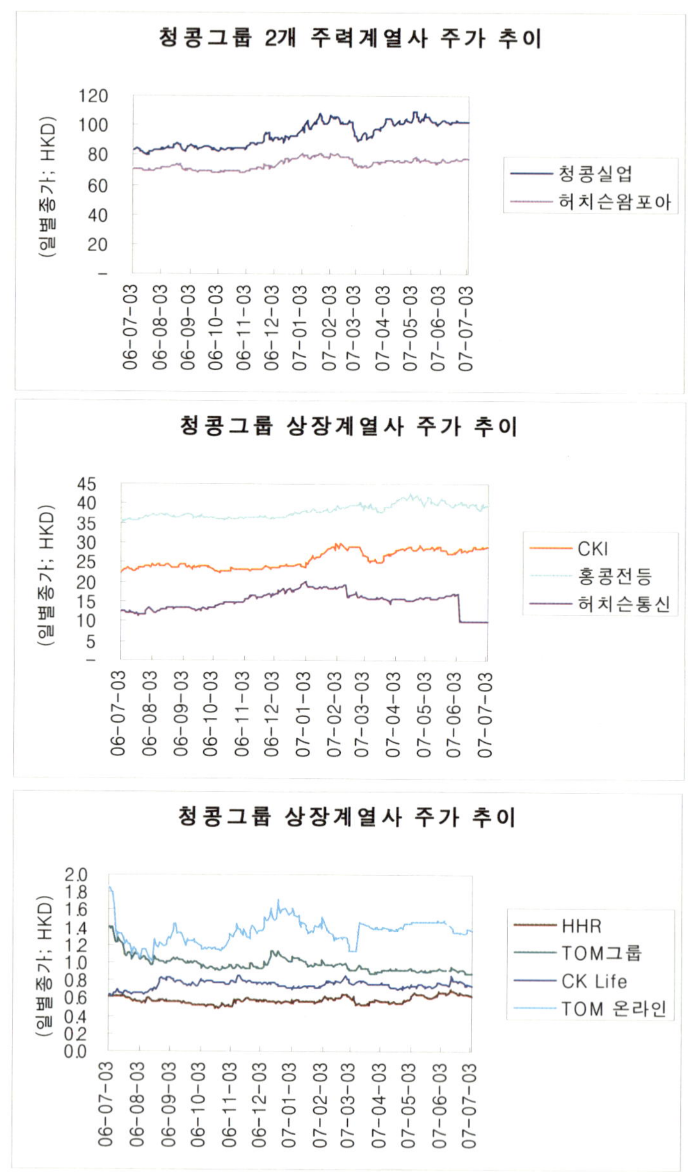

㈜ HKEx 자료로부터 KSERI 작성

포아는 주당 77.95 홍콩달러에 거래되고 있다. 또 홍콩전등은 주당 39.8 홍
콩달러, CKI(청콩인프라스트럭처)는 29.15 홍콩달러에 거래되고 있으며, 나
머지 TOM그룹, CK Life(CK생명공학), TOM 온라인 등도 주당 1 홍콩달러
전후 수준에서 거래되고 있다.

26. 중국원양운수그룹(COSCO)

중국원양운수그룹(COSCO)과 일본의 가와사키(川崎)중공업간의 합작투자가 한국 조선업을 추격하기 위한 전략적 제휴라는 점에서 관심을 모으고 있다. 이들 두 기업은 중국의 따롄시에 2010년 가동을 목표로 중국 최대의 조선소를 건립할 계획이라는 발표를 하였다. 이 발표가 있은 지 며칠 지나지 않아 코스코그룹은 필리핀의 구해군기지인 상리(Sangley) 지역에 30억 달러에 달하는 조선소 및 항만설비 건설계획을 잇따라 발표하였다.

이처럼 코스코그룹은 최근 중국 조선산업의 세계시장 공략에 적극 가담하는 움직임을 보이고 있는데, 코스코그룹의 조선산업은 난통코스코가와사키선박회사(南通中远川崎船舶工程有限公司)가 담당할 것으로 예상된다. 이 회사는 코스코그룹과 일본의 가와사키중공업이 공동으로 출자하여 설립한 조선회사로 1995년 말에 설립되어 1999년부터 정식 가동에 들어갔다. 현재 중국의 조선업은 중국선박중공(CSIC, 中船重工)과 중국선박공업(CSSC, 中船集团)으로 크게 양분되어 있는데, 이번 코스코그룹의 중국 최대 조선소 건립으로 중국의 조선산업도 3파전 양상을 보일 것으로 예상된다.

이에 이번 중화경제동향에서는 중국의 최대 해운업체인 코스코그룹에 대해 살펴보기로 한다.

코스코그룹의 전신은 1961년 4월 27일 설립한 중국원양운수회사(中国远洋运输公司)로서, 1993년 2월 중국 정부에 의해 현재의 그룹체제로 변모하였다. 그룹의 주요 사업영역은 해운물류를 비롯하여 선박 및 부두운영, 조선,

무역, 금융, 부동산 등이다. 그룹 산하에는 29개 계열사를 거느리고 있으며, 이 중 6개 회사가 <도표 1>에 나타난 바와 같이 홍콩과 싱가폴, 선전과 상해 증시에 상장되어 있다.

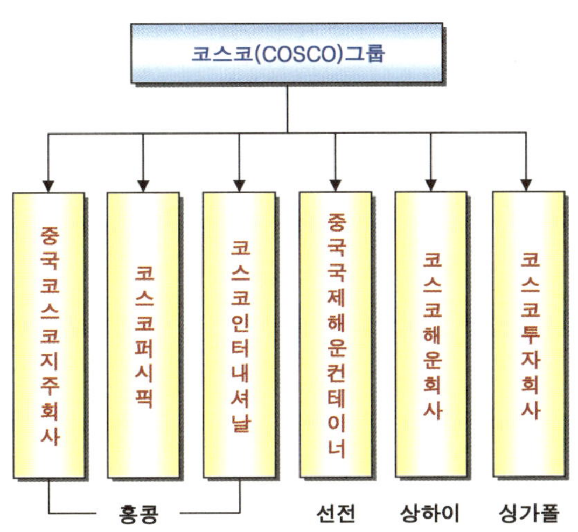

<도표 1> 코스코그룹의 상장 계열사

구체적으로 중국코스코지주회사(China COSCO Holdings, 中国远洋控股), 코스코퍼시픽(COSCO Pacific, 中远太平洋), 코스코인터내셔날(COSCO International, 中远国际)의 3개사는 홍콩거래소에 상장되어 있으며, 중국국제해운컨테이너(CIMC, 中技集团)는 선전거래소 A주식과 B주식에 상장되어 있고, 코스코해운(COSCO Shipping, 中远航运)은 상하이거래소에, 그리고 코스코투자회사(COSCO Corp.(Singapore), 中远投资)는 싱가폴에 각각 상장되어 있다.

또 코스코그룹 상장 계열사들의 지배구조현황을 살펴보면, 아래의 <도표 2>에 나타난 것처럼 코스코그룹은 국무원 국유자산감독관리위원회가

100% 지분을 소유하고 있는 완전한 국영기업이다. 이 중 중국국제해운컨테이너(CIMC)의 경우는 코스코그룹과 초상국국제투자회사(招商局国际(中集)投资有限公司)가 각각 16.23%를 소유하고 있는 것으로 나타나고 있다.[22]

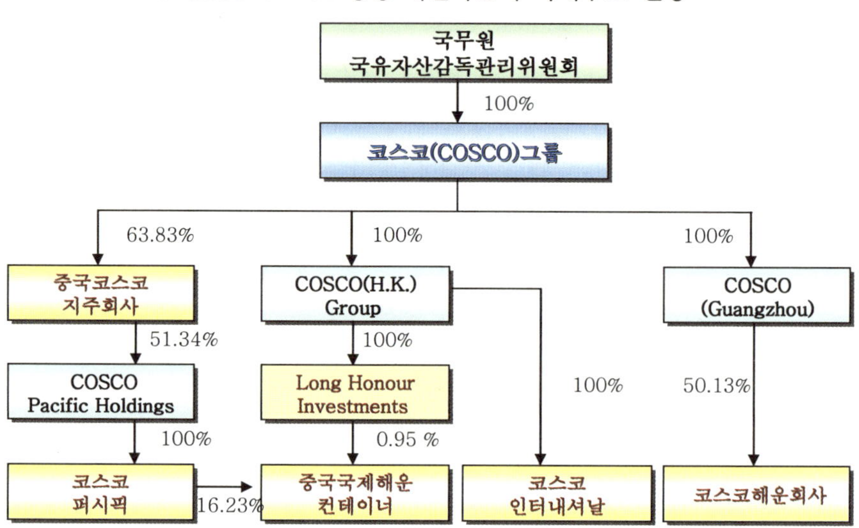

<도표 2> 코스코 상장 계열사들의 지배구조 현황

㈜ KSERI 작성. 노란색이 상장회사임.

중국코스코지주회사(China COSCO Holdings Company Limited)

2005년 3월에 중국에서 설립된 중국코스코지주회사는 그룹 계열사들의 지주회사 형태로 출범하여 그룹내 컨테이너선, 터미널, 컨테이너 임대, 물류사업을 총괄하고 있다. 이에 상장 계열사 중, 코스코퍼시픽과 중국국제해운

---

[22] 초상국(招商局)은 1872년 12월 26일에 설립되어 이듬해 상하이에서 정식으로 전개한 중국 최초의 상공업계 기업이라 할 수 있다. 현재는 홍콩 내에서 사업을 하고 있는 중국 대기업들이 그룹을 형성하여 중국자본의 홍콩유입의 주요 통로로 활용하고 있는 듯하다.

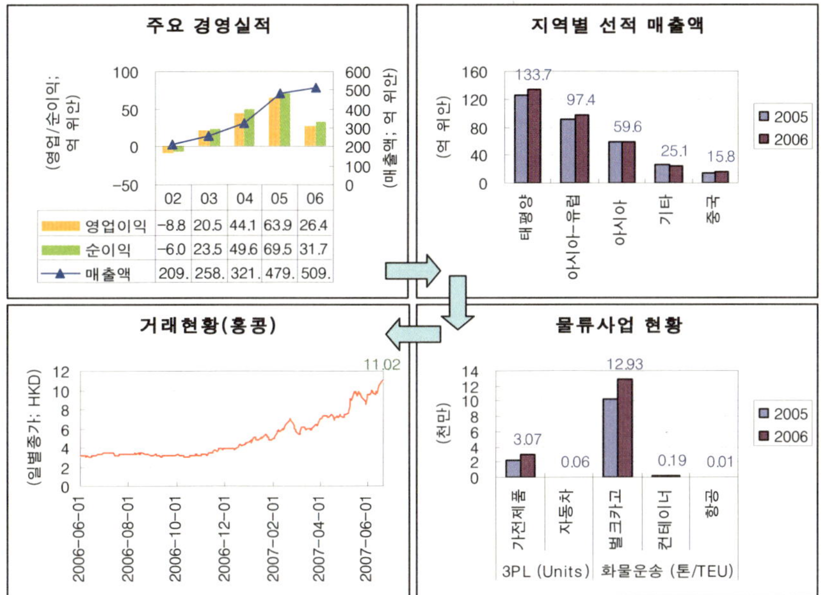

㈜ 각종 자료로부터 KSERI 작성

컨테이너의 일부 사업과 관련이 있는 것으로 추정된다.

　<도표 3>은 중국코스코지주회사의 주요 경영현황을 정리한 것으로, 2006년도 매출액은 509.94억 위안(약 6조1,193억 원)으로 전년대비 6.3% 증가하였다. 반면, 영업이익과 순이익은 크게 하락한 것으로 나타나고 있는데, 영업이익의 경우는 전년대비 -58.7%인 26.42억 위안, 순이익은 -54.3%인 31.68억 위안으로 각각 나타나고 있다. 이는 2006년 컨테이너 운임료가 바닥까지 떨어지고 연료가격이 상승하면서 영업실적이 저조했던 때문으로 추정된다. 지역별 선적 매출액을 살펴보면, 태평양지역이 133.7억 위안으로 가장 많은 것으로 나타나고 있고, 물류사업의 경우는 벌크화물이 전년대비 26.2% 증가한 1.29억 톤을 운송한 것으로 나타나고 있다. 한편, 기업의 물

류사업을 위탁운영 해주는 3PL의 경우 자동차가 전년대비 무려 525% 증가한 56.24만 Unit으로 집계되었다. 2007년 6월 20일 현재, 홍콩거래소에서는 1년 전과 비교해 3배 이상 오른 주당 11.02 홍콩달러에 거래되고 있다.

코스코퍼시픽(COSCO Pacific Limited)

주요 사업영역은 컨테이너터미널(부두) 운영 및 컨테이너임대사업이라고 할 수 있다. <도표 4>에 나타난 바와 같이, 코스코퍼시픽은 2006년 말 현재, 전세계 115개의 터미널 지분을 소유하고 있으며, 연간 6,100만 TEU를 처리할 수 있는 세계 5대 컨테이너터미널 운영회사이다.

<도표 4> 코스코퍼시픽의 주요 경영현황

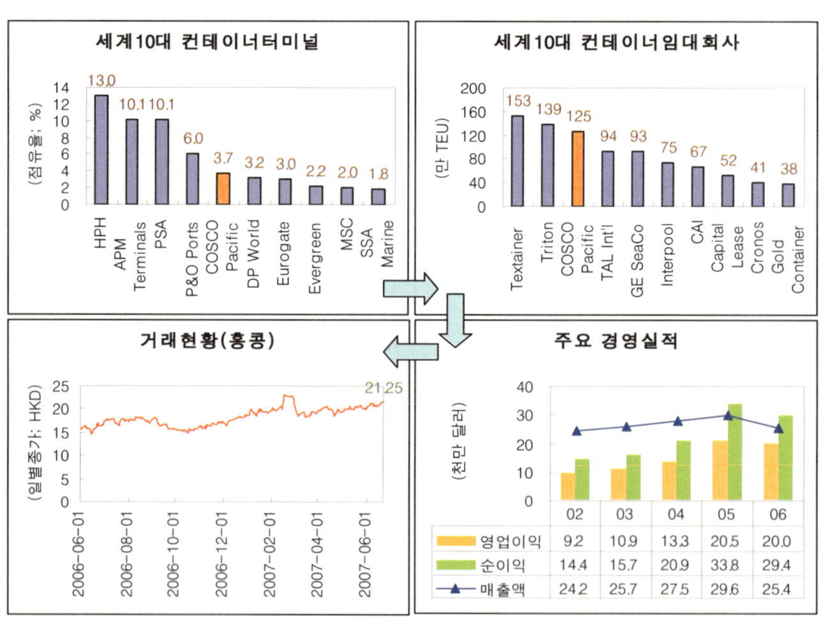

㈜ 각종 자료로부터 KSERI 작성

또 세계 3대 컨테이너임대회사인 플로렌스(Florens Container Holdings)
의 지분 100%를 소유하고 있으며, 그룹내 핵심 물류회사인 코스코물류회사
(COSCO Logistics Co., Ltd) 지분 49%를 그룹으로부터 인수하여 물류사업
에도 참여하고 있다. 지난 2004년에는 그룹이 소유하고 있던 중국국제해운
컨테이너(CIMC)의 지분 16.23%를 인수함으로써 컨테이너박스 생산에도
참여하고 있는 것으로 나타났다.

매출액은 전년대비 4.2% 감소한 2.53억 달러를 보인 가운데, 영업이익과
순이익도 각각 -2.4%, -13%인 2억 달러, 2.94억 달러를 기록한 것으로 나
타나고 있다. 6월 20일 현재, 주당 21.25 홍콩달러의 가격으로 거래되고 있
다.

중국국제해운컨테이너(CIMC)

코스코그룹과 초상국국제투자회사(招商局国际(中集)投资有限公司)가 각
각 16.23%를 소유하여 최대주주로 있는 중국국제해운컨테이너는 1992년
에 설립되었다. 주요 사업영역은 교통운송장비 제조 및 서비스로, 특히 컨테
이너박스, 도로운송차량, 항공설비관련 제품 등의 제조, 판매 및 서비스를
제공하고 있다.

아래의 <도표 5>에서 최근의 주요 경영실적을 살펴보면, 매출액은 전년
대비 7.1% 성장한 332억 위안으로 나타내고 있는 반면, 영업이익은 8.6%
감소한 27.6억 위안, 순이익은 3.7% 증가한 27.7억 위안으로 나타나고 있
다. 사업부문별 매출을 살펴보면, 전체 매출액의 78%인 259억 위안이 컨테
이너 판매사업에서 발생하고 있다. 또 지역별로는 아시아지역이 전년대비
31% 증가한 120억 위안으로 가장 많은 것으로 나타나고 있다. A주식은 선
전거래소에서 1년 전과 비교해 두 배 가까이 오른 주당 32.17위안에 거래
되고 있다.

<도표 5> CIMC 주요 경영현황

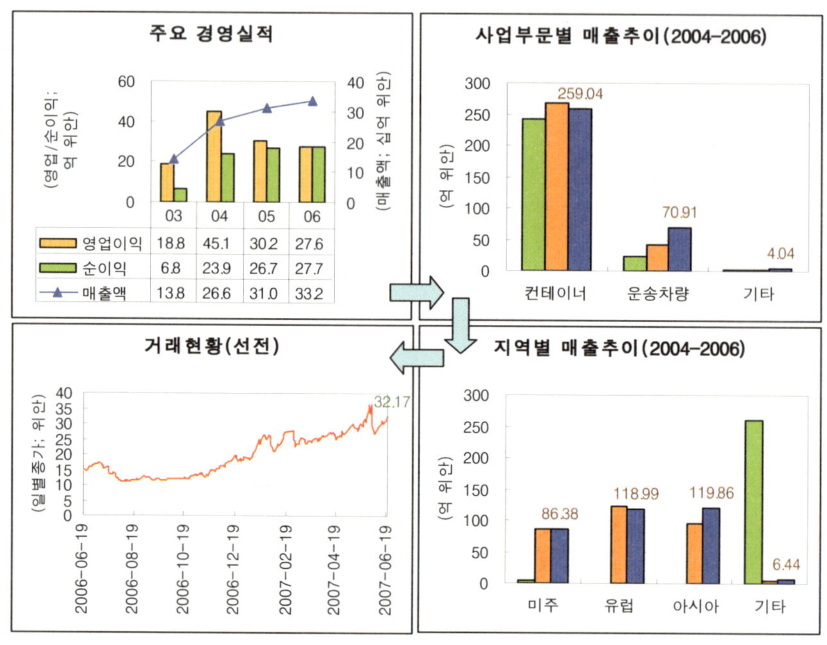

㈜ 각종 자료로부터 KSERI 작성

코스코인터내셔날(COSCO International Holdings Limited)

코스코인터내셔날은 코스코(홍콩)그룹이 100% 지분을 소유하고 있는 회사이다. 주요 사업영역은 선박거래 및 해상보험 브로커리지, 네비게이션을 포함한 해상부품 판매, 그리고 향후 장기적 발전이 기대되는 코팅제품 판매 등으로 나타나고 있다.

아래의 <도표 6>에서 주요 경영실적을 살펴보면, 2004년부터 흑자로 전환되고 있는데, 이는 코팅제품 사업의 급신장에 기인한 것으로 보인다. 2006년 말 현재 회사 전체 매출액의 66% 가량인 12.3억 홍콩달러가 코팅제품 사업에서 발생하고 있으며, 해상부품 3.12억 홍콩달러, 해상보험

4,301만 홍콩달러의 순으로 나타나고 있다. 코팅사업의 경우, 컨테이너 코팅실적이 5.56만 톤으로 가장 많고, 이어서 선박, 방식(防蝕)의 순으로 나타나고 있다. 2007년 6월 20일 기준, 주당 5.99 홍콩달러에 거래되고 있다.

<도표 6> 코스코인터내셔날 주요 경영현황

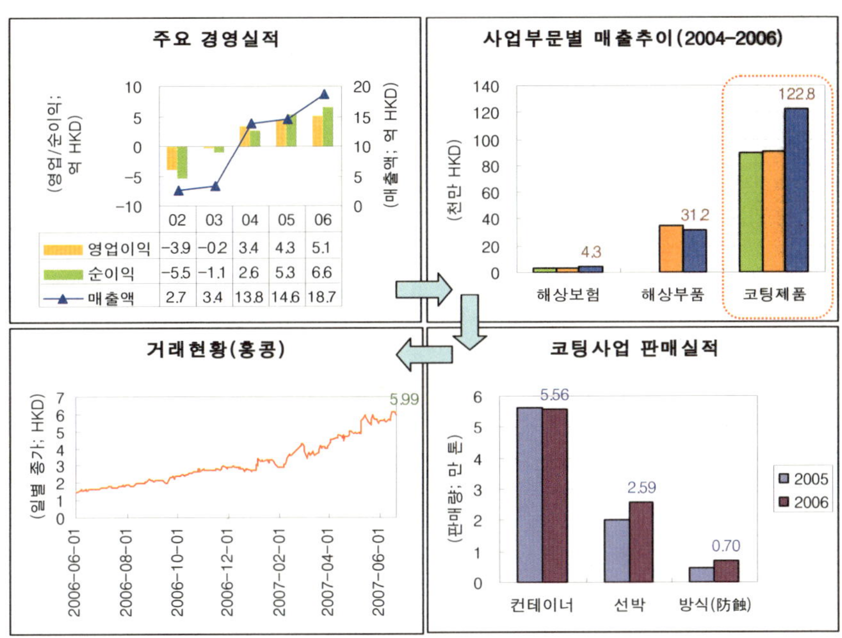

㈜ 각종 자료로부터 KSERI 작성

코스코해운회사(COSCO Shipping)

코스코(광저우)가 50.13%의 지분을 소유하면서 최대주주로 있는 코스코해운회사는 화물선 운영을 주된 사업으로 하고 있다. 현재 84척의 화물선, 136.63만 톤을 적재할 수 있는 해운회사로 최근의 경영실적은 아래 <도표 7>에 나타난 바와 같다. 2006년 매출은 38.5억 위안이며, 10억 위안의 영

221

업이익과 6.2억 위안의 순이익을 달성하였다. 화물선별 매출실적을 살펴보면, 전체 매출액의 60%가 다용도선 매출이며, 잡화선, 반잠수선, 중량화물선, 자동차선 등의 순으로 나타나고 있다. 또, 수출과 제3국 도착수입의 형태가 17.7억 위안과 12억 위안으로 전체 매출의 77%를 차지하고 있어 중국의 수출증가를 반영하고 있다고 할 수 있다. 코스코해운회사는 2002년 4월에 상하이거래소에 상장되었으며, 6월 21일 기준 주당 26.58위안에 거래되고 있다.

<도표 7> 코스코해운회사 주요 경영현황

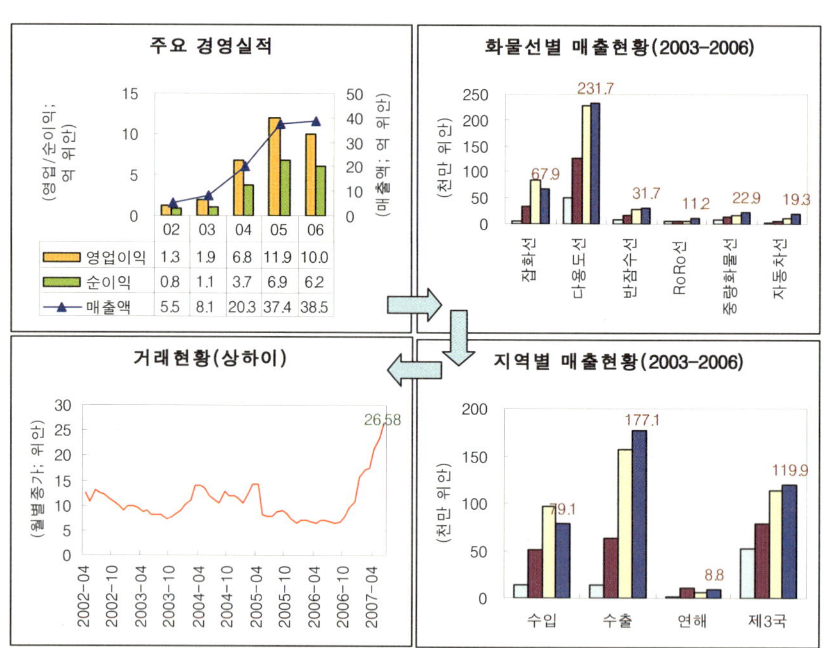

㈜ 각종 자료로부터 KSERI 작성

이상으로 코스코그룹의 6개 상장 계열사 중 싱가폴에 상장되어 있는 코스코투자회사를 제외한 5개 회사의 최근 경영실적을 살펴보았다. 중국의 해운 및 물류산업을 대표하고 있는 코스코그룹내 주요 계열사들의 2006년 경영실적은 2005년과 비교해 전반적으로 다소 부진한 모습을 보이고 있다. 이는 연료원가 상승과 컨테이너 운임가격 하락 등에 기인한 것으로 추정된다.

27. 화평방직국제그룹

중국의　화평방직국제그룹(中国华丰纺织国际集团有限公司,　Huafeng Textile International Group)이 2007년 6월 1일 한국증권선물거래소(KRX)의 유가증권시장 상장 예비심사를 통과함으로써 한국거래소에 정식 상장되었다. 이는 한국거래소에 상장되는 최초의 외국기업이자 중국기업으로, 향후 중국기업들의 한국증시 상장 여부에 어떤 영향을 미칠 지 지켜볼 필요가 있다. 3NOD(三诺)디지털그룹이 5월 코스닥상장 예비심사청구서를 제출하였고, 중국 상하이증시 시가총액 상위 10위권에 들어있는 대형기업도 국내증시 상장을 추진하고 있다는 소문도 나오고 있다. 이에 이번 중화경제동향에서는 중국기업의 국내상장 물꼬를 튼 화평방직국제그룹에 대해 간단히 살펴보고자 한다.

이에 앞서, 먼저 세계 섬유제품 및 의류 수출입 현황에 대해 간단히 살펴보기로 하자. 아래의 <도표 1>은 세계 섬유제품 및 의류의 수출입 현황을 정리한 것으로, 섬유제품 및 의류 수출입 모두 EU(25)가 최대로 나타나고 있으나, 이는 EU(25) 역내 교역이 상당부분을 차지하고 있으며 역외 교역 비중은 그리 높지 않다고 할 수 있다.

먼저 섬유제품 수출의 경우, 2005년 기준 EU(25)가 전년대비 5.8% 감소한 679.8억 달러를 수출하여 전세계 섬유제품 수출액의 33.4%를 차지하였다. 이어서 중국이 전년대비 22.8%가 증가한 410.5억 달러로 전세계 수출액의 20.2%를 차지함으로써 EU와 중국이 전세계 섬유제품 수출액의 절반

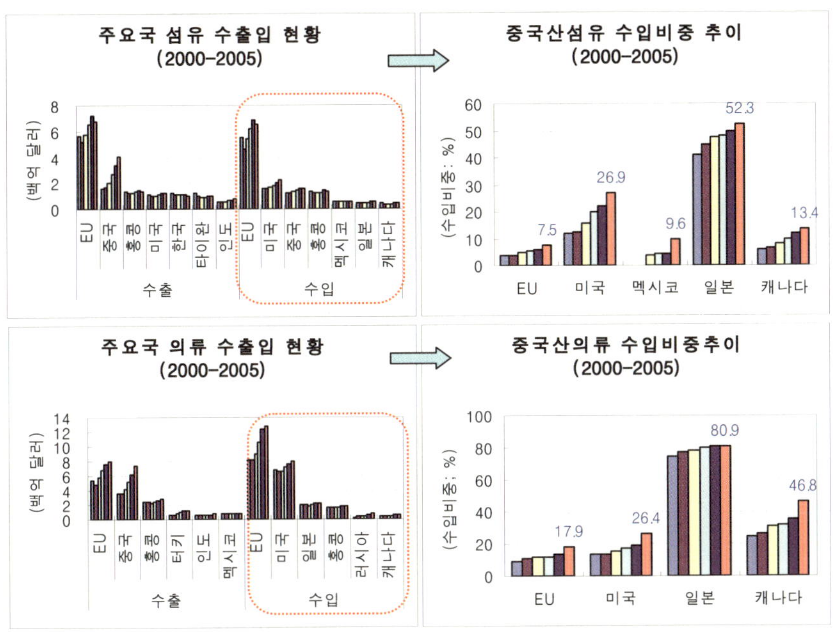

㈜ WTO 자료로부터 KSERI 작성.

이상을 차지한 것으로 나타나고 있다. 또 섬유제품 수입의 경우, EU(25)가 658.3억 달러로 역시 1위에 올라 있고, 뒤이어 미국 225.4억 달러, 중국 155억 달러, 홍콩 137.9억 달러, 멕시코 60.2억 달러, 일본 58.1억 달러 등의 순으로 집계되고 있다. 이 중 상위 5개국의 전체 섬유제품 수입 중 중국산 제품이 차지하는 비중은 매년 증가하고 있는 추세이다. 특히, 일본과 미국의 경우는 중국산 섬유제품 수입 비중이 52.3%, 26.9%를 각각 차지하고 있으며, EU는 7.5%인 것으로 나타났다.

다음으로 세계 의류 수출의 경우는, EU(25)가 전년대비 4.5% 증가한 803.5억 달러로 전세계 의류 수출액의 29.2%를 차지하였고, 이어서 중국이 전년대비 19.9%가 증가한 741.6억 달러로 전세계 수출액의 26.9%를 차지한 것으로 나타나고 있다. 또 홍콩 272.9억 달러, 터키 118.2억 달러, 인도 82.9억 달러 등의 순으로 나타나고 있으며, 인도는 수출물량은 상대적으로 많은 편은 아니지만 전년대비 25%가 증가할 정도로 의류수출이 활기를 띠고 있는 것으로 나타났다. 의류 수입 면에서는, EU가 1,287억 달러로 가장 많이 수입을 하고 있는 것으로 나타났고, 다음으로 미국 800.7억 달러, 일본 225.4억 달러, 홍콩 184.4억 달러, 러시아 78.4억 달러, 캐나다 59.8억 달러의 순으로 나타났다. 이 중 의류수입 국가들의 중국산 제품 수입비중을 살펴보면, EU가 17.9%, 미국 26.4%, 일본 80.9%, 캐나다 46.8% 등으로 나타나고 있다.

상기 <도표 1>에서 볼 수 있는 바와 같이, 중국산 섬유제품 및 의류의 세계시장 점유율이 빠르게 증가하면서 최근에는 30%에 달하는 비중을 차지하고 있는 것으로 나타나고 있고, 섬유제품보다는 완제품인 의류의 비중이 훨씬 높은 것으로 나타나고 있다. 특히 EU, 미국, 일본, 캐나다 등 상위 수입국가들의 중국산 시장점유율 역시 매년 빠르게 증가하고 있는 것으로 나타났다. 이처럼 중국 섬유제품 및 의류 산업은 수출 면에서는 고성장을 지속하고 있지만, 생산업체의 대부분이 가족형의 군소기업으로 환율 등 수출환경 변화에 취약한 산업구조라고 할 수 할 수 있다.

이제 화평방직국제그룹에 대해 살펴보기로 하자. 화평방직국제그룹은 현재 회장으로 있는 차이전롱(蔡振榮)이 1988년 푸젠성에 화평방직국제를 설립하면서 사업을 전개하기 시작하였다. 가족경영회사체제를 유지하고 있는 화평방직국제그룹의 주요 사업영역은 아래 <도표 2>에 나타난 바와 같이 크게 직물 및 염색가공과 방적으로 대별할 수 있다. 우선 직물 및 염색가공 분야는 푸젠스스화평직물회사(福建石狮华丰针织有限公司), 링펑염색직물회

<도표 2> 화평방직국제그룹의 계열사 및 사업영역

화평방직(Huafeng Textile)국제그룹

福建石狮华丰针织有限公司	凌峰漂染织造有限公司	沈阳华丰染整有限公司	华润织造印染有限公司	丰华纺织有限公司	华丰纺织连云港有限公司	华丰贸易澳门离岸商业服务有限公司	强华发展有限公司
(99.2%)	(100%)	(53.6%)	(100%)	(100%)	(100%)	(100%)	(100%)
직물/가공				방적		무역	경영

㈜ KSERI 작성. ()는 화평방직그룹의 지분임.

사(凌峰飘染织造有限公司), 선양화평직물회사(沈阳华丰染整有限公司), 화룬
직물염색회사(华润织造印染有限公司) 등 4개 계열사가 담당하고 있다. 방적
사업의 경우는 원료제공을 목적으로 평화방직회사(丰华纺织有限公司), 화평
방직(렌윈강)회사(华丰纺织连云港有限公司), 화룬 등의 계열사가 담당하고
있다. 이 중 화평방직(렌윈강)의 경우는 2006년 다른 업체에 임대하여 주고
연간 250만 홍콩달러의 임대비용을 받고 있는 것으로 알려지고 있다. 이처
럼 8개의 계열사로 구성되어 있지만 그룹 전체적으로는 2006년 매출이
690억 원 정도에 불과한 중소기업이라고 할 수 있다.

현재 8개의 계열사를 거느리고 있는 화평방직국제그룹의 주요 경영실적
은 아래 <도표 3>에 나타난 바와 같다. 우선 주요 계열사들의 생산능력은
2006년 기준으로 푸젠스스화평직물회사가 7.7만 톤, 링평염색직물회사가

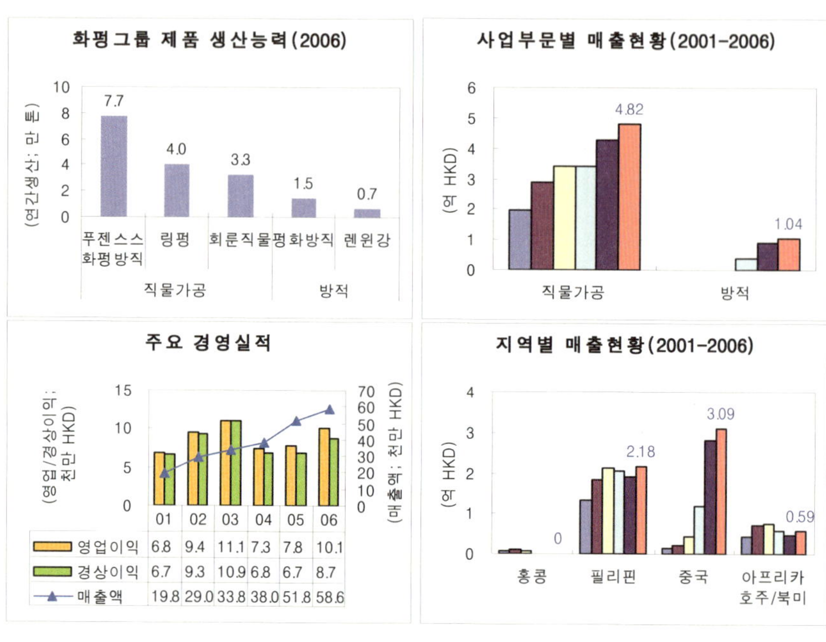

㈜ 회사 자료로부터 KSERI 작성

4만 톤, 화룬직물염색회사가 3.3만 톤의 직물가공 능력을 갖추고 있다. 방적의 경우는 평화방직회사가 1.5만 톤, 화평방직(렌윈강)회사가 0.7만 톤의 생산능력을 보유하고 있다. 또 사업부문별 매출분포를 살펴보면, 직물/가공이 그룹 전체 매출액의 82.2%인 4.82억 홍콩달러를 기록한 반면, 방적사업은 17.8%인 1.04억 홍콩달러를 기록하고 있으며, 2004년부터 매출액이 증가하고 있는데 이는 2003년 하반기부터 방적부문 및 회색직물 제조사업으로 진출하였기 때문으로 보인다.

또, 지역별 매출분포를 살펴보면 2005년부터 내수시장 비중이 급증하고 있다. 2006년 기준으로 내수시장이 전체 매출액의 52.7%에 해당하는 3.09억 홍콩달러로 나타나고 있으며, 필리핀이 2.18억 홍콩달러, 그리고 아프리카/호주/북미지역은 0.59억 홍콩달러의 매출을 각각 기록한 것으로 나타나고 있다. 이로부터 주로 중국과 필리핀 등 저가품 위주의 시장을 대상으로 생산 판매하고 있는 것으로 보인다. 그룹의 전체 매출액은 전년대비 13.1%가 증가한 5.86억 홍콩달러(약 690억 원)를 나타냈으며, 영업이익과 경상이익은 29.4%와 29.9%가 증가한 1.01억 홍콩달러와 0.87억 홍콩달러를 각각 기록한 것으로 나타났으나 2003년과 비교하면 각각 9%와 20.2% 감소한 것으로 보인다.

<도표 4> 화평방직국제그룹의 주식거래 현황

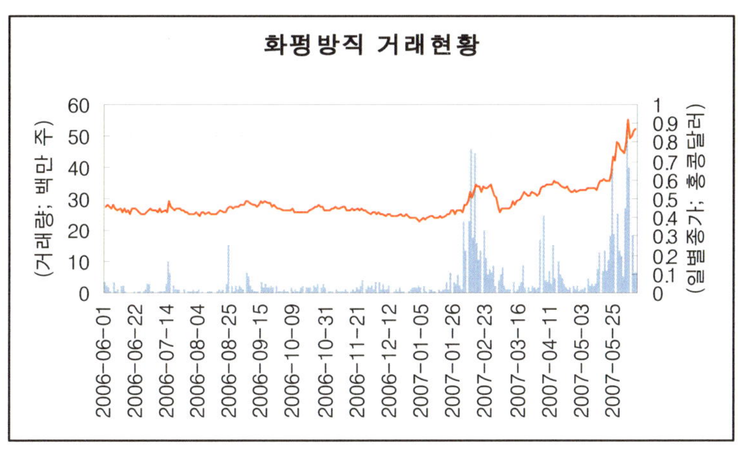

㈜ HKEx 자료로부터 KSERI 작성

2,200여 명의 직원을 고용하고 있는 화평방직국제그룹은 지난 2002년 8월 30일 홍콩거래소에 상장하여 3,900만 홍콩달러(약 46억 원)를 조달하였다. 이번 국내증시에서는 주당 31~39 홍콩달러로 공모하여 대략 1.86~2.34억 홍콩달러(약 276억 원)를 조달할 계획으로 알려지고 있다. 그룹의 홍콩거래소 최근 거래현황은 <도표 4>와 같이 2007년 6월 8일 기준으로

주당 0.87 홍콩달러로 거래되고 있으며, 시가총액은 7.75억 홍콩달러(약 915억 원)로 나타나고 있다.

2007년 중국 주식시장의 폭발적인 급등세로 중국 내에서의 자금조달이 훨씬 유리한 상황에서 매출액 700억 미만의 섬유업체인 화평방직국제그룹이 한국증시에 상장을 하였다. 경영실적을 종합해볼 때, 화평방직국제그룹은 중국내 난립해있는 수많은 중소 중견 섬유업체들 중의 하나로 볼 수 있다. 특히 중국과 필리핀 등 저가품 시장을 중심으로 생산 판매하는 중견 섬유업체인 화평방직국제그룹의 한국증시 상장이 과연 어떤 의미를 지닐 지에 대해서는 좀더 지켜볼 필요가 있을 것으로 보인다. 어떻게 보면 이번 화평방직국제그룹의 한국증시 상장은 화평방직국제그룹의 자율적인 선택과 결정에 의해서라기보다는 한국증권선물거래소 측의 중국기업 상장유치의 산물처럼 보이기도 한다. 과연 이를 계기로 중국의 대형기업들도 한국증시 상장의 문을 두드릴 지는 좀더 지켜볼 필요가 있을 것 같다.

28. 차이나라이프

2007년 6월 4일 중국 상하이증시는 3670.40 포인트로 마감하면서 전일 대비(6월 1일) 330 포인트, 무려 8.26%라는 엄청난 하락폭을 기록하였다. 6월 8일 현재 3,900 포인트를 상회하면서 다시 반등하는 기미를 보이고 있지만, 2007년 들어서면서 중국의 주식시장이 과열되고 있다는 것은 앞서 여러 차례 지적한 바 있다. (이번 중화경제동향은 2007년 6월 11일 작성되었다.)

이처럼 중국 주식시장의 이상과열 현상을 보이고 있는 주요 원인중의 하나는 대형 금융주들이 잇따라 상장되고 있다는 점을 들 수 있다. 2007년 금융시장개방을 하면서 중국 정부는 특히 금융산업 구조조정에 적잖은 노력을 기울였다. 구체적으로는 회진공사(汇金公司)를 통해 부실채권을 매입하면서 공상은행을 비롯한 시중은행들이 자본 건전성을 충족하면서 상장에 성공한 것이다. 2006년 7월에 중국 4대 국유상업은행 중 두 번째로 큰 중국은행이 상장을 한데 이어, 10월에는 최대 국유상업은행인 공상은행이 연이어 상장하면서 대형 금융주들이 거래되기 시작하였다. 2007년에는 보험주까지 가세하기 시작하고 있다. 2007년 1월 중국 최대 생명보험사인 차이나라이프가 상장을 한 데 이어, 3월에는 평안보험그룹(平安保险集团)이 상장을 마침으로써 중국의 주요 대형은행, 증권사, 보험사들이 이미 상장을 마쳤거나 준비 중에 있다. 이에 이번 중화경제동향에서는 공상은행, 중신증권에 이어 중국 최대 생명보험사인 차이나라이프(中国人寿保险股份有限公司, China Life)의 경영현황에 대해 살펴보고자 한다.

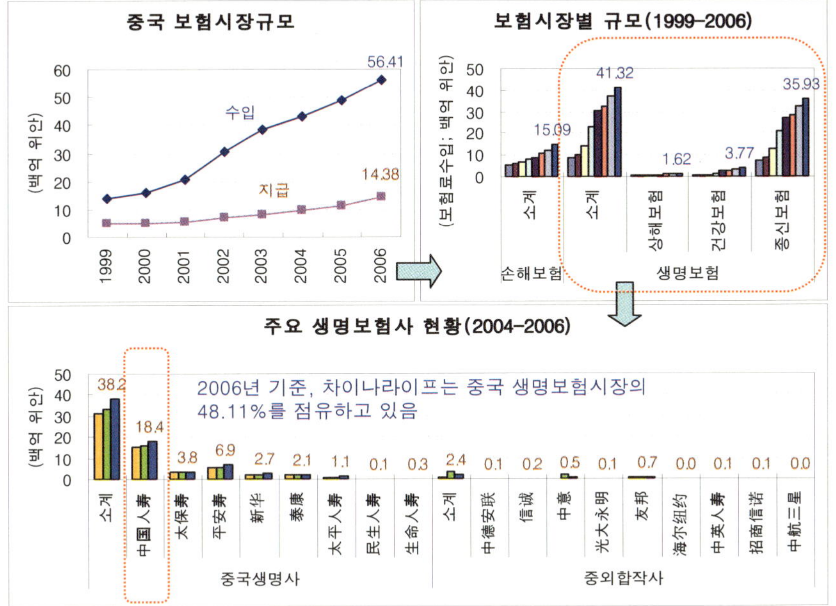

㈜ 중국 증감위 자료로부터 KSERI 작성

<도표 1>은 중국 보험시장의 동향을 나타낸 것으로, 2006년 기준으로 중국 전체 보험료 수입은 전년대비 14.5%가 증가한 5,641억 위안(약 67조 6,973억 원)에 이른 반면, 보험금 지급액은 전년대비 27.4% 증가한 1,438억 위안(약 17조2,615억 원)으로 나타나고 있다. 또 중국의 전체 보험시장은 매년 14% 이상의 높은 성장률을 지속하고 있는 것으로 나타나고 있다. 보험시장별 수입분포를 살펴보면, 손해보험시장이 1,509억 위안으로 전체 보험시장의 26.8%를 차지하고, 생명보험시장은 73.2%인 4,132억 위안 규모이다. 그리고 생명보험 상품별 시장을 살펴보면, 종신보험이 3,593억 위안으로 생명보험 전체의 87% 가량을 차지하고 있다. 이로부터 생명보험이 손해보험에 비해 약 3배에 달하는 시장을 형성하고 있는 것으로 추정된다.

또 <도표 1>에서 중국의 주요 생명보험회사별 시장점유 현황을 살펴보면, 중국회사와 중외합작회사간의 격차가 현저한 것을 알 수 있다. 특히 차이나라이프(中国人寿)의 경우는 2006년 기준으로 중국 전체 생명보험시장의 절반 가까운 1,838억 위안(약 22조607억 원)을 차지하고 있어 시장점유율이 48.1%에 달하는 것으로 나타나고 있다. 이어서 평안보험(平安寿) 690억 위안, 차이나퍼시픽(太保寿) 378억 위안, 신화(新华) 267억 위안, 타이캉(泰康) 208억 위안 등의 순으로 나타나고 있다. 이에 비해 중외합자보험회사들은 시장진입이 최근 이루어지고 영업망 등의 구축이 늦어 시장점유율이 상대적으로 미미한 수준으로 나타나고 있다. 2006년 현재 AIG 자회사인 미국의 AIA보험사(友邦)가 69억 위안(약 8,335억 원)으로 외국계 생명보험회사 중에서는 가장 높은 점유율을 나타내고 있으며, 이어서 이탈리아 앗시쿠라치오니 제네랄리(Assicurazioni Generali S.p.A.)사와 CNPC가 합작한 중이(中意)가 54억 위안(약 6,460억 원)으로 나타나고 있다. 한국의 삼성생명과 중국항공그룹이 합작한 중항싼싱(中航三星)의 경우는 683만 위안(대략 8억 원) 정도에 불과한 것으로 나타났다.

이제 상기 중국 보험시장 현황에 대한 이해를 바탕으로 중국 최대 생명보험사인 차이나라이프의 경영현황에 대해 구체적으로 살펴보기로 하자. 차이나라이프는 차이나라이프보험그룹(中国人寿保险集团)의 주력 계열사로서, 2003년에 그룹의 구조조정을 통해 탄생한 주식회사이다. 그룹의 전신은 1949년에 설립된 중국인민보험공사(中国人民保险公司)이며, 지난 1996년과 1999년 두 차례의 분사를 거쳐 차이나라이프공사(中国人寿保险公司))가 설립되었다. 그리고 2003년에 국무원과 중국보험감독위원회는 차이나라이프공사를 다시 구조조정을 함으로써 현재의 차이나라이프그룹이 탄생하게 된 것이다. 차이나라이프가 중국의 최대 생명보험사가 된 것은 바로 이런 국영기업으로부터 탄생된 기업이라는 배경을 바탕으로 하고 있기 때문이다.

그룹 산하에는 차이나라이프주식회사를 비롯해 차이나라이프자산관리회사, 투자관리회사, 해외 자회사 등을 갖추고 있다. 차이나라이프의 지배구조는 <도표 2>에 나타난 것처럼 지주회사격인 그룹이 68.37%의 지분을 소유하고 있으며, 다시 그룹의 지분은 중국 재정부가 100%를 소유하고 있는 완전한 국영기업이라고 할 수 있다.

<도표 2> 차이나라이프 지배구조 현황

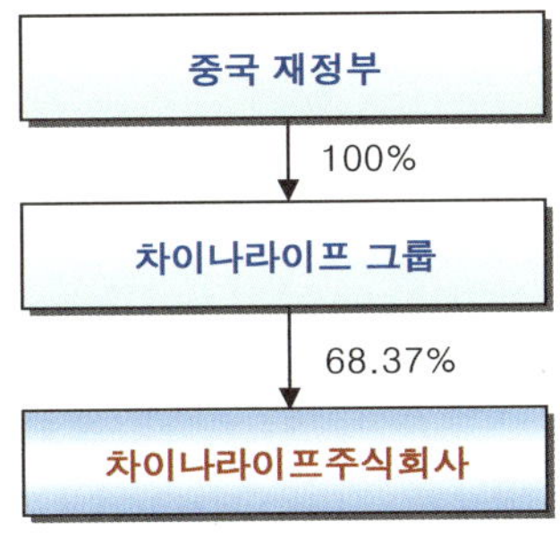

㈜ 회사 자료로부터 KSERI 작성

다음에 아래의 <도표 3>에서 차이나라이프의 경영현황을 살펴보면, 2006년 차이나라이프의 보험료 수입은 중국 전체 생명보험사 수입의 48%에 해당하는 1,826.8억 위안에 달했으며, 영업이익은 100.2억 위안, 당기순이익은 96억 위안을 기록하였다. 티벳 지역을 제외한 중국 모든 지역에서 영업활동을 전개하고 있는 차이나라이프는 2006년말 기준으로 총 15,000여 개의 영업지점에서 67.7만 명의 보험설계사가 활동하고 있으며, 이 중 96% 가량이 개인보험설계사인 것으로 추정된다. 수입구조를 살펴보면, 전체 보험료 수입의 81.8%인 1,504억 위안이 개인 생명보험료 수입으로 나타나고 있고, 연금보험을 위주로 하는 단체보험료 수입은 12.1%인 222억 위안으로 나타났다.

<도표 3> 차이나라이프 주요 경영현황

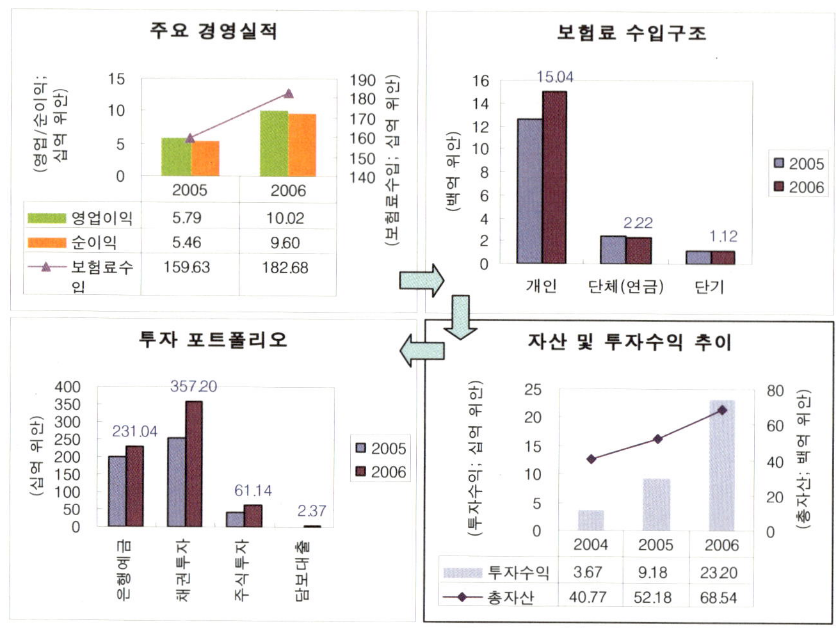

㈜ 회사 자료로부터 KSERI 작성

또, 총자산은 매년 30% 가까이 증가하고 있고, 2006년 말 기준으로는 6,854억 위안(약 82조2,440억 원)에 달하고 있다. 이 중 투자자산 총액은 6,517억 위안으로 232억 위안의 투자수익을 올려 전년대비 152.7%가 증가한 것으로 나타났다. 구체적으로 투자자산 포트폴리오 내역을 살펴보면, 국채 및 회사채 등 채권투자가 전체 투자자산의 54.8%인 3,572억 위안으로 가장 많은 것으로 나타나고 있다. 채권투자 수익도 125억 위안에 달해 전년대비 45.2%가 증가하였다. 이어서 은행예금이 2,310억 위안으로 35.4%를 차지하여 두 번째로 많은 것으로 나타나고 있다. 은행예금 투자수익은 전년대비 3.8% 증가한 83억 위안을 기록하였다. 또 주식투자는 9.4%

인 611억 위안으로, 전년대비 1785%나 증가한 107억 위안의 수익을 올린 것으로 나타났다.

지난 2003년에 구조조정을 마무리한 차이나라이프는 홍콩과 뉴욕거래소에 먼저 상장을 한 다음, 2007년 1월 9일에 상하이거래소에 상장을 하면서 당시 IPO를 통해 283.2억 위안의 자금을 조달하였다. 그 뒤를 이어, 3월에

<도표 4> 차이나라이프의 주식거래현황

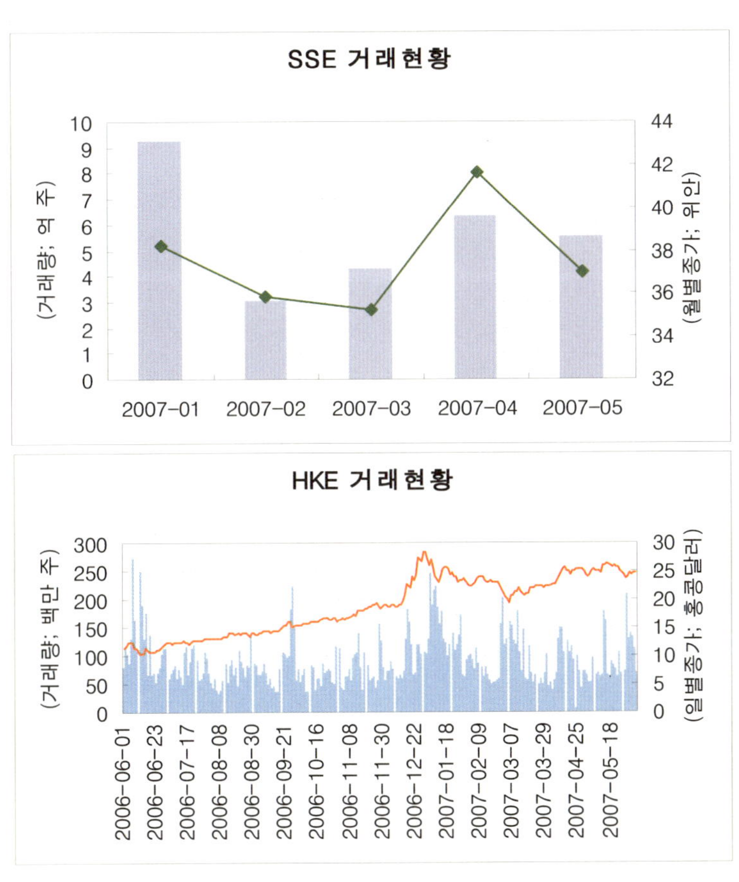

㈜ 각 거래소 자료로부터 KSERI 작성

237

평안보험이 388.7억 위안의 자금을 조달하였으며, 차이나퍼시픽, 신화, 타이캉 등 중국 상위 5대 생명보험사가 2007년에 상장을 준비하고 있는 것으로 알려지고 있다. 이로써 중국의 주요 금융기업들이 2007년 대거 상장할 것으로 보인다.

상기 <도표 4>에서 차이나라이프의 주식거래 현황을 살펴보면, 2007년 1월9일 상하이거래소에 상장을 한 차이나라이프의 주가는 상장일에 38.93위안으로 마감하면서 예정공모가인 18.88위안의 두 배를 넘어섰다. 6월 8일 현재, 차이나라이프 주가는 35위안 후반 대에서 거래되고 있으며, 시가총액은 7,486억 위안(약 89조8,327억 원)으로 추정된다. 홍콩거래소의 경우는 25 홍콩달러 전후에서 1일 평균 1억 주 안팎의 주식이 거래되고 있는 것으로 나타나고 있다.

중국 최대 보험사인 차이나라이프는 2006년 9월에는 보험감독위원회로부터 손해보험업 허가를 승인 받아 2007년부터 정식 영업활동을 개시하였을 뿐만 아니라, 중국 남방지역의 최대 상업은행 중 하나인 광동발전은행 주식의 20%를 매입함으로써 서서히 종합금융그룹으로 탈바꿈하려는 움직임을 나타내고 있다.

29. 중신(CITIC)증권

최근 중국 주식시장의 주가는 거의 폭발적인 급등세를 나타내고 있다. 중국 정부는 주식시장을 안정시키기 위해 기준금리와 시중은행에 대한 지준율을 지속적으로 인상하고 있으나 이미 탄력을 받기 시작한 주가 상승의 흐름을 막기에는 어려워 보인다. 이에 이번 중화경제동향에서는 최근 과열투기 양상을 나타내고 있는 중국 주식시장의 동향과 중신증권사의 경영 현황에 대해 살펴보고자 한다. (이번 중화경제동향은 2007년 6월 4일에 작성되었다.)

아래의 <도표 1>에서 주식투자 구좌 수 추이를 살펴보면, 2007월 4월 현재 9,395만 명이 개설한 것으로 나타났으며, 5월 29일 현재에는 1억27만 명으로 한달 사이에 6백만 명 가량이 늘어난 것으로 나타나고 있다. 주식투자 구좌수는 2006년 12월부터 급증하기 시작하고 있는데, 특히 2007년 4월 한달 동안에만 669.79만 명이 개설했으며 5월에는 700만 명이 신규 개설한 것으로 예상되고 있어, 하루 평균 30만 명 이상이 주식투자에 몰리고 있는 것으로 추정된다.

또 중국 주식시장의 시가총액을 보면, 2007년 1월에 사상 처음으로 10조 위안을 돌파하더니 4월에는 16조930억 위안(약 1,931조 원)을 기록하였다. 이 중 상하이거래소의 시가총액은 12.5조 위안으로 전체 시가총액의 77%에 달하고 있으며, 선전거래소는 3.7조 위안을 기록하고 있다. 이로부터 전체 시가총액뿐만 아니라 주식거래 비중 면에 있어서도 상하이거래소와 선전거래소와의 격차가 점점 벌어지고 있는 양상이다. 상하이거래소의 월별 주식거래 규모를 살펴보면, 2007년 4월에 3조2,000억 위안(약 386조6,325억 원)이 거래된 것으로 나타났다. 이는 2004년 1월 대비 12배 가량 증가한 수치로서 특히 2007년부터는 매월 전월대비 평균 60% 이상씩 증가하고 있다. 또 내국인 거래를 의미하는 A주식 거래가 전체 상하이거래소 거래액의 99.4%를 차지하고 있으며 외국인 거래는 0.6% 정도에 지나지 않고 있다. 이로부터 현재 중국 주식시장의 투기과열은 외국인투자에 의한 것이라기보다는 대부분 중국 내국인들에 의한 것이라고 할 수 있겠다.

<도표 1> 최근의 중국 주식시장 동향

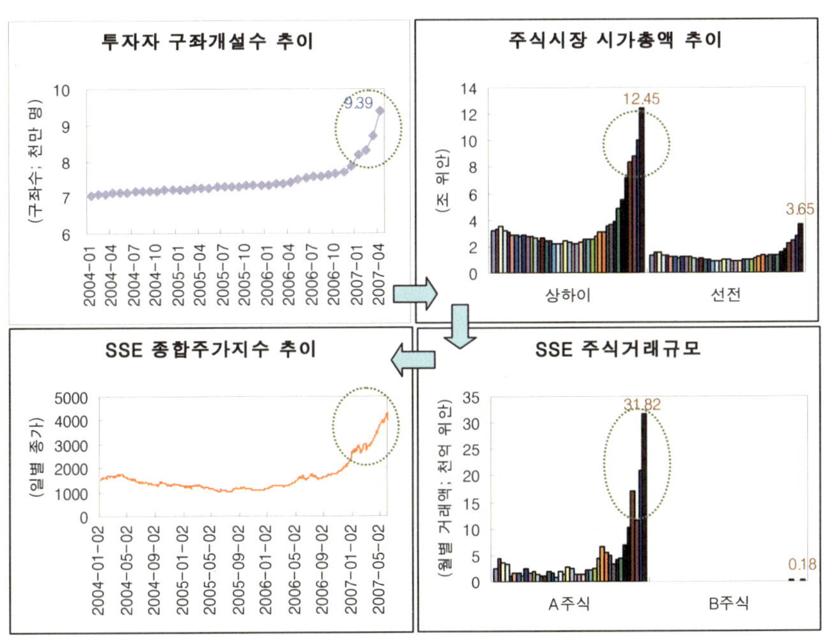

㈜ 각종 자료로부터 KSERI 작성

241

상하이 종합주가지수 역시 2007년 연초부터 가파른 상승곡선을 그리고 있다. 2006년 11월 20일에는 2001년 7월 이후 5년 4개월 만에 처음으로 2,000 포인트를 돌파하더니 3개월 후인 2007년 2월 26일에는 다시 3,000 포인트를 돌파하였고, 다시 2개월 후인 5월 9일에는 4,000 포인트를 돌파하여 수직 상승하는 모습을 보였다. 5월 29일에는 4,335 포인트까지 치솟았다가 5월 30일에는 전일대비 6.5% 가량 급락하였으나 그 다음날인 5월 31일에는 다시 1.4% 가량 반등한 4,109.65 포인트로 마감하는 등 주가변동성이 크게 확대되고 있다.

중국 주식시장의 이러한 투기과열로 인해, 최근 안양철강(安阳钢铁), 항샤오스틸(杭萧钢构) 등 상장회사들이 임직원 내부거래 및 허위계약 유포 등으로 주가조작을 한 사건들이 빈발하여 커다란 문제로 되고 있다. 특히 이들은 주가조작으로 수억 위안의 차익을 챙긴 반면 그에 대한 법적 제제는 수십만 위안의 벌금부과에 그쳐 주가조작으로 피해를 본 많은 투자자들의 불만을 사고 있다. 이에 중국 정부는 내부거래 및 허위정보 유포 등 주가조작을 방지하고 투자자를 보호하기 위해 일련의 시장안정화 조치들을 계속 발표하고 있다. 우선 중국 정부는 증감위의 감독역할을 강화할 목적으로 《중국증권감독관리위원회의증권매매행위제한실시법》을 제정하고, 증감위가 내부거래 등 위법행위에 대한 실사를 하는 동안 최장 15일간 해당회사의 주식매매를 제한할 수 있도록 해 놓았다. 또 최근에는 《시장위험예방을위한투자자교육강화통지》를 발표하여 내부거래 및 주가조작 등에 대해 집중 단속하겠다고 했다. 중국 재정부 역시 주식매매 및 양도세를 기존의 0.01%에서 0.03로 상향 조정하기로 결정하였다. 하지만 이러한 대책으로는 작금의 주식시장의 광풍을 잠재우기에는 역부족으로 보인다. 향후 위안화 절상과 중앙은행의 과잉유동성 흡수를 위한 금리인상에 따라 중국 증시는 언제든지 크게 동요할 가능성이 높아지고 있다.

한편, 중국 주식시장의 과열로 가장 큰 혜택을 누리고 있는 곳 가운데 하나가 바로 증권회사라고 할 수 있다. 중국의 상위 증권회사 중 상하이거래소에 유일하게 상장되어 있는 중신증권주식회사(中信证券股份有限公司)의 경우를 살펴보면, 2007년 4월 현재 유통주 시가총액 1,013억 위안(약 12조 1,514억 원)으로 상하이거래소 전체 상장회사 중 1위에 올라 있다.

<도표 2>에 나타나 있는 바와 같이, 중신증권은 중국중신그룹(中国中信集团公司)의 계열사이다. 중신그룹은 1979년 10월 4일 덩샤오핑(邓小平)의 직접 주도하에 전(前) 부주석 롱이런(荣毅仁)에 의해 설립되었다. 당시는 중국국제신탁투자공사(中国国际信托投资公司)로 출범하여 중국 정부의 실질적인 대외개방 창구로서의 역할을 담당하였다가 지난 2002년 3월에 현재의 중신그룹으로 변경하였다. 그룹의 사업영역은 크게 금융사업 부문과 비금융사업 부문으로 나뉘어지는데, 중신증권은 중신은행(中信银行)으로 대표되는

<도표 2> 중신그룹 주요 사업영역

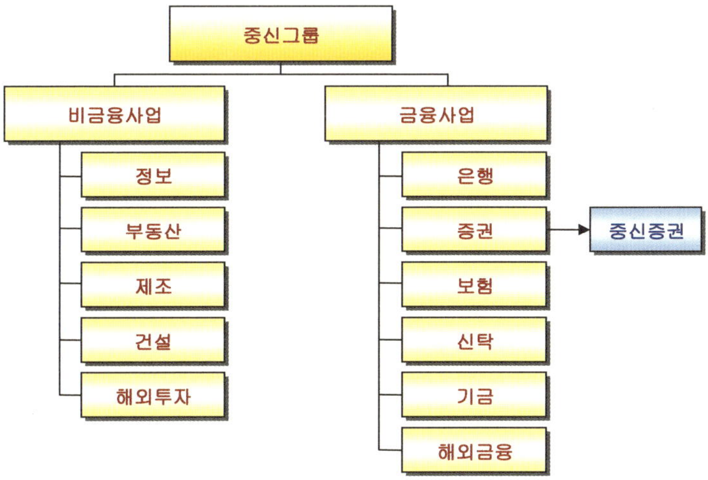

㈜ KSERI 작성

243

은행사업부문과 함께 중신그룹 금융사업의 대표적인 계열사라고 할 수 있다.

<도표 3>에서 중신증권의 지배구조를 살펴보면, 중신그룹이 전체 지분의 24.88%를 소유하고 있고, 중신그룹의 자회사인 중신꿔안(中信国安)이 6.16%를 소유하고 있다. 또, 차이나라이프그룹과 차이나라이프가 각각 11.89%, 5.32%를 보유하고 있으며, 방직/의류회사인 YOUNGER(雅戈尔)가 6.16%를 소유하고 있는 것으로 나타났다.

<도표 3> 중신증권 지배구조 현황

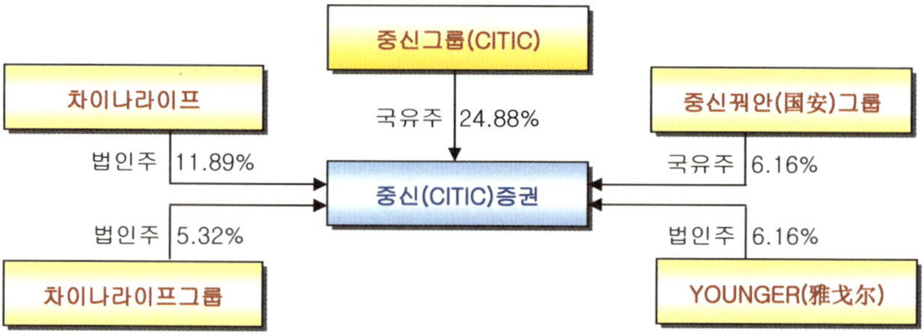

㈜ KSERI 작성

또 아래의 <도표 4>에서 중신증권의 경영실적을 살펴보면, 중국 주식시장의 투자열기를 고스란히 반영하고 있다. 중신증권은 2007년 4월 현재 상하이거래소에 상장되어 있는 850개사 중 유통주 시가총액 부문에서 1,012.62억 위안으로 1위를 기록하고 있다. 2위는 초상(招商)은행으로 917억 위안이며, 민생(民生)은행 795.38억 위안, 바오스틸 528.81억 위안, 공상은행 498억 위안의 순으로 나타나고 있다.

중신증권의 2006년 매출액은 전년대비 535%가 증가한 58.3억 위안을 기록하였으며, 영업이익 역시 585%가 증가한 27.4억 위안을, 그리고 당기순이익은 493%가 증가한 23.7억 위안을 기록하여 전례 없는 호황을 누리

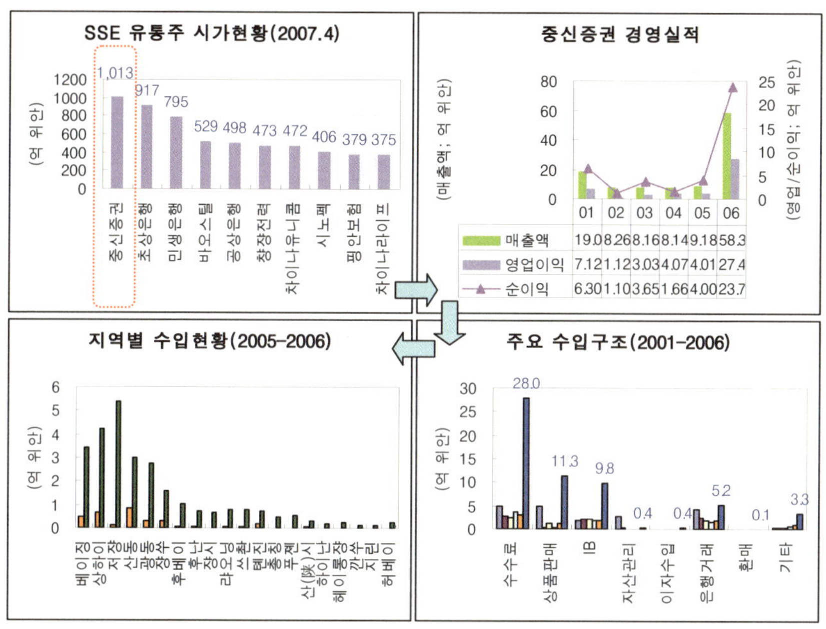

㉿ 각종 자료로부터 KSERI 작성

고 있다. 수입내역별 현황을 살펴보면, 브로커리지, 상품판매, IB 등 3개 부문의 수입이 전체 수입의 84.1%를 차지하고 있다. 이 중 전체 수입의 48%에 달하는 브로커리지(수수료) 수입이 28억 위안으로 전년대비 7.7배 가량 증가하였고, 자체 증권상품판매 수입은 11.3억 위안으로 약 9배 가량 증가한 것으로 나타났다. IB(법인금융) 부문의 경우는 2006년 세계 최대의 IPO를 기록한 공상은행을 비롯한 중국은행들의 상장을 주관하면서 중국 A주식 IPO시장의 21%를 점유함으로써 전년대비 4.3배 증가한 9.8억 위안을 기록하였다.

중신증권은 현재 중국 전역에 166개 영업지점을 갖추고 있으며, 본점을 제외한 베이징, 상하이, 저장(浙江), 산동, 광동 지역의 수입이 전체 수입의

32.2%를 차지하고 있다. 매출증가 면에서는 헤이롱쟝(黑龙江)이 전년대비 93배 증가하여 가장 높고, 이어서 총칭(重庆)시가 89배, 하이난(海南) 83배, 쟝시(江西) 74배, 깐쑤(甘肃) 69배 등으로 나타나고 있다.

중신증권의 주식거래 현황을 보면, <도표 5>에 나타난 바와 같이 지난 2003년 1월 6일에 상하이거래소에 최초 상장한 이래로 주당 6위안 전후 수준을 유지하였다. 그런데 2007년 5월 말 현재 주가는 주당 60위안 전후로 거래가 되고 있어 약 10배 가까이 급등하였다. 특히, 2006년 12월부터는 매월 10위안씩 가파르게 상승하면서 거래액도 급증하였다. 중신증권의 매매 현황을 보면 2007년 4월 말 현재 7억7,095만 주 거래에 391억2,607억 위안이 거래된 것으로 나타났다.

이로부터 중신증권은 중국 증시의 투기과열로 엄청난 경영실적을 올리고 있다고 할 수 있다. 하지만 중신증권 수입의 절반 가량이 브로커리지 수입에 의존하고 있다는 점에서 중국 증시의 투기과열이 깨지게 되면 중신증권의 수입 역시 급감할 수 밖에 없는 구조라고 할 수 있다. 최근 중국 정부는 QFII(해외적격기관투자자)의 투자한도액을 100억 달러에서 300억 달러로 상향 조정함과 동시에 2007년 하반기부터 해외증권사의 중국 진출을 단계적으로 승인할 방침이라고 발표한 바 있다. 이에 대비하여 중국 증권업은 은행업과 마찬가지로 현재 수백 개에 달하는 군소 증권사들을 몇몇 대형 증권사로 흡수 통합하는 대형화 바람이 불 것으로 예상된다. 중신증권 역시 이런 외부환경에 적응하기 위해 사업다각화를 모색하고 있는데, 최근에는 홍콩에 중신증권(홍콩) 자회사 설립을 위해 3억 홍콩달러를 증자한 것으로 알려지고 있다.

<도표 5> 중신증권의 주식거래 현황

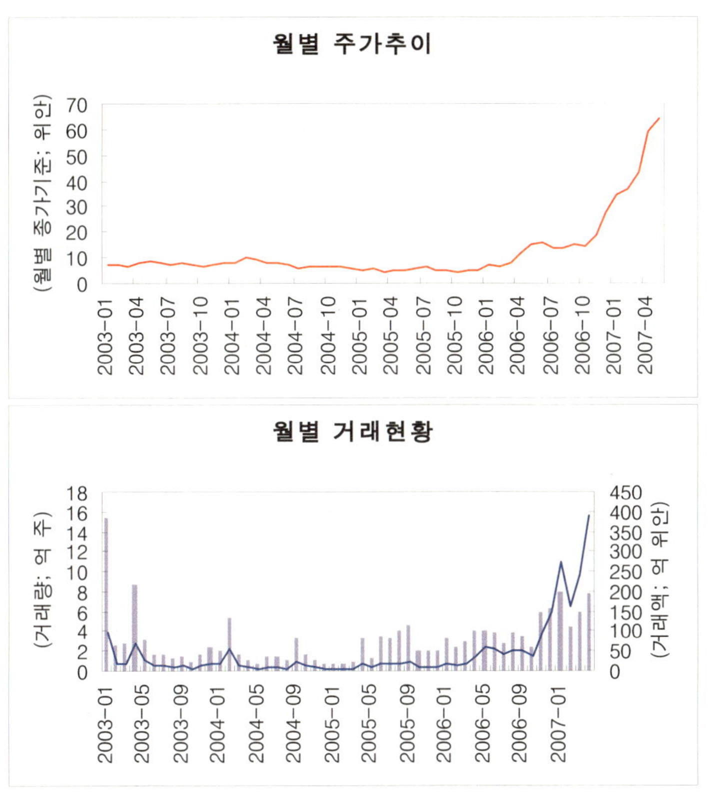

㈜ SSE 자료로부터 KSERI 작성

30. 중국공상은행(ICBC)

중국 정부가 최근의 주식시장 과열을 비롯한 일련의 경기과열현상에 대해 우려를 나타내고 있다. 2007년 5월 18일 인민은행이 달러에 대한 위안화의 1일 환율변동 폭을 종전의 0.3%에서 0.5%로 확대함과 동시에 예대 금리 및 시중은행에 대한 지준율을 전격 인상한다고 발표하였다. 1년 사이 중국 당국이 4차례에 걸친 기준금리 인상과 8차례에 걸친 지준율 인상은 전례 없는 것으로 중국 정부의 통화긴축 정책이 강도를 더해가고 있는 것으로 보인다.

<도표 1>에서 보면, 2006년 12월 현재 은행 등 금융기관의 위안화 자금 조달 규모는 33.5조 위안으로 전년대비 16.8% 증가하였다. 이 중 가계예금이 16.16조 위안으로 전체 조달금액의 44.2%를 차지하여 가장 많으며 기업예금은 11.3조 위안으로 나타났다. 또, 금융기관의 위안화 자금운용(대출) 규모는 총 22.5조 위안으로, 특히 중장기 대출이 빠르게 증가하고 있는데 이는 부동산대출 급증에 기인한 것으로 보인다.

이처럼 중국 금융기관들의 대출규모가 거의 수직상승에 가까울 정도로 급증하면서 경기과열과 인플레에 대한 우려가 높아짐에 따라 인민은행은 지난 1년 동안에 대출금리를 4차례에 걸쳐 연속적으로 인상하였다. 이 중, 1년 만기 대출과 주택대출(5Y-10Y)의 경우는 각각 0.72%와 0.27%가 인상되어 6.57% 및 4.86%에 달한 반면, 1년 만기 정기적금의 경우는 최근 1년 사이에 0.81%가 인상된 3.06%를 기록하고 있다.

그런가 하면 인민은행은 시중은행들에 대한 지급준비율에 대해서도 벌써

〈도표 1〉 최근의 중국 금융시장 동향

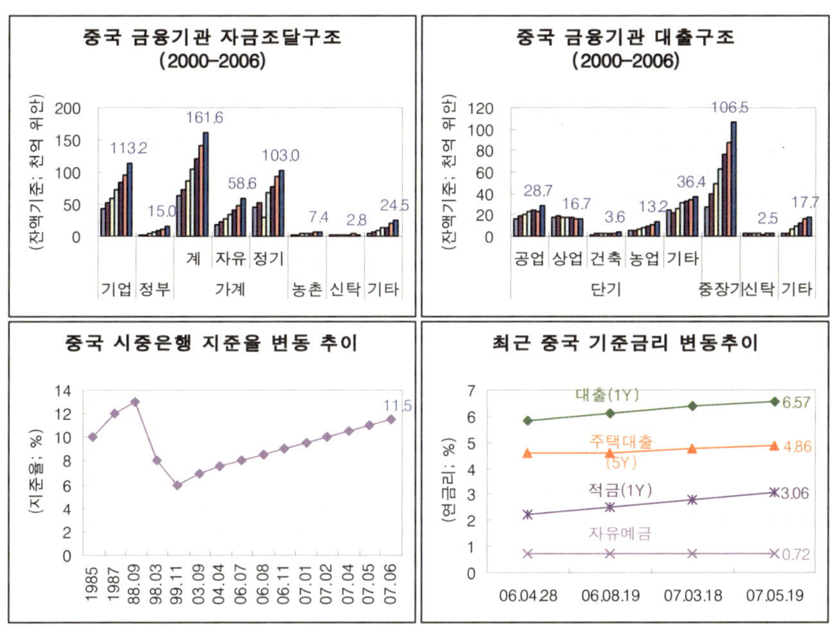

㈜ 중국 인민은행 자료로부터 KSERI 작성

8차례나 인상하고 있다. 이는 인민은행이 중앙은행의 권한을 부여 받은 1984년 1월 1일 이후부터 2006년 7월 이전까지 총 7차례에 걸쳐 지준율을 인상한 것과 엄청난 대조를 이루고 있다고 할 수 있다. 현재 일각에서는 중국 당국이 금리와 지준율을 조만간 다시 인상할 것이라는 전망을 하고 있을 정도로 중국내 경기는 과열상태가 지속되고 있다. 이에 이번 중화경제동향에서는 중국 최대의 상업은행인 중국공상은행(中國工商銀行股份有限公司, ICBC)에 대해 살펴보고자 한다. (이번 중화경제동향은 2007년 5월 8일에 작성되었다.)

2005년 10월 28일 지배구조 개편을 완료하고 '중국공상은행주식회사'로 명칭을 변경한 공상은행은 1984년 1월 1일에 창립되었다. 국무원이 1983년 9월에 인민은행을 중앙은행으로 승격시키면서 당시 인민은행이 담당하고 있던 상공업계 대출과 저축업무를 공상은행에 위임하는 형태로 설립된 것이다.

이러한 설립 배경을 바탕으로 2006년 10월 상하이거래소와 홍콩거래소에 동시에 상장하면서 사상 최대의 자금조달 규모를 기록한 공상은행의 현재 지배구조를 살펴보면 <도표 2>에 나타난 바와 같이 중국정부가 최대주주인 국유상업은행임을 알 수 있다. 구체적으로 국가 재정부와 회진(汇金)공사[23]가 전체 주식 중 A주식 1,180억 주, 35.3%의 지분을 각각 소유함으로써 공상은행의 최대 주주로 나타나 있다. 즉, 공상은행의 지분 70.6%를 중국 정부가 소유하고 있는 것이다. 나머지 지분 중 12.9%는 홍콩중앙결산대리회사가 H주식의 형태로 소유하고 있으며, 골드만삭스도 H주식 4.9%를 보유하고 있는 것으로 나타났다.

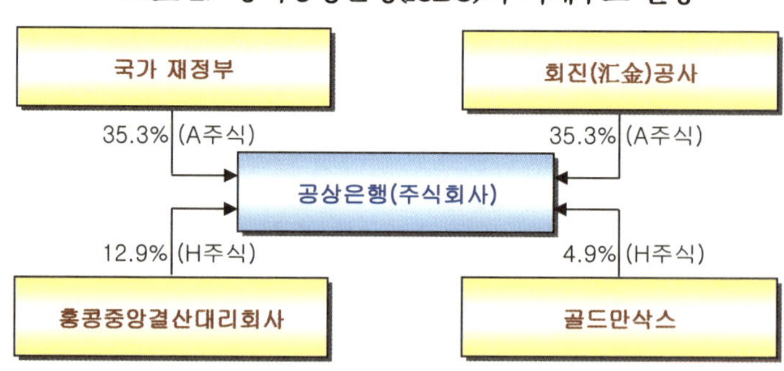

<도표 2> 중국공상은행(ICBC)의 지배구조 현황

㈜ ICBC 자료로부터 KSERI 작성

---

[23] 회진(汇金)공사는 중국 정부가 국유상업은행을 개혁하기 위해 지난 2003년 12월 16일에 설립한 일종의 국가금융자산위원회이다. 회진공사는 국유상업은행들의 주식시장 상장을 돕기 위해 과거 정책적 부실채권을 매입하고 실질적 주주의 역할을 담당하고 있다.

중국 정부는 2007년부터 시행되는 금융시장 개방에 대비해 지난 2005년
부터 은행개혁작업을 본격적으로 시작하였다. 특히 국유은행의 경쟁력 확보
를 위해 주주개혁을 통한 주식시장 상장에 역점을 두었다. 상기 <도표 3>은
중국 금융기관들의 구조개혁 현황을 정리한 것으로, 4대 국유상업은행 중
공상은행과 중국은행이 2006년에 상장작업을 마무리했고, 이어서 2007년
건설은행과 농업은행이 잇따라 상장을 준비하고 있는 것으로 알려지고 있다.
또, 상업은행 중 교통은행과 중신(中信)은행이 2007년 4월과 5월에 각각
상하이거래소에 상장을 하였다. 이로써 현재까지 상하이거래소에 상장을 마
무리한 은행은 총 9개로 늘어났다.

<도표 3> 중국 금융기관 구조개혁 현황

구 분	해당(주요)은행
중앙은행	인민은행
국유(상업)은행	**공상은행**, 농업은행, 중국은행, 건설은행
국가정책은행	중국발전은행, 수출입은행, 농업발전은행
상업은행 (주식회사)	교통은행, 중신(中信)은행, 광대(光大), 화하(华夏)은행, 초상(招商)은행, 흥업(兴业)은행, 민생(民生)은행, 항풍(恒丰)은행, 절상(浙商)은행, 광동발전은행, 선전발전은행, 상하이푸동발전은행
기타	농촌사업은행, 농촌합작은행, 외자금융기관, 도시신용조합, 농촌신용조합, 기업재무회사, 신탁투자회사, 대출회사, 우체국은행

㈜ KSERI 작성. 붉은색은 SSE 상장 은행들임(2007년 5월 25일 기준).

또, 아래의 <도표4>에서 공상은행을 비롯한 상장 은행들의 최근 경영현
황을 살펴보면, 2006년 당기순이익 면에서는 공상은행이 487억 위안(약 5
조7,912억 원)으로 중국 최대 상업은행임을 입증하였고, 이어서 4대 국유상
업은행 중의 하나인 중국은행 역시 419억 위안(약 4조9,797억 원)을 달성
한 것으로 나타났다. 이어서 초상(招商)은행이 71억 위안(약 8,452억 원),
민생(民生)은행 38억 위안(약 4,553억 원), 흥업(兴业)은행 38억 위안(약

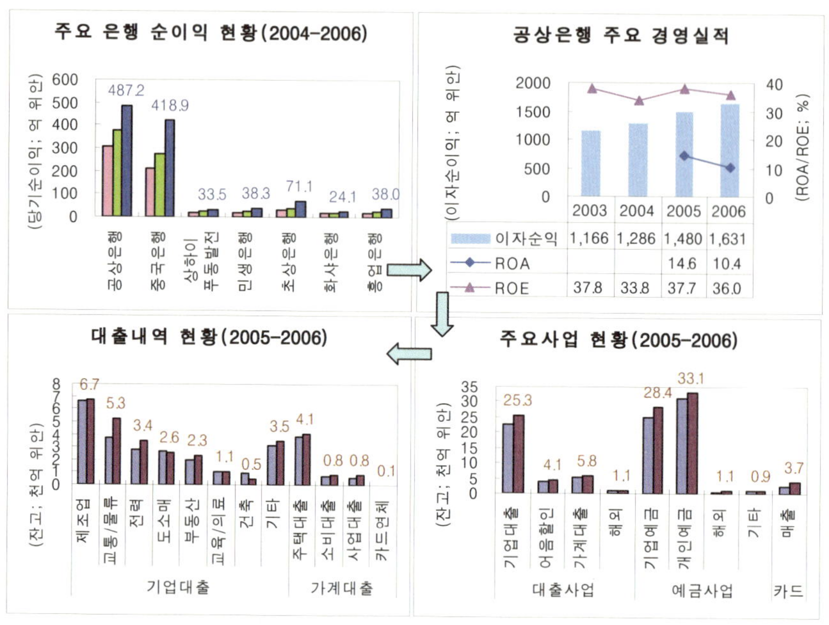

㈜ 각 사 자료로부터 KSERI 작성

4,517억 원), 상하이푸동발전은행 34억 위안(3,982억 원), 화샤(华夏)은행 24억 위안(약 2,865억 원)의 순으로 나타나고 있다. 이로부터 2006년 4대 국유상업은행을 제외한 주요 상업은행들의 순이익을 모두 합쳐도 공상은행의 절반에도 미치지 못하고 있어 향후 중국 금융산업은 4대 국유상업은행을 중심으로 대형화가 이루어질 가능성이 높다.

한편, 공상은행의 2006년도 이자수입은 2,729억 위안을 기록한 반면 지급이자지는 1,098억 위안으로 1,631억 위안(약 19조3,898억 원)의 이자수지 흑자를 나타내고 있다. 2006년 12월 말 기준, 6조9,948.6억 위안의 자산을 기록하고 있는 공상은행의 또 다른 이익지표인 ROA(총자산순이익율)과 ROE(자기자본순이익율)은 각각 10.43%와 36%의 높은 수익률을 기록하고 있다.

또 공상은행의 영업현황을 살펴보면, 우선 대출잔고 면에서 기업대출이 2조5,307억 위안으로 69.7%를 차지하고 있고 이어서 가계대출이 5,761억 위안으로 15.9%를 차지하고 있다. 예금잔고의 경우는 개인예금이 전년대비 6.7%가 증가한 3조3,143억 위안으로 전체 예금의 52.1%를 차지하고 있으며, 기업예금은 2조8,381억 위안으로 44.7%를 차지하고 있는 것으로 나타났다. 카드사업의 경우는 2006년까지 총 1억8,863만 장의 카드를 발행하였는데, 이 중 신용카드는 1,047만 장이 발급되었다. 그리고 2006년도 카드부문 영업수익은 전년대비 53.5%가 증가한 3,700억 위안으로 나타났다.

공상은행의 대출내역을 좀 더 세분화해 살펴보기로 하자. 먼저 기업대출의 경우, 제조업종 분야에 전체 26.6%인 6,726억 위안이 대출되었으며 이어서 교통/물류, 전력, 도소매업, 부동산개발업 등의 순으로 나타나고 있다. 다음에 가계대출의 경우에는 주택대출이 4,102억 위안으로 전체 가계대출의 71.2%를 차지하여 압도적으로 많고 이어서 상업대출이 823억 위안, 소비대출이 784억 위안으로 각각 14.3%, 13.6%로 나타났다.

<도표 5>는 공상은행이 2006년 10월 27일 상하이거래소와 홍콩거래소에 상장한 이후 현재까지의 주식거래 현황을 나타내고 있다. 상장 당시 공상은행은 총 556.5억 주를 공개 발행함으로써 1,732억 위안(약 20조8,792억 원)을 조달하여 세계 최대규모의 IPO(주식공개발행)를 기록하였다. 이 중 A주식은 주당 3.12 위안으로 466억 위안을, H주식은 3.07 홍콩달러로 1,250억 홍콩달러를 각각 조달한 것으로 나타나고 있다. 특히 홍콩거래소에서는 상장 당일인 10월 27일 하루 동안 무려 106억 주가 거래될 정도로 폭발적이었으나 이후에는 1일 평균 2억 주 안팎이 거래되고 있는 것으로 나타났다. 2007년 5월 현재, 홍콩거래소에서는 4.3 홍콩달러 전후에서 거래가

되고 있으며, 상하이거래소에서는 일일 4억 주 안팎의 주식이 5.5위안 전후
수준에서 거래되고 있다.

<도표 5> 공상은행의 주식 거래 현황

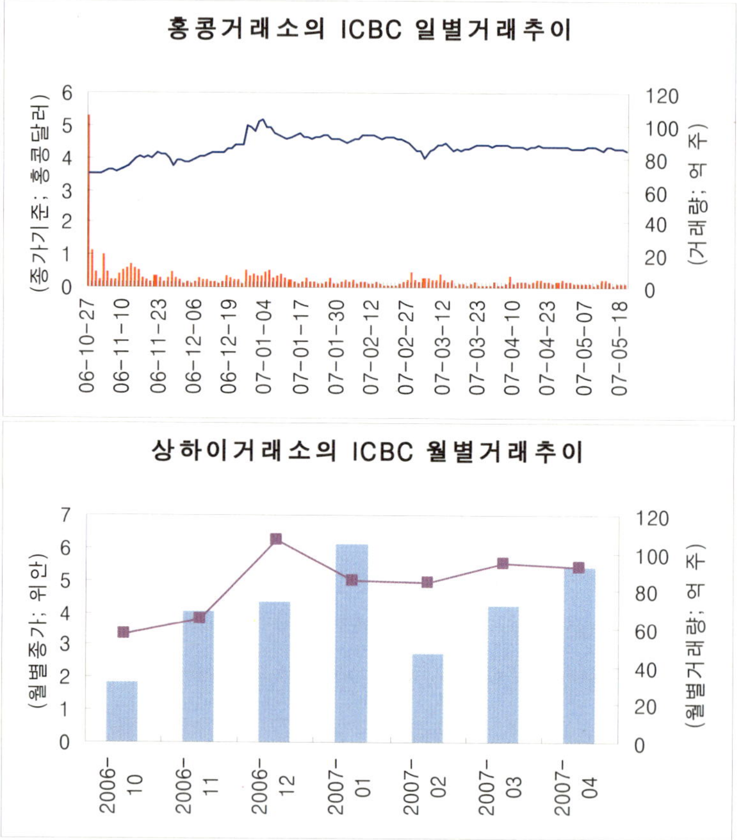

홍콩거래소의 ICBC 일별거래추이

(종가기준; 홍콩달러) (거래량; 억 주)

상하이거래소의 ICBC 월별거래추이

(월별종가; 위안) (월별거래량; 억 주)

㈜ HKE, SSE 자료로부터 KSERI 작성

공상은행은 상공업 대출과 민간저축 업무를 담당하기 위해 지난 1984년
1월에 설립된 국유상업은행으로, 2006년 12월 현재 중국 전체 금융기관 대

출의 16.11%, 예금의 18.93%를 점유하고 있을 정도로 중국 최대의 상업은 행이다. 또한 117개 국가, 1,266개 해외 은행들과 네트워크를 구축하고 있으며, 홍콩, 마카오, 싱가폴, 도쿄, 서울, 부산 등 98개 해외지점 및 사무소를 개설해 놓고 있다. 2006년 12월 30일에는 인도네시아 Bank Halim Indonesia와 M&A를 통해 90% 지분을 인수하기로 하였다. 이처럼 중국은 2007년부터 금융시장을 개방한 것을 계기로 국유상업은행의 지배구조 개혁을 통해 경쟁력 확보에 노력하고 있으며, 공상은행은 그 중심에서 빠르게 대형화를 통해 경쟁력을 강화해가고 있다.

31. 화넝국제전력(HPI)

2006년 중국은 2조8,248억kwh의 전력을 소비하면서 사상 최고치를 기록하였다. 중공업 위주의 경제성장을 하고 있는 중국은 2000년부터 전력소비량이 빠르게 증가함에 따라 발전량 확대에 노력하고 있으나 전력소비 증가율을 따라가지 못하고 있다. 이에 여름철 계절적 수요가 점차 증가하고 있는 시점임을 감안하여 이번 중화경제동향에서는 중국의 최대 발전회사인 화넝국제전력주식회사(华能国际电力股份有限公司, HPI)의 최근 경영현황에 대해 살펴보고자 한다. (이번 중화경제동향은 2007년 5월 21일에 작성되었다.)

중국은 <도표 1>에 나타난 바와 같이, 세계 2대 전력생산국이자 소비국이다. 세계 최대인 미국과 비교하면 절반 정도의 수준에 머물러 있지만, 일본과는 두 배 이상의 격차를 나타내고 있다. 특히 2000년부터 전력소비량과 발전량이 빠르게 증가하고 있는 양상을 보이고 있는데, 이는 고도 경제성장에 따른 에너지소비 급증에 기인한다고 할 수 있다. 증가율 면에서도 2000년부터는 발전량보다 소비량 증가율이 조금씩 높게 나타나고 있다. 또 2006년 전력별 발전현황을 보면, 화력이 2조2,573억kwh로 전체 생산의 83.17%를 차지하고 있고, 이어서 수력이 14.7% 4,167억kwh로 나타나고 있다. 이는 발전용 주연료가 자급자족이 가능한 석탄이 풍부하기 때문이다. 그러나 석탄을 연료로 하는 화력발전은 심각한 환경공해를 유발하는 문제점이 있으며, 발전설비 및 송배전 설비도 노후화되어 열효율이 매우 낮고 전력손실이 매우 크다는 문제점을 안고 있다. 따라서 중국의 발전량은 일본의 2배에 달하고 있음에도 불구하고 열효율 및 전력손실률 등 면에서 일본의 30%에도 미치지 못하는 것으로 추정되고 있다.

<도표 1> 중국 전력수급 현황

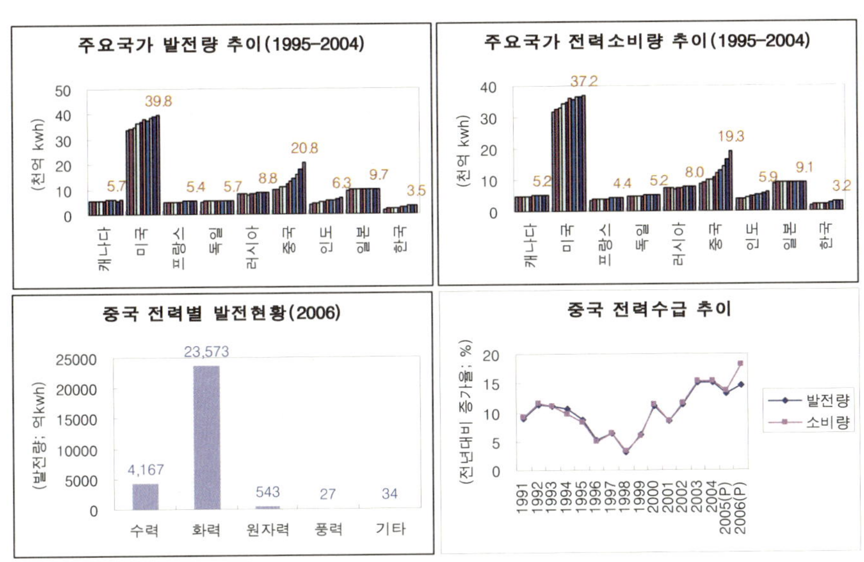

㈜ 각종 자료로부터 KSERI 작성

이제 화녕국제전력주식회사에 대해 살펴보기로 하자. 화녕국제전력주식회사의 전신은 1985년 국무원의 출자에 의해 화녕국제전력개발공사(华能国际电力开发公司)를 비롯한 화녕석탄공사, 화녕발전공사, 화녕원자재공사 등 9개 화녕 계열사를 설립하면서부터이다. 당시 중국은 국가전력산업을 개편하면서 발전부문 개방을 시작하였는데 이때 화녕국제전력이 설립된 것이다. 이후 1988년 화녕그룹은 자본금 15억 위안으로 국무원의 정식 설립인가를 받았고, 1996년에는 100% 출자한 발전회사들을 설립하였다.

257

현재 중국의 전력산업은 아래 <도표 2>에 정리된 바와 같이, 지난 2002
년에 발표된 전력산업 구조개편안을 근간으로 형성된 것이다. 중국 정부는
국가 발전사업의 50%와 송배전을 독점하고 있던 국가전망공사(国家电网公
司, State Grid)에 대해 구조조정을 실시하여 발전사업과 전력망사업을 분
리하였다. 전력망 사업은 국가전망공사와 남방전망공사(南方电网有限责任公
司, China Southern Power Grid)가 중국 전체 전력망 사업을 총괄하고,

<도표 2> 중국 전력산업구조 개편(2002)

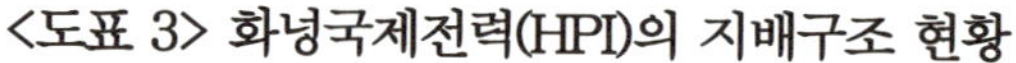

<도표 3> 화녕국제전력(HPI)의 지배구조 현황

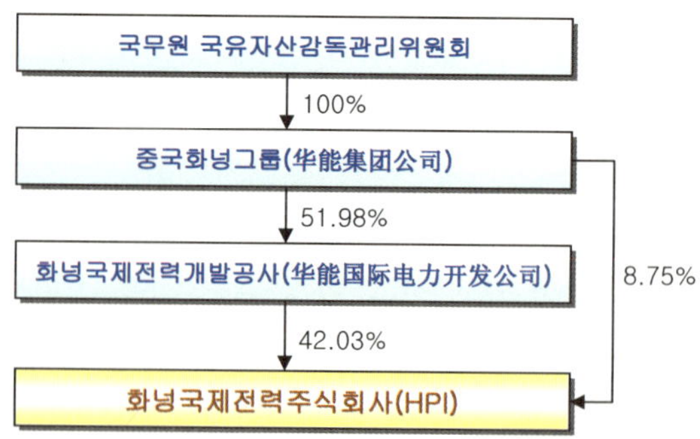

㈜ HPI 자료로부터 KSERI 작성

발전부문사업은 3,4개 독립 발전회사로 분할하였고 그 중 하나가 화넝국제전력으로 바뀐 것이다.

화넝그룹 역시 구조개편안에 의거하여 종전 사업영역에 대한 개편작업이 이루어지면서 발전산업에 대한 투자와 건설, 전력생산, 판매, 신에너지 개발사업에 역점을 두게 되었다. 화넝국제전력의 지배구조는 상기 <도표 3>에서 볼 수 있는 바와 같이 회사 지분의 42.03%를 소유하고 있는 화넝국제전력개발공사가 최대 주주로 나타나고 있으나, 실질적인 주주는 국무원 국유자산감독관리위원회이다. 따라서 화넝국제전력은 국영기업으로 분류되고 있다. 2006년 12월 말 현재 23,508명의 직원이 근무하고 있으며, 2006년 중국기업 중 매출액 기준 상위 36위에 올라 있는 중국 최대 발전회사이다.

앞서 중국 전력산업 구조개편에서 설명했듯이, 중국 전체의 발전사업부문은 3,4개의 독립회사가 담당하도록 되어 있는데 현재는 5개의 발전회사가 있다. 중국 최대 발전회사인 화넝국제전력을 비롯하여 따탕(大唐), 화뎬(华电), 꿔뎬(国电), 그리고 중국전력투자그룹(中国电力投资集团公司)이 그것이다.

<도표 4>에서 중국의 주요 발전회사의 최근 매출액 현황을 살펴보면, 2006년 기준으로 화넝국제전력이 443.13억 위안(약 5조2,675억 원)을 기록하고 있고, 이어서 따탕전력이 248.35억 위안(약 2조9,521억 원), 화뎬전력 151.31억 위안(약 1조7,986억 원), 꿔뎬전력 132.36억 위안(약 1조5,734억 원)의 순으로 나타나고 있다. 또 발전량 면에서도 화넝이 1,598.97억kwh로 가장 많고, 다음으로 따탕이 934.59억kwh, 꿔뎬 503.9억kwh, 화뎬 479.19억kwh 순으로 나타나고 있다.

좀 더 구체적으로 중국의 최대 발전회사인 화넝의 최근 경영실적을 살펴보면, 우선 매출액은 443.12억 위안으로 전년대비 10.1% 증가하였다. 그리고 영업이익은 75.89억 위안으로 15.18% 증가하였고, 당기순이익은 55.5

<도표 4> 중국 주요 발전회사 및 화넝(HPI)의 최근 경영실적

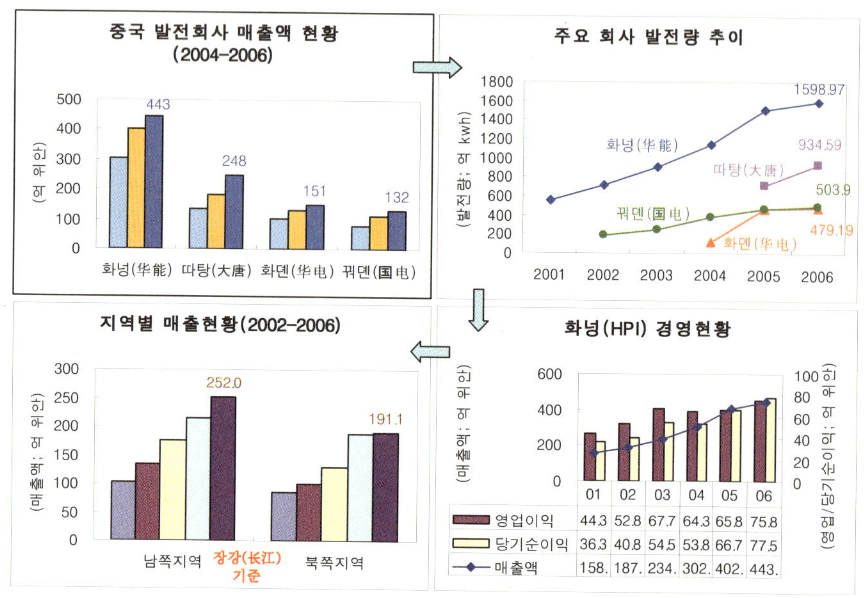

㈜ 각사 자료로부터 KSERI 작성

억 위안으로 16.54% 증가하였다. 또 화넝의 지역별 매출분포를 살펴보면, 우선 장강(长江)을 기준으로 남쪽지역과 북쪽지역으로 크게 구분할 수 있다.

화넝국제전력이 현재 15개 발전소의 지역별 분포를 기준으로 나누어 보면, 상하이, 쟝쑤(江苏), 저쟝(浙江), 쟝시(江西), 후난(湖南), 푸젠(福建), 광동, 총칭(重庆), 쓰촨(四川)의 9개 지역 발전소가 남쪽지역에 해당되고, 나머지 랴오닝(辽宁), 허베이(河北), 허난(河南), 깐쑤(甘肃), 산동(山东), 산시(山西)의 6개 지역발전소가 북쪽지역으로 분류된다. 이를 기준으로 2006년 남쪽지역은 252억 위안, 북쪽지역은 191.1억 위안의 매출을 기록한 것으로 나타나고 있다. 고도경제성장을 바탕으로 빠른 매출신장을 기록하고 있는 화넝국제전력은 2001년 12월 상하이거래소에 상장하였다.

<도표 5> 화녕국제전력(HPI) 주식거래 현황

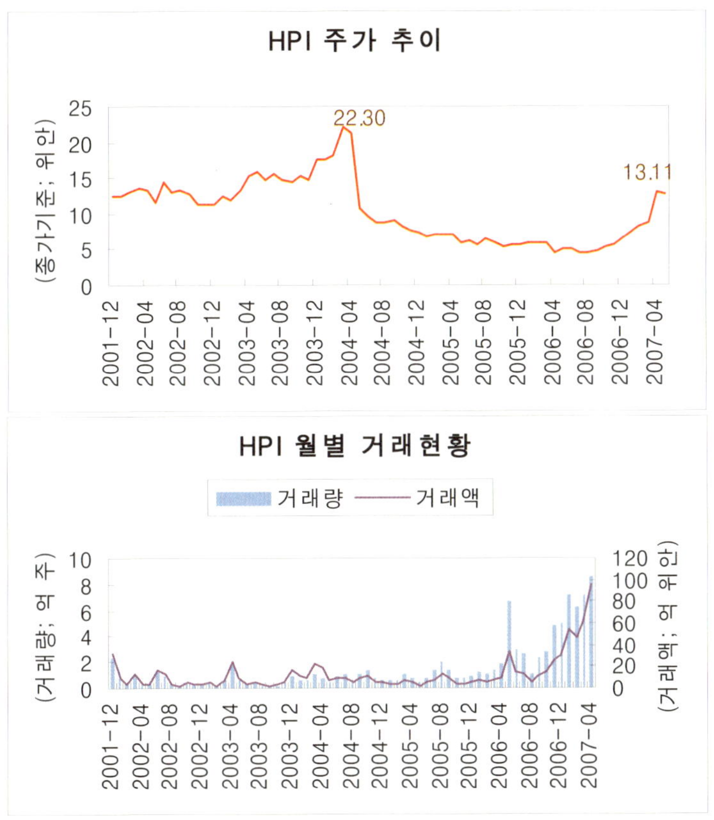

(주) SSE 자료로부터 KSERI 작성

<도표 5>에서 최근 화녕국제전력의 주식거래 현황을 살펴보면, 1일 평균 거래량 2,537.13만 주에 거래대금은 3.35억 위안 가량이 거래되고 있다. 2007년 5월 현재 화녕국제전력 주식은 상하이거래소에서 13위안 전후로 거래되고 있는 것으로 나타나고 있으며, 시가총액은 약 1,189.8억 위안(약 14조2,776억 원)으로 추정된다.

현재 중국 15개 지역, 17개 발전소 및 17개 전력회사의 경영에 참여하고

261

있는 화넝국제전력은 고도경제성장에 따른 에너지수요 급증을 바탕으로 고
성장을 계속하고 있다. 2006년에는 165억 위안을 투자하였고, 오는 2009
년까지 303.02억 위안을 추가로 투자할 계획으로 있다. 전력수요 급증에 따
른 막대한 설비투자도 지속적으로 이루어지고 있다. 다만 화넝국제전력 뿐
만 아니라 다른 전력회사들도 역시 투자를 집중적으로 하고 있어 중국 전력
시장도 점차 경쟁이 치열해질 것으로 예상된다.

32. 하이얼(Haier)

중국 기업 중 일반인들에게 가장 널리 알려진 기업으로 단연 하이얼(海尔, Haier)을 꼽을 수 있을 것이다. 2006년 말 기준, 하이얼그룹의 브랜드 가치는 749억 위안(약 9조59억 원)으로 지난 2002년부터 현재까지 중국내 가장 높은 브랜드 가치를 지니고 있는 것으로 평가 받고 있다. 또, 중국 가전기업 중 가장 높은 매출액을 기록하고 있기도 하다. 이에 이번 중화경제동향에서는 중국의 대표 가전기업인 하이얼주식회사의 최근 경영현황에 대해 살펴보기로 한다.

하이얼은 1984년 현재의 그룹 회장이자 최대주주인 장웨이민(张瑞敏)이 농민들에게서 자금을 조달하여 칭다오에 냉장고 제조공장을 설립한 것이 시초가 되었다. 그 후 1991년에 칭다오냉동고공장과 칭다오에어컨공장을 차례로 인수하면서 12월에 하이얼그룹으로 명칭을 변경하였고, 90년대 후반에는 글로벌경영의 일환으로 미국, 유럽, 중동에 생산공장 및 지사를 설립하였다. 2006년 9월 현재 매출액 기준으로 중국기업협회가 선정하는 《중국 500대 기업》 중 25위에 올라 있고 240여 개의 법인 계열사를 거느리고 있다. 또 하이얼그룹은 중국의 대기업들이 대부분 국영기업이라는 점과는 달리 순수 민간기업이라는 점이 주목할 만하다.

하이얼그룹은 가전제품을 비롯하여 IT, 소프트웨어, 물류, 통신, 금융, 부동산, 바이오 등 다양한 분야에 걸쳐 사업을 영위하고 있다. 이 중 하이얼을 대표하는 냉장고, 에어컨 등 가전제품을 생산, 판매하는 기업이 칭다오하이

얼주식회사(靑岛海尔股份有限公司, 이하 '하이얼'로 간칭함)이고, 그룹 내 5
만여 명의 직원 중 30,645명이 여기에서 근무하고 있다.

또, 2007년 5월 현재, 하이얼의 지배구조는 <도표 1>에 나타난 바와 같
이 하이얼전기인터내셔널(海尔电器国际股份有限公司)이 전체 지분의
29.95%를 소유하면서 최대주주로 나타나고 있다. 하지만 실질적인 주주는
12%를 소유하고 있는 하이얼그룹이라고 할 수 있다. 하이얼그룹은 하이얼
전기인터내셔널 지분의 93.44%를 소유하고 있을 뿐 아니라, 회사 대표 역
시 그룹주인 장뤠민이기 때문이다.

<도표 1> 하이얼의 지배구조 현황

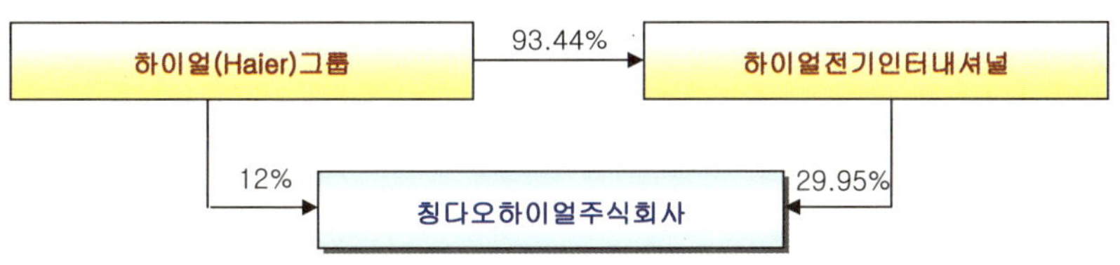

㈜ 하이얼 자료로부터 KSERI 작성

참고로 아래의 <도표 2>에서 세계 주요 가전기업들의 최근 경영실적을
살펴보면, 2006년 기준으로 매출액 면에서는 2006년 미국 Maytag사를 인
수하면서 세계 최대 가전업체가 된 월풀(Whirlpool)이 180.8억 달러로 가장
많고 이어서 스웨덴 가전업체인 일렉트로룩스(Electrolux)가 151.4억 달러
로 2위로 나타나고 있다. 또 LG전자는 62.8억 달러, 삼성전자는 33.3억 달
러, 하이얼은 24.6억 달러의 매출액을 기록하고 있다. 다만 하이얼그룹 전
체의 연결매출액 기준으로는 2004년 1,014억 위안(122,7억 달러)을 기록
하였으며 백색가전 매출 면에서는 세계 4위 매출을 기록하고 있다. 하이얼
은 중국 최대의 가전업체이지만 월풀이나 일렉트로룩스와는 매출액 면에서

265

<도표 2> 세계 주요 가전기업 경영현황

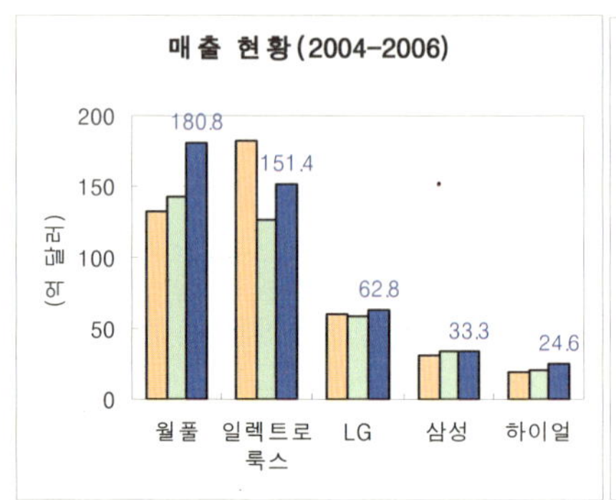

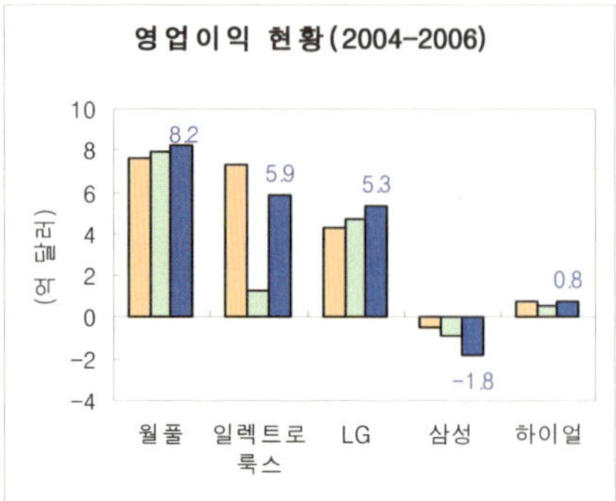

㈜ 각사 자료로부터 KSERI 작성. 각사 가전사업부문만을 대상으로 한 것

상당한 격차를 보이고 있다. 이처럼 매출액 면에서 큰 차이를 보이는 것은 글로벌기업과의 기술력 차이에 기인한 때문으로, 디지털가전제품이라기보다는 일반가전제품의 의미에 가까운 저가 제품을 생산하기 때문이라고 할 수 있다. 하지만 철저한 저가시장 공략을 마케팅전략으로 내세우고 있는 하이얼은 확실한 목표시장을 바탕으로 매년 꾸준한 성장세를 나타내고 있다.

이제 아래의 <도표 3>에서 하이얼의 주요 경영실적을 살펴보기로 하자. 2006년 기준으로 매출액은 196.23억 위안으로 전년대비 18.86%가 증가하였으며, 영업이익은 6억 위안, 경상이익은 4.63억 위안을 기록하였다. 하이얼이 생산하고 있는 제품은 에어컨과 냉장고를 비롯해 냉동고, 식기세척기, 소형가전제품 등이다. 이 중 냉장고가 73.09억 위안의 매출로 가장 많고 이어서 에어컨이 71.74억 위안으로 두 제품이 전체 매출액의 73.8%를 차지하고 있다. 매출 성장률 면에 있어서는 냉동고가 34.21%로 가장 높고 냉장고 역시 31.91%로 높은 성장률을 나타내고 있다.

지역별 매출 면에서는 전년대비 20.36%의 성장률을 기록한 내수시장이 해외시장보다 두 배 가량 크다. 이는 최근의 중국경제가 높은 성장률에 힘

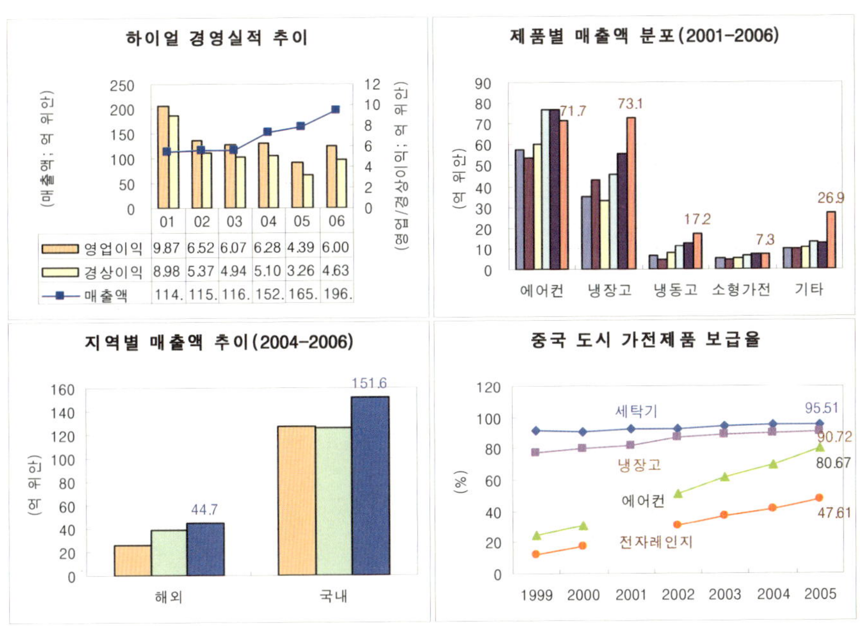

<도표 3> 하이얼(Haier)의 최근 경영현황

㈜ 하이얼 자료로부터 KSERI 작성

입어 전례 없는 호황을 누리면서 소비재 수요가 활발해진 것에 기인한다고 할 수 있다. 중국 도시 가정의 가전제품 보급률을 살펴보면, 세탁기와 냉장고뿐 아니라 에어컨도 80% 이상의 보급률을 나타내고 있을 정도로 중국내 가전제품 소비가 활기를 띠고 있다고 할 수 있다.

한편, 해외시장 진출은 1996년 인도네시아 현지생산공장 건설에 이어 1997년 필리핀과 말레이지아에도 현지생산공장을 건설하였다. 미국시장에는 소형 냉장고 및 와인저장고를 중심으로 하는 틈새시장 공략에서부터 시작하여 점차 대형냉장고 시장으로 진출하였다. 이러한 하이얼의 전략은 성공을 거두어 미국내 가전업체인 GE, 월풀, Frigidaire, Maytag 뿐만 아니라 LG나 삼성 등 한국업체들에게도 위협적인 경쟁자로 성장하게 되었고, 2000

년에는 미국 현지생산공장을 세우기에 이르렀다. 또한 2002년에는 뉴욕 맨
하탄 중심가의 랜드마크 건물에 입점하였다. 그런가 하면 2002년에는 파키
스탄, 2003년에는 요르단 등 중동지역에 생산거점을 마련하였으며 아프리
카 지역에도 5개 지역에 생산거점을 확보하였다. 이탈리아에도 생산거점을
마련함으로써 유럽시장 진출의 교두보를 마련하였다. 또 일본에는 2002년
일본 산요전기와 합작으로 산요하이얼주식회사를 설립하여 하이얼 브랜드
로 냉장고, 세탁기, 에어컨을 수입판매하고 있다.

그 결과, 하이얼의 2006년 해외판매 역시 전년대비 14.03% 증가한
44.65억 위안의 매출을 올린 것으로 나타나고 있는데, 독일을 비롯한 유럽
과 아프리카의 시장점유율이 높은 것으로 알려지고 있다. 또한 미국 에어컨
시장에서는 미국과 한국제품을 누르고 처음으로 판매 1위에 올라 있기도
하다. 그리고 2005년에는 Maytag사 인수를 둘러싸고 미국 월풀사와 경합
을 벌였으나 12.8억 달러를 제시한 하이얼에 비해 16억 달러를 제시한 미
국의 월풀사가 인수함으로써 실패로 끝나고 말았다.

이처럼 매년 안정적인 경영실적을 바탕으로 빠르게 성장하고 있는 하이얼
은 1993년 11월에 처음으로 상하이거래소에 상장하였다. <도표 4>에서 최
근 하이얼의 주식거래 현황을 살펴보면, 1일 평균 2,800만 주, 4.4억 위안
가량이 거래되고 있다. 2007년 5월 현재, 하이얼 주식은 상하이거래소에서
평균 15위안 전후에서 거래되고 있는 것으로 나타나 2001년 7월 이래 가
장 높은 주가 수준을 기록하고 있다. 현재 하이얼의 시가총액은 대략 188억
위안(약 2조2,601억 원)으로 추정된다.

순수 민간기업으로 시작해 중국을 대표하는 기업으로 성장한 하이얼은 중
국내 가전시장이 포화상태에 이르자 해외시장으로 영역을 넓혀 글로벌기업
으로의 이미지를 굳혀가고 있다. 또한 가전업체 중 유일하게 2008년 베이
징올림픽 공식 협찬사로 지정되면서 전세계에 브랜드이미지를 더욱 효과적

으로 홍보할 수 있는 기회를 맞고 있다.

하지만, 세계 가전시장 경쟁이 치열해지면서 가격이 하락하고 가전기업들의 영업이익률이 동반 하락하고 있는 가운데 하이얼이 추구하고 있는 저가 전략도 한계에 부딪힐 위험성이 언제나 내포되어 있다고 할 수 있다.

<도표 4> 하이얼 주식거래현황

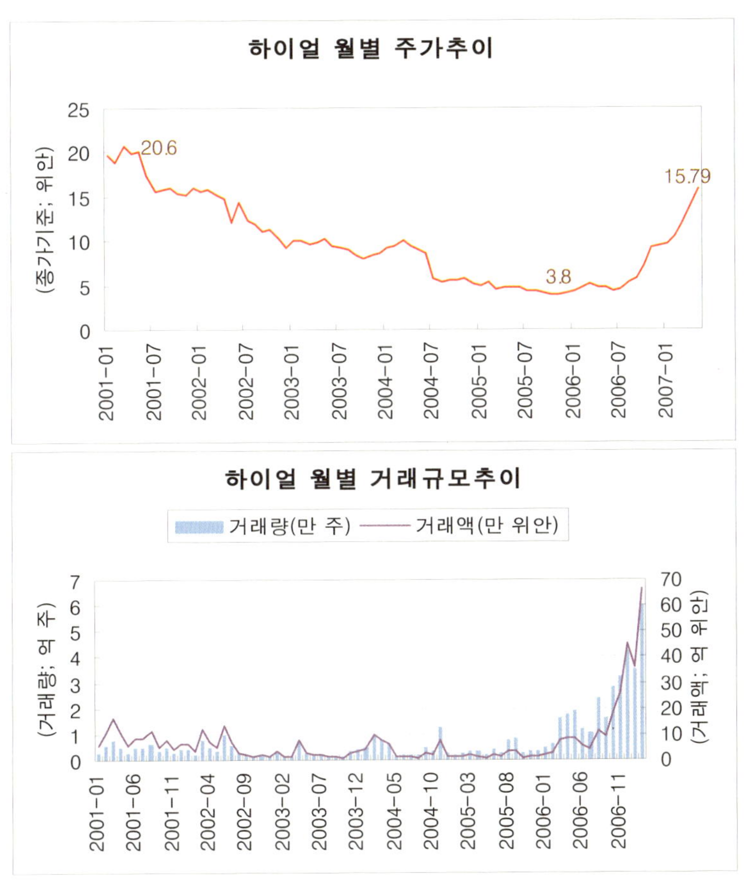

㈜ SSE 자료로부터 KSERI 작성

33. 차이나텔레콤

중국 국무원 국유자산위원회가 발표한 최신 자료에 의하면, 1분기 국유기업실적 중 석유/석화, 통신, 금속, 전력, 그리고 석탄 등 5대 업종 관련 기업들의 영업실적이 두드러진 것으로 나타나고 있다. 이들 기업의 매출액은 전체 주요국유기업 실적의 74.1%를 기록할 정도로 호황을 누리고 있다. 이번 중화경제동향에서는 상하이, 광동성을 비롯한 20개 성(省), 중국 전체 60% 이상의 유선통신 및 인터넷 서비스를 장악하고 있는 차이나텔레콤(中国电信, China Telecom)의 경영현황에 대해 살펴보기로 한다.

차이나텔레콤의 발전 과정은 중국 통신산업의 변천 과정과 궤(軌)를 같이 한다. 우선 1995년 "중국우전전신총국(中国邮电电信总局)"이 중국정부에서 분리되면서 차이나텔레콤이 국영기업으로 탄생하였다. 이어서 1999년에 차이나텔레콤은 1차 구조조정을 단행하여 기존의 사업부문을 유선전화, 이동전화, 위성사업으로 각각 분리하였고, 2001년에 실시된 2차 구조조정에서는 서비스 대상지역을 남부지역과 북부지역으로 분리하였다. 차이나넷콤(Chian Netcom)이 네트워크자원의 30%를 소유하면서 북부지역을, 그리고 차이나텔레콤이 70%를 소유하면서 남부지역을 담당하기로 결정함으로써 2002년 5월에 비로소 현재의 차이나텔레콤이 공식 출범하여 유선전화와 통신인프라 그리고 남부지역을 중심으로 한 사업을 본격적으로 전개하게 되었다.

차이나텔레콤은 국무원이 위임한 투자기구와 국가투자공사가 시범적으로

관리하고 있는 중앙국영기업으로 2006년 12월 현재 최대주주는 <도표 1>
에서 볼 수 있는 것처럼 차이나텔레콤그룹으로 지분 70.89%를 소유하고
있다. 또 등록자본은 1,580억 위안이며, 주요 사업영역으로는 국내외 전신
망 구축, 전신네트워크를 통한 음성서비스, 데이터서비스, 화상서비스 등,
해외통신시장개척, 정보통신사업과 관련한 R&D, 컨설팅, 광고, 출판, 수출
입 등 통신인프라와 관련한 모든 사업을 영위하고 있다.

<도표 1> 차이나텔레콤 지배구조 현황(2006년 12월)

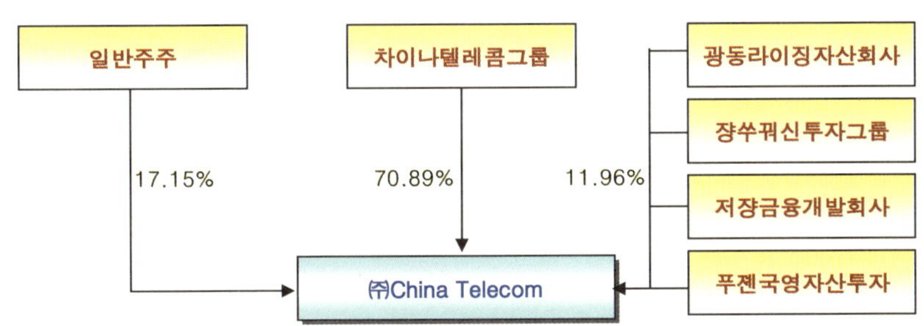

㈜ 차이나텔레콤 자료로부터 KSERI 작성

중국 통신산업은 1989년부터 국제통신망 구축사업에 적극적으로 참여하
고 있다. 중-일/중-한 해저케이블사업을 필두로 28개 사업에 참여하고 있
으며, SEA-ME-WE3, 중미광케이블, 아태2호 해저광케이블을 근간으로 한
중국통신사업은 유럽, 아시아, 미주, 아프리카, 대서양 등 전세계 통신망의
교량역할을 하고 있다고 할 수 있다. 차이나텔레콤도 현재 전세계 통신망
사업을 활발하게 전개하고 있으며, 동시에 중국내 31개 지역의 네트워크 구
축사업을 전담하고 있다.
　중국의 통신시장은 이처럼 네트워크 인프라 구축을 위해 엄청난 투자를
한 결과, 아래의 <도표 2>에서 볼 수 있는 것처럼 네트워크 용량 및 가입자

271

<도표 2> 중국 통신시장 규모

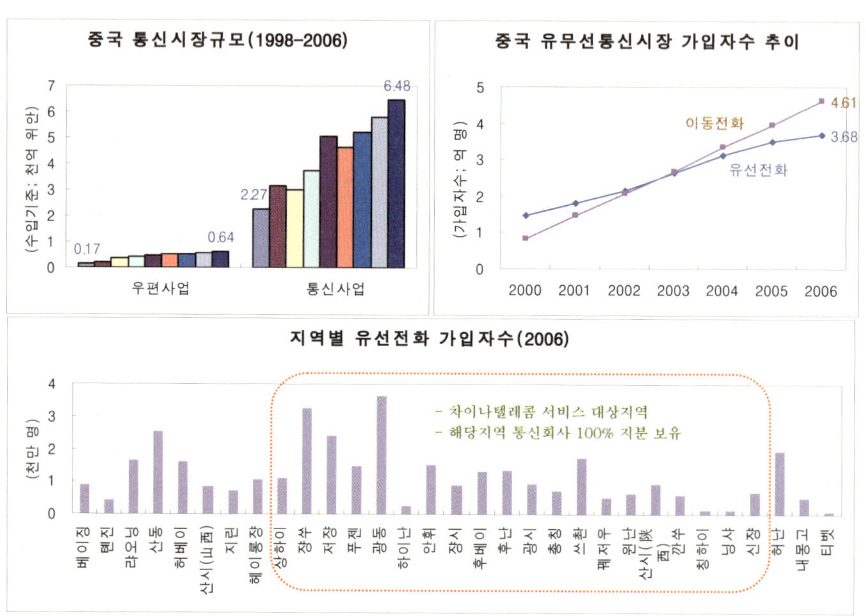

㈜ 중국 신식사업부 자료로부터 KSERI 작성

수 면에서 세계 최대시장을 형성하고 있다. 중국은 1998년 정부 조직개편을 실시하면서 우편사업부문과 통신사업부문을 분리 운영하기 시작하였다. 2003년을 기점으로 이동전화 가입자수가 유선전화 가입자수를 추월하였지만, 한해 평균 2천만 명 이상씩 유선전화 가입자가 증가하고 있으며 2006년 12월 현재 28.1%의 보급률을 나타내고 있다. 또 지역별 유선전화 가입자수 현황을 살펴보면, 광동(广东)지역이 3,639.3만 명으로 가장 많은 것으로 나타나고 있으며, 이어서 장쑤(江苏) 3,224.9만 명, 산동(山东) 2,544만 명 등으로 집계되고 있다. 이 중 차이나텔레콤이 서비스를 제공하고 있는 지역은 중국내 전체 31개 지역 가운데 20개 지역이며, 총 가입자수는 2억 4,107만 명으로 중국 전체 유선전화 가입자의 65.5%가 차이나텔레콤이 제공하는 서비스를 받고 있는 것으로 추산된다.

다음에 <도표 3>에서 차이나텔레콤의 최근 경영현황을 살펴보면, 중국의 통신인프라 및 가입자 수가 곧 차이나텔레콤의 사업실적이라고 할 수 있으며, 유선전화 사업부문과 광대역인터넷 사업부문이 회사 전체 매출액의 95% 이상을 차지하고 있는 것으로 나타나고 있다. 중국 유선전화 가입자의 65% 이상을 점유하고 있는 유선전화 사업부문은 시장이 포화상태에 이르러 더 이상 매출이 증가되지 않고 있는 모습을 보이고 있다. 특히, 2005년까지 두 자릿수 증가율을 보이던 유선전화 가입자수가 2006년에는 6.2% 증가에 그쳐 가장 낮은 증가율을 나타내고 있다. 유선전화 내역별 매출현황을 보면, 공중전화와 전화카드 매출이 가장 높게 나타나고 있고, 이어서

<도표 3> 차이나텔레콤 경영 현황

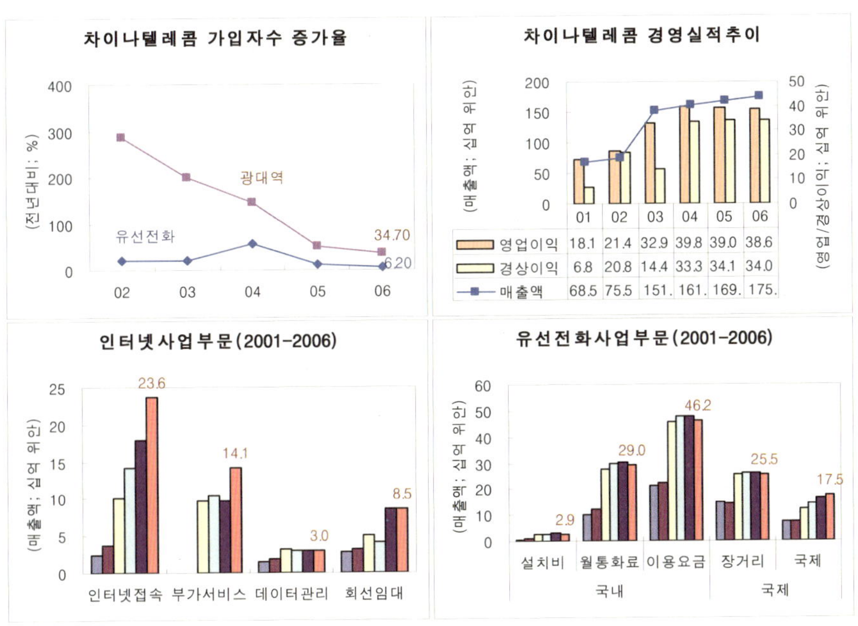

㈜ 차이나텔레콤 자료로부터 KSERI 작성

가입자의 월 통화료, 장거리, 국제전화요금 등의 순으로 나타나고 있다.

또 광대역인터넷 사업부문의 성장률은 예년에 비해 낮아지고 있지만 여전히 34.7%라는 높은 성장률을 나타내고 있다. 2006년 12월 현재, 중국의 광대역인터넷 가입자수 5,189.9만 명 가운데 차이나텔레콤 광대역인터넷 서비스 이용자수가 2,832.4만 명으로 나타나 중국 전체 이용자수의 54.6%를 점유하고 있는 것으로 추론된다. 중국의 인터넷 네트워크의 보급확대와 인터넷 이용자 증가 추세를 감안한다면 광대역인터넷 사업부문이 향후 차이나텔레콤의 주력 사업이 될 것으로 보인다. 이를 증명하듯, 전체 매출액 대비 광대역인터넷 사업매출이 2001년에는 9.9%에 불과했으나 2006년에는 28.2%로 급증하고 있다.

차이나텔레콤이 두 차례에 걸친 구조조정을 마무리한 후 해외 주식상장을 추진하였다. 2002년 9월 25일부터 30일까지 홍콩거래소에서 1차 IPO를 진행한 것을 포함하여 뉴욕과 홍콩에서 총 168억 주의 주식상장을 통해 31억 달러 가량의 자금을 조달하였다. 그리고 2002월 11월 15일부터 홍콩거래소에서 1주당 1.47홍콩달러(HKD)로 거래가 개시되었다.

마지막으로, <도표 4>에서 최근 홍콩거래소에서 거래되고 있는 차이나텔레콤의 주식거래 현황을 살펴보면, 2007년 4월 30일 현재 1일 평균 1억 주 내외가 거래되고 있고, 주가는 지난 2002년 공모가와 비교해 2배 이상 높은 주당 4 홍콩달러 전후 수준에서 거래되고 있다. 이로부터 차이나텔레콤의 현 시가총액은 대략 3천억 홍콩달러 이상으로 추정된다. 최근 차이나텔레콤이 상하이거래소에 상장할 것을 검토하고 있는 것으로 알려지면서 대략 100억 주, 400억 위안 이상의 자금을 중국 내에서 공모할 것으로 예상된다.

최근 들어 이동통신 가입자수의 폭발적인 증가에 비해 유선전화사업은 상대적인 침체를 보이고 있어 차이나텔레콤의 매출액이 최근 몇 년간 더딘 증가를 나타내고 있다. 하지만 중국 최대의 데이터와 인터넷 서비스를 제공하고 있는 차이나텔레콤은 xDSL을 비롯한 광대역인터넷 인프라 구축사업을 빠르게 전개하면서 초고속인터넷 및 관련사업의 매출신장에 주력하고 있다. 또한 상하이거래소에 상장을 준비하고 있는 차이나텔레콤은 그 동안 홍콩증시에 의존하던 자금조달을 이원화함으로써 자금조달이 한층 여유로워질 전망이다.

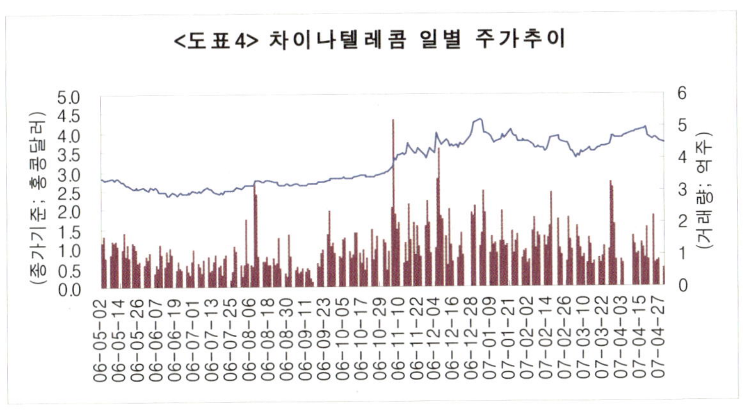

㈜ HKE 자료로부터 KSERI 작성

34. 화룬바이오주식회사

　　중국의 중량그룹(中粮集团, COFCO)은 지난 1994년부터 미국 포천지가 해마다 선정하는 세계 500대 기업에 꾸준히 이름을 올리고 있는 중국 최대 곡물/식품회사이다. 현재 35개 사업부문으로 구성되어 있고, 이 중 중량주식회사(中粮控股), 중량식품(中粮食品), 중량부동산개발(中粮地产), 중량신쟝툰허(中粮新疆屯河), 펑웬바이오(丰原生化), 화룬바이오(华润生化) 등 6개 계열사가 상장되어 있다.

　　또, 호텔과 금융산업까지 사업을 확장하고 있는 사업부문은 향후 소비재와 농산물 가공에 주력할 계획으로 있다. 이를 위해 중량그룹은 중량국제회사(中粮国际)와 중량주식회사의 2원 체제로 재편하여 중량국제회사는 소비재 판매 및 무역과 관련한 계열사들을, 그리고 중량주식회사는 농산물가공 관련 계열사들에 대한 지주회사 역할을 담당하게 할 계획이다. 이 계획에 따라 중량그룹은 중국의 거대 옥수수 가공기업 중 하나인 화룬바이오주식회사의 주주개혁을 제일 먼저 단행하였는데 이번 중화경제동향에서는 중국 옥수수가공산업을 대표하는 화룬바이오주식회사의 경영현황에 대해 살펴보기로 한다.

　　화룬바이오(지린)주식회사(吉林华润生化股份有限公司, CRBC)는 1993년 지린성개발건설투자회사(吉林省开发建设投资公司)가 주요 주주로 참여하여 설립한 지린성지파농업개발그룹(吉林省吉发农业开发集团有限公司)으로 출발하였다. 2006년 12월 현재 회사의 등록자본은 2.35억 위안이고 본사는 지린성 창춘(长春)시 경제기술개발지역에 있다.

화룬바이오는 2005년 11월 당시 실질 주주였던 화룬그룹과 중량바이오투자회사간에 주식양도의향서를 체결하고 주주개혁 작업을 진행해왔다. 그리고 화룬바이오는 2007년 4월 15일에 긴급이사회를 소집하여 회사의 자산/부채 및 업무 일체를 중량바이오투자회사가 인수하는 안건을 만장일치로 통과시켰다. 그 결과, <도표 1>에 나타난 바와 같이 중량바이오투자회사는 화룬바이오의 지분 37.03%를 소유하게 되어 최대 지배주주가 되었다. 또, 항공엔진 생산업체를 소유하고 있는 시항그룹(西航集团)이 신규주주로 참여하기로 함으로써 화룬바이오의 주주개혁은 거의 마무리단계로 접어들었다고 할 수 있다. 이로써 화룬바이오는 중국 최대 곡물회사인 중량그룹의 계열사로 완전히 편입하게 되었다. 주주개혁으로 상하이거래소에서 화룬바이

<도표 1> 화룬바이오(CRBC)의 지배구조 변화

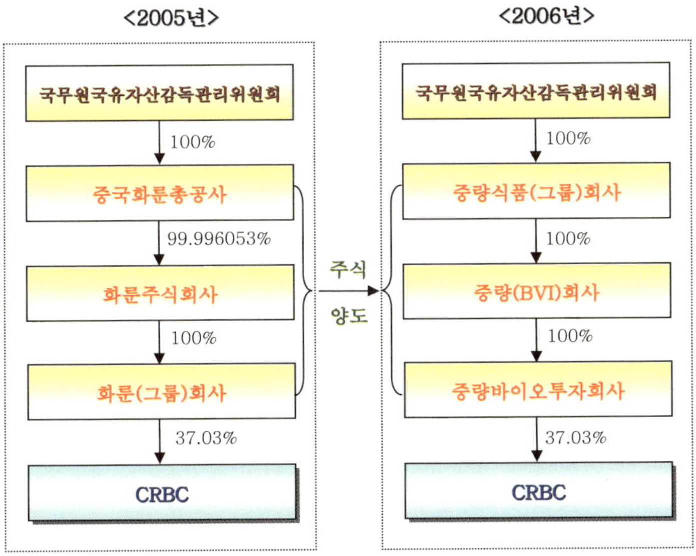

㈜ CRBC 자료로부터 KSERI 작성

오의 주식거래가 2006년 연말부터 잠정 중지된 상태였지만 회사의 주식거래는 주주개혁이 마무리되면 다시 재개될 전망이다.

화룬바이오의 주요 사업영역은 식품가공업으로, 특히 옥수수를 비롯한 농산물을 원료로 한 가공사업과 관련 물류 및 포장 사업을 운영하고 있다. 또 최근에는 중량그룹 차원에서 바이오에너지사업 진출에 관심을 갖고 있는 것으로 알려지고 있는데, 화룬바이오의 주주개혁이 완료되고 나면 그룹내 또 다른 상장계열사인 펑웬바이오와의 합병이 추진될 전망이다. 이 경우 화룬바이오는 옥수수를 원료로 한 바이오에탄올 사업에 진출할 가능성이 높다.

현재 전세계적으로 옥수수는 식품 이외에 가축사료로 대량 소비되고 있으며, 전분이나 식용유, 당(糖)의 원료로 널리 사용되고 있을 뿐 아니라 자동차의 친환경연료인 바이오에탄올 원료용으로 급부상하면서 전세계적으로 가격이 급등하고 있다. 중국 역시 2000년부터 옥수수 수급 불균형이 초래됨에 따라 중국 농림부가 11·5기간(2006-2010)동안 옥수수 생산량을 증대시키겠다는 계획을 발표하기도 했다.

아래의 <도표 2>에 나타난 바와 같이, 2005년 기준으로 미국이 2.8억 톤 가량의 옥수수를 생산하여 전세계 생산량의 41.4%를 차지하고 있다. 중국의 옥수수 생산량은 1.3억 톤에 달해 19.2%를 차지하여 세계 2위의 생산국이지만, 2000년부터 옥수수 공급부족 현상이 나타나기 시작하였으나 2006년에는 다소 회복되는 기미를 나타내고 있다.

중국의 옥수수는 북방지역에서 생산되어 남방지역으로 이동하는 현상을 보이고 있는데, 주 생산지역은 크게 동북지역과 화북지역으로 양분할 수 있다. 허베이(河北), 내몽고(内蒙古), 산시(山西)로 대표되는 화북지역의 옥수수는 매년 1월~5월까지 거래가 활발히 이루어지고, 6~12월까지는 지린(吉林), 랴오닝(辽宁), 헤이롱장(黑龙江) 등 동북 3성을 중심으로 거래가 이루어진다. 또 중국 최대 옥수수 산지이자 최대 현물거래소가 있는 지린성의 최

근 옥수수 시세를 살펴보면, 2005년부터 2006년 연말까지 계속 상승하면
서 톤당 1,450위안(약 17.5만 원)까지 치솟았으나 2007년에는 다소 하락하
는 모습을 나타내고 있다.

<도표 2> 중국 옥수수 생산현황 및 최근 거래가격 추이

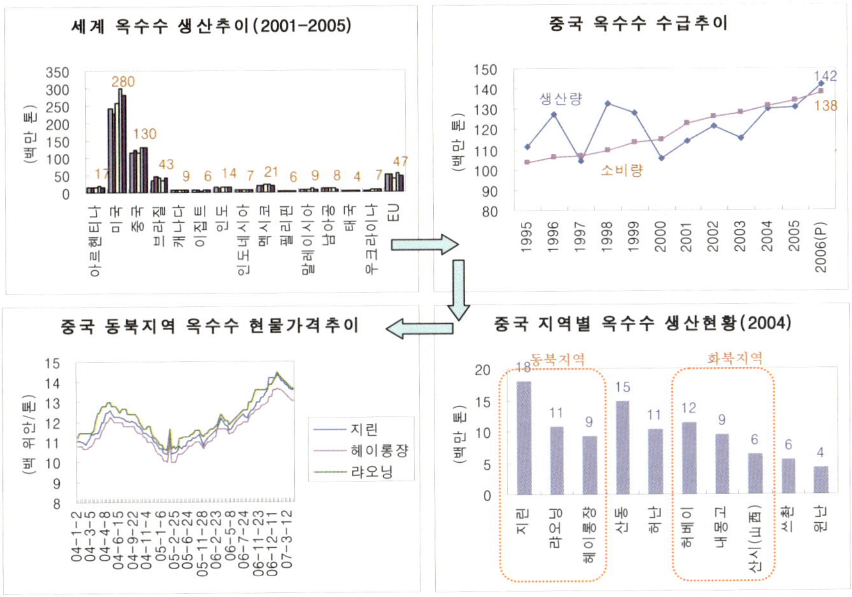

㈜ 각종 자료로부터 KSERI 작성

화룬바이오는 중국 최대 옥수수 산지인 지린성에 위치하고 있어 옥수수 수
급 및 물류가 비교적 용이하고, 중국 최대 곡물/식품회사인 중량그룹 계열
사로 편입되어 향후 성장이 주목된다고 할 수 있다. 아래의 <도표 3>에서
화룬바이오의 최근 경영현황을 살펴보면, 2006년 매출액은 전년대비
11.85% 증가한 11.84억 위안(약 1,423억 원)을 기록하였고, 영업이익은
20.81억 위안(약 250억 원), 경상이익 4,249만 위안(약 51억 원)을 기록하

였다. 또 사업부문별 매출현황을 보면, 회사 매출액의 95% 이상이 옥수수 가공사업에 집중되어 있다. 제품별로는 옥수수전분 매출액이 전년대비 18.1%가 증가한 7억4,140만 위안이고, 당(糖) 매출액은 9.64%가 증가한 1억2,766만 위안인 반면, 사료제품은 최근 부진이 지속되고 있는 것으로 보인다.

<도표 3> CRBC의 최근 경영현황

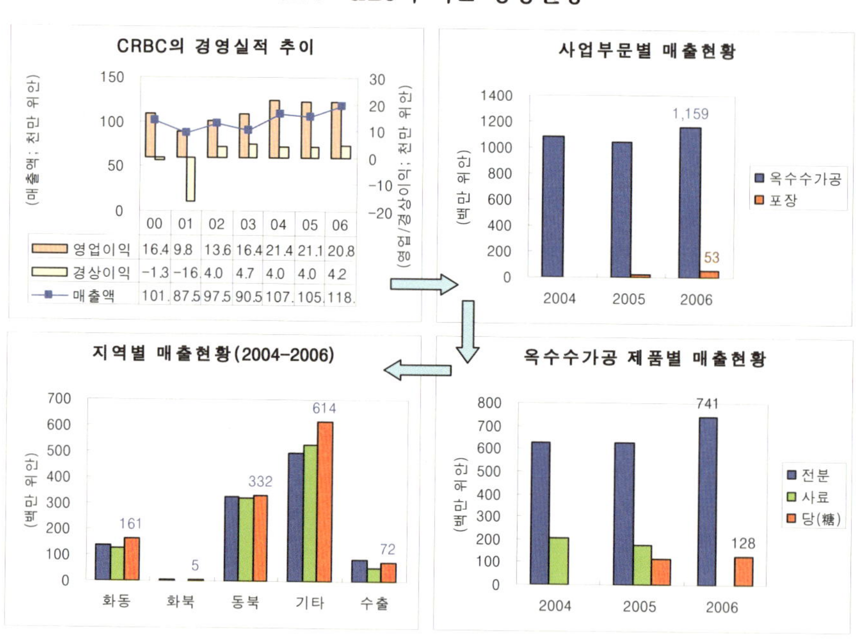

㈜ CRBC 자료로부터 KSERI 작성

한편, 주주개혁을 마무리 하기 위해 주식거래가 잠시 중단상태에 있는 화룬바이오는 지난 1996년 4월에 처음으로 상하이거래소에 정식 상장되었다. 2006년 12월 1일까지 하루 평균 250만 주, 1,500만 위안 이상이 거래되었고, 2006년 8월은 8.9억 위안이 거래되기도 하였다. 주가는 계절에 따라 등락이 비교적 큰 편이나, 2006년 하반기로 들어오면서는 주당 6.5위안 후반 대를 유지하고 있는 것으로 나타났다.

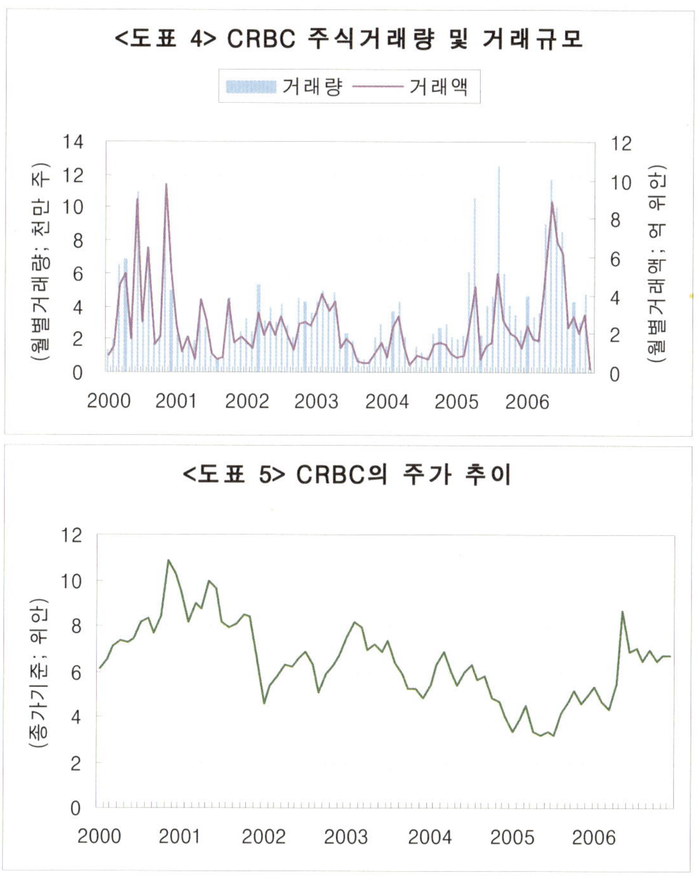

㈜ SSE 자료로부터 KSERI 작성

　2006년 기준으로 95만 톤의 옥수수 가공능력을 보유하고 있는 화룬바이 오는 2007년 11월 30일 완공을 목표로 지린성 공주링(公主岭)시에 총 4,902만 위안을 투자해서 옥수수 건조시설 및 9만 톤 규모의 저장탱크를

281

건립하고 있다. 그리고 옥수수 가공제품 포장을 위해 비닐포장지 연산 3,900만 톤과 종이포장지 연산 2,560만 톤 증산을 목표로 동펑(東丰)현에 총 6,022만 위안을 투자해 2007년 6월 30일에 완공될 예정이다. 또 공사가 지연되고 있는 12만 톤 옥수수기름 정제시설도 다시 재개될 것으로 알려지고 있다.

화룬바이오의 경영수지는 옥수수의 수급 및 가격변동과 밀접한 연관을 가지고 있다. 중국은 세계 2대 옥수수 생산국가이지만 소비량 역시 매년 증가하고 있다. 그로 인해 지난 몇 년간 수급이 원활치 못해 국내가격이 상승하고 있다. 다만, 정부 차원에서 옥수수 증산에 노력을 기울인 탓에 2007년부터 가격이 다소 안정되는 모습을 보이고 있다. 또, 화룬바이오 본사가 위치해 있는 지린성의 경우는 중국 최대 옥수수 산지이자 현물거래소가 있는 만큼 원료의 집적화와 규모화가 잘 이루어져 있어 입지적으로 최적지라고 할 수 있겠다. 그리고 앞서 설명한 바와 같이 중국 최대 곡물/식품기업인 중량그룹의 계열사로 편입된 후 화룬그룹이 보유하고 있던 주식을 시항그룹에 양도하면서 주주개혁이 거의 마무리단계에 접어들었다. 또 중량그룹의 또 다른 상장회사인 평웬바이오와의 합병이 그룹 차원에서 조심스레 논의되고 있는 것을 감안하면 향후 옥수수를 원료로 하는 가공식품과 사료뿐 아니라 바이오에탄올 사업까지 확장될 전망이다. 그렇게 되면 중국 농림부가 발표한 11·5기간 옥수수산업의 정책방향과 화룬바이오의 사업전략이 완전히 일치하게 된다고 할 수 있다.

35. 상하이국제항만그룹(SIPG)

2007년 2월 말 중국 상해증시 폭락 이후 한 달여가 지난 현재 중국 주식 시장은 또 다시 투기 광풍(狂風)이 불고 있는 듯하다. 2월말에 상해 종합주가지수가 사상 최초로 3,000 포인트를 돌파한 지 한달 반만인 4월 12일에는 3,512포인트로 3,500선을 넘어섰고, 다시 5일 후인 4월 17일에는 3,611포인트로 마감하였다. 대부분의 상장종목이 무차별적으로 상승했는데, 그 중에서도 시멘트, 플라스틱제조, 사료, 임업, 그리고 항만 업종의 강세가 두드러지고 있다.

특히 항만물류산업의 경우, 매년 15% 수준의 높은 교역량 증가를 바탕으로 철광석, 원유, 석탄 등 원자재를 비롯하여 제조원료, 자동차, 첨단제품 등의 수출입 물량을 중심으로 항만의 화물 처리량도 폭증하고 있다. 이에 이번에는 중국 항만산업의 최대기업인 상하이국제항만그룹(上海国际港口(集团)股份有限公司, SIPG)에 대해 살펴보고자 한다. (이번 중화경제동향은 2007년 4월 23일에 작성되었다.)

상하이국제항만그룹의 전신은 상하이항만국(上海港务局)이다. 2005년 5월 중국 상무부가 《상하이국제항만그룹설립동의에관한회답》 을 승인하였고, 이어 7월 8일 상하이시 공상행정관리국이 사업자등록증을 발부하면서 상하이항만국이 상하이국제항만그룹으로 탈바꿈하게 된 것이다. 그 후 상하이국제항만그룹은 2006년 9월 중국 증감위의 승인을 받아 주식을 최초로 공개 발행하고, 상장회사였던 상하이항컨테이너주식회사(上海港集装箱股份

有限公司, SPCCO)를 인수 합병함으로써 명실상부한 중국 최대의 항만그룹으로 재탄생하게 된 것이다.

<도표 1>에서 상하이국제항만그룹의 지배구조를 살펴보면, 2006년 12월 현재 등록자본은 210억 위안이고, 상하이시국유자산감독관리위원회가 44.23%, 초상국국제부두(상하이) 26.54%, 상하이통성(同盛)투자회사 16.81%로 주요 주주이며, 상하이국유자산회사와 상하이따성(大盛)자산회사도 각각 0.44%씩의 지분을 소유하고 있다.

<도표 1> 상하이국제항만그룹의 지배구조 현황

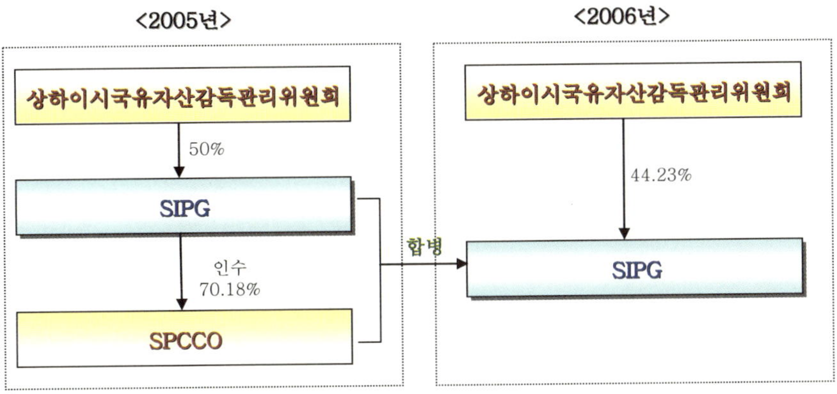

<2005년>   <2006년>

(주) SIPG 자료로부터 KSERI 작성

주요 사업영역은 국내외 컨테이너 및 산적화물 수송, 창고, 보관, 가공, 물류 관리 등이다. 또 국제여객선을 운영하고 있고, 선적화물의 적하/양하 증명, 도선, 벙커링, 그리고 부두시설 건설 등 해운 운송 및 물류와 관련된 거의 모든 사업을 총망라하고 있다고 할 수 있다. 그룹 전체로는 컨테이너사업, 잡화물사업, 항만물류, 항만서비스 등 크게 4개의 사업그룹으로 구성되어 있으며 총 23개 회사가 속해 있다. 그러나 그룹 전체로는 상하이항컨테이너주식회사(SPCCO)를 인수하면서 컨테이너사업에 가장 주력하고 있다고 할 수 있다.

현재 SIPG가 컨테이너사업에 주력하고 있는 이유는 중국의 대외교역량이 증가하고 있어 사업전망이 매우 좋을 뿐만 아니라 상하이항이 부산항을 완전 추월하여 동북아 물류 허브항으로 자리매김하겠다는 중국정부의 정책을 반영한 때문으로 이해할 수 있다. 지난 2003년부터 상하이항이 부산항을 추월하면서 세계 3위에 오른 이후 2006년까지 부산항과의 컨테이너 물동량 차이는 점점 벌어지고 있고, 세계 1, 2위인 싱가포르와 홍콩항과의 격차는 거의 좁혀지고 있다. 현재의 추세대로라면 2007년이나 2008년쯤에는 싱가포르의 컨테이너 물동량을 넘어서서 세계 1위의 항구로 올라설 전망이다.

아래의 <도표 2>에 정리된 바와 같이, 2006년 상하이항의 컨테이너 물동량은 2,171.8만 TEU를 기록하면서 세계 3위에 올라 있고, 싱가포르와는 300만 TEU, 홍콩과는 150만 TEU의 근소한 차이를 보이고 있는 반면, 부산과는 1천만 TEU 가까운 격차를 나타내고 있다. 또한 2006년 중국 상위 10대 항만의 컨테이너 물동량은 7,721만 TEU를 처리한 것으로 나타나고 있어, 전년과 비교해 21.9%가 늘어났다. 이 중 상하이항이 중국 전체 컨테이너 물동량의 23%를 점유하였고, 이어서 선전항과 칭다오항이 각각 19.6%, 8.2%를 차지한 것으로 나타났다.

특히 2006년 SIPG가 SPCCO를 인수하면서 SIPG의 컨테이너 물동량 처리실적이 곧 상하이항 물동량이 되고 있기 때문에 상하이항의 컨테이너 물동량 증가는 SIPG의 수익과 직결된다고 해석할 수 있겠다. 또, SIPG는 컨테이너를 포함한 전체 화물량 역시 최초로 2006년에 3억 톤을 돌파하여 전년대비 13.1%가 증가하였다. 이 중 63.4%에 해당하는 1.92억 톤이 수출입 물량으로 나타나 환적화물 대비 2배 가까이 많은 것으로 추산된다. SIPG 그룹사의 컨테이너 처리 실적을 보면, 외2기가 501만TEU로 가장 많으며, SCT, 후동, 성동, 밍동, 푸동의 순으로 나타나고 있다.

<도표 2> 상하이항 컨테이너 물동량 추이 및 SIPG의 처리실적

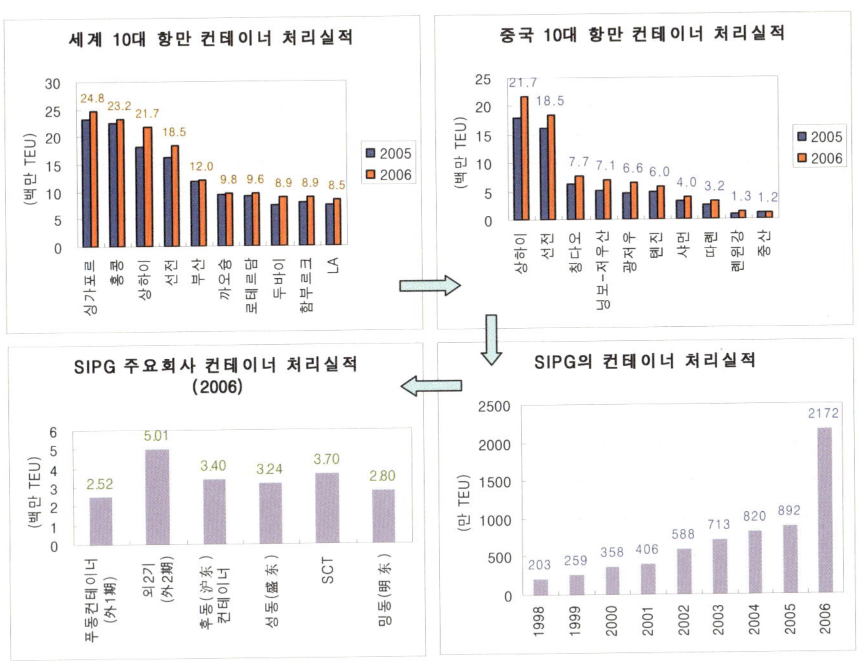

㈜ 각종 자료로부터 KSERI 작성. 2005년까지는 SPCCO의 물동량 기준

SIPG의 경영수지도 크게 늘어나고 있는데, 구체적으로 SIPG의 경영 현황을 살펴보면 아래의 <도표 3> 및 <도표 4>와 같다. 우선 연결재무제표 기준으로 매출액은 2005년 대비 13.59%가 증가한 124.84억 위안(약 1조 5,022억 원)을 기록하였고, 영업이익은 58.57억 위안(약 7,165억 원), 경상 이익 43.63억 위안(약 5,250억 원)을 기록한 것으로 나타나고 있다. 또 사업부문별 매출액을 보면, 컨테이너사업이 54.89억 위안으로 전체의

43.97%를 차지하고 있고, 산적화물이 16억 위안으로 12.82%, 항만물류사업 21.67억 위안(17.36%), 항만서비스사업 37.48억 위안(27.62%) 등으로 나타나고 있다.

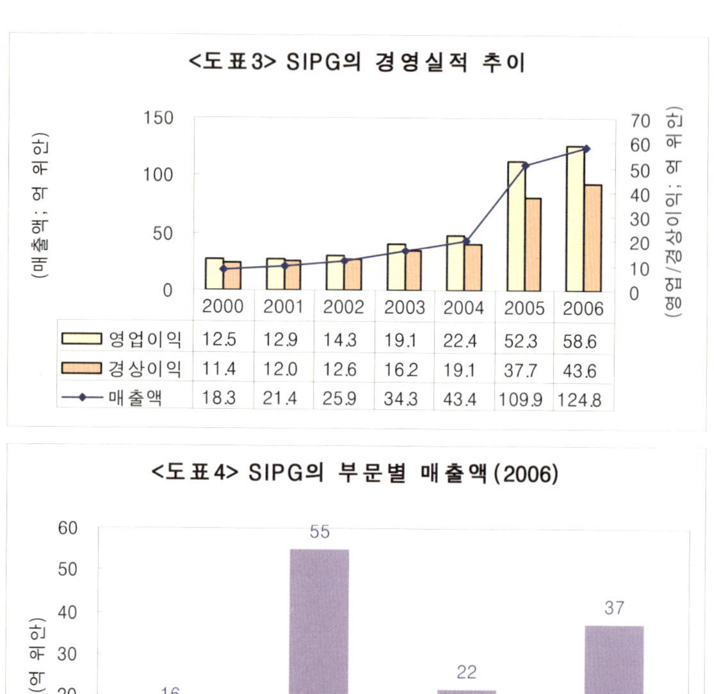

㈜ SIPG 자료로부터 KSERI 작성

또 아래의 <도표 5>와 <도표 6>에서, SIPG는 상장회사인 상하이컨테이너주식회사(SPCCO)를 인수 합병하면서 2006년 10월 26일부터 상하이 증권거래소에 정식으로 상장되어 거래되기 시작하였다. 2007년 3월 기준,

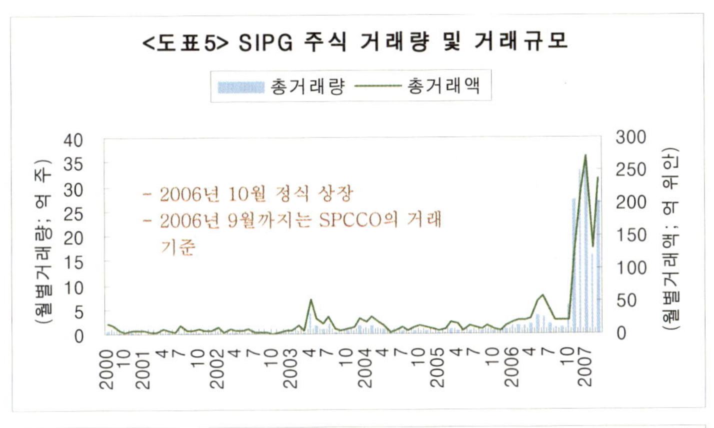

<도표5> SIPG 주식 거래량 및 거래규모

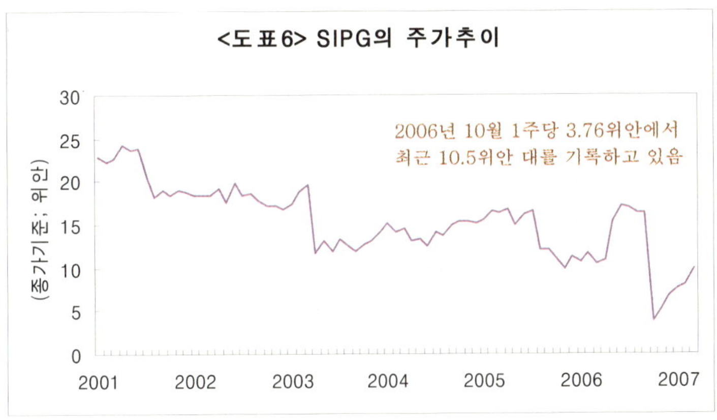

<도표6> SIPG의 주가추이

㈜ SSE 자료로부터 KSERI 작성

SIPG의 월별 거래량은 26억9,815만 주가 거래되었으며 거래액은 237억 2,374만 위안으로 나타났다. 이는 상하이거래소 전체 거래액의 1.13%에 해당하는 수치로 상위 거래액 10위에 해당되고, 또 시가총액 기준으로는 2,105.37억 위안으로 전체 상장회사 중 5위에 올라있다. 주가는 최초 상장월인 2006년 10월에 3.76위안에서 2007년 4월 19일 현재 10.5위안으로 합병전의 SPCCO 주가수준에 빠르게 근접해가고 있는 모습을 나타내고 있다.

최근 발표된 SIPG의 2007년 사업계획을 살펴보면, 그룹은 컨테이너 물동량 2,500만 TEU와 전체 화물 물동량 3.4억 톤 달성을 목표로 설정하고 있다. 이를 위해 상하이국제항운센터와 국제허브항을 전략적으로 구축하고 양산(洋山) 1, 2기 부두와 연계해서 운영할 방침으로 알려지고 있다. 또, 뤄징(罗泾) 2기 부두건설에 2006년 말까지 28.41만 위안을 투자하고, 2007년 안에 철광석 전용부두와 석탄 전용부두를 건설할 계획이며, 국제여객센터, 와이까오챠오(外高桥) 600m 다기능부두도 건설하고 있다.

앞에서 살펴본 바와 같이 SIPG의 급성장은 중국경제 호황과 맞물려 있다. 아직 세계의 '제조공장' 위치에 있는 중국은 매일 각국으로 향하는 소비재가 상하이항을 비롯한 여러 항만으로 쏟아져 나오고 있으며, 동시에 각종 원자재들이 중국 항만으로 들어오고 있다. 향후에도 중국경제는 높은 경제성장률을 지속할 것으로 예상되는 만큼 SIPG의 성장도 계속될 것으로 보인다.